6年半の
闇が終わり
夢と希望が
叶う年。

目標に向かって突き進む

リーダー　まとめ役

報告とお礼

引っ越し

ポジティブ発言

家、土地
マンション

チャンスに
臆病にならない

GOLD PYXIS

金の
羅針盤座

2024年のキーワード

新たな人脈

別れの
覚悟も

気持ちは
謙虚に
行動は
大胆に

人助け

夏以降の転職

お見合いや
紹介での出会い

体調の異変は
3月までに検査

自分を信じてくれる人を信じる

才能と魅力の開花

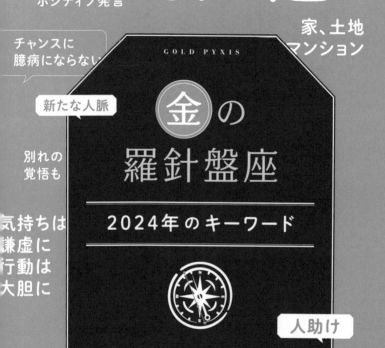

遊びに誘う
責任を背負う
おもしろいアイデアを
ドンドン出す
積極的な行動
相性の悪い人と
縁が切れる
思い切った
イメチェン
出会ってすぐの結婚も
ないものを見ず
いまあることで十分だと思う
夢や願いが
叶いはじめる
プレッシャー
からの解放
運命的な出会い
味方が集まる
結婚に最高の年
完璧より最善
調子に乗って目立つ
今年の頑張りで金運の流れが変わる
高すぎる理想は危険
経験が活きてくる
品格

CONTENTS

ときどき見返そう

第2部

金の羅針盤座が さらに運気を上げるために

この本を手にしたあなたへ

『ゲッターズ飯田の五星三心占い2024』をご購入いただき、ありがとうございます。占いは「当たった、外れた」と一喜一憂したり、「やみくもに信じるもの」ではなく、人生をよりよくするための道具のひとつ。いい結果なら当てにいき、悪い内容なら外れるよう努力することが重要です。この本を「読んでおしまい」にせず、読んで使って心の支えとし、「人生の地図」としてご活用いただけたら幸いです。

2024年は「金・銀の鳳凰座」「金のインディアン座」「金の羅針盤座」の運気がよく、個の力が強くなるような流れになります。個人の力を育て、しっかり根を張り芽を伸ばす大切な年。また2024年は辰年で、辰は目に見えない龍ですから、どれだけ水面下で頑張り、努力しておくかが重要になります。結果をすぐに出そうと焦らず、じっくりゆっくり力をつける1年を目指してみるといいでしょう。

この本の特長は、2024年の開運3か条(P.74)、毎月の開運3か条(P.96 ~)、命数別の開運アクション(P.175 ~)です。これらをできるだけ守って過ごせば開運できるようになっているので、何度も読み返してください。運気グラフ(P.72、94)を見ておくことも大事。大まかな運気の流れがわかると、計画を立てやすくなるでしょう。

また、「占いを使いこなす」には、他人を占い、それに応じた行動をしてこそ。2024年の人間関係をよくするためにも、ほかのタイプや気になる人の命数ページも読んでみるといいでしょう。

2024年の目標を立てる、他人のことを知る、話のネタにする……。自分も周りも笑顔にするために、この本をたくさん使ってください。

金の羅針盤座が

2024年をよりよく過ごすために

「金の羅針盤座」の2024年は、「解放の年」。
あなたの魅力や才能が評価され、チャンスがめぐってきます。自分が中心となり周囲を引っ張っていくくらいの気持ちで行動すると、運を味方につけられるでしょう。

そのためにも2023年の下半期は、なかなか結果が出なくても投げ出したり、転職や離職に走らないように。これまでの頑張りが無になってしまい、また一から積み重ねをしなくてはいけなくなります。12月に入れば流れが変わるので、最後のひと踏ん張りだと思って現状を維持しましょう。
また、疲れがたまりやすく、体調を崩しやすいときですが、少し休んだり効率のいい方法を見つけるなど、生きる知恵を身につける期間にするといいでしょう。ときには上手に甘えることも大切です。悩みや不安があれば話を聞いてくれる人に相談し、ひとりで抱え込まないように。

2024年は、せっかくのチャンスをネガティブにとらえると、マイナスな方向に動いてしまうことがあります。何事もポジティブに受け止めるようにすれば、いい仲間や人間関係ができるでしょう。

ゲッターズ飯田

12タイプ別

2024年の相関図

銀のインディアン座

マイペースな
中学生タイプ

金の鳳《ほう》凰《おう》座

忍耐強い情熱家

新しい情報をほしがる

うれしいことがいっぱい

金の羅《ら》針《しん》盤《ばん》座

正義感が強く
礼儀正しい

金のイルカ座

負けず嫌いな
頑張り屋

高め合おう

仕事で必要な人

銀のイルカ座

遊び好きで華やか

近づきたがる

金のカメレオン座

学習能力が高く
現実的

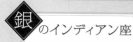

あなたを中心とした、2024年の全タイプとの関係を図にしました。
人間関係や付き合い方の参考にしてみてください。

いい刺激を与えてくれる

金のインディアン座

好奇心旺盛で
楽観的

一緒にいると疲れる

銀のカメレオン座

冷静沈着で器用

互いに明るい話をしよう

金の時《と》計《けい》座

平等で人にやさしい

何をするにも
最高の相手

銀の鳳《ほう》凰《おう》座

意志を貫く信念の塊

うまく関われない

銀の時《と》計《けい》座

思いやりがあり
人脈が広い

気遣ってあげて

銀の羅《ら》針《しん》盤《ばん》座

気品があり真面目

一緒にいることで
向上できる

金の羅《ら》針《しん》盤《ばん》座
（あなたと同じタイプの人）

運気記号の説明

本書に出てくる「運気の記号」を解説します。

運気グラフ

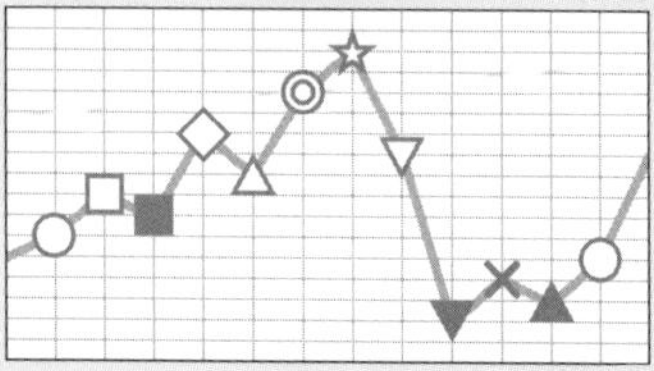

運気カレンダー

10（水）	◎	自信をもって仕事に取り組むことが大切 は堂々としておくことでいい結果につな みるとうまくいきそうです。
11（木）	☆	これまでの積み重ねがいいかたちになっ 役立つことがありそう。自分のことだけ 謝されたり、いつかあなたが困ったとき
12（金）	▽	順調に物事が進む日ですが、終業間際 で慌ただしくなったり、残業することがあ や部下の動きをチェックしておきましょう
13（土）	▼	うっかり約束を忘れてしまったり、操作 思った以上に油断しがちなので、気をつ
14（日）	×	手先が不器用なことを忘れて細かい作 りそう。得意な人にお願いして助けても 切ったり、ドアに指をはさんで痛い思い

ATTENTION

運気のレベルは、タイプやその年によって変わります。

チャレンジ○

チャレンジの月

新しい環境に身をおくことや変化が多くなる月。不慣れなことも増えて苦労を感じる場合も多いですが、自分を鍛える時期だと受け止め、至らない部分を強化するように努めましょう。新しい出会いも増えて、長い付き合いになったり、いい経験ができたりしそうです。

チャレンジの日

新しいことへの積極的な挑戦が大事な日。ここでの失敗からは学べることがあるので、まずはチャレンジすることが重要です。新しい出会いも増えるので、知り合いや友人の集まりに参加したり、自ら人を集めたりすると運気が上がるでしょう。

開運アクション

- 「新しいこと」に注目する
- 「未体験」に挑む
- 迷ったら行動する
- 遠慮しない
- 経験と人脈を広げる
- 失敗を恐れない

健康管理□

健康管理の月

求められることが増え、疲れがドンドンたまってしまう月。公私ともに予定がいっぱいになるので、計画をしっかり立てて健康的な生活リズムを心がける必要があるでしょう。とくに、下旬から体調を崩してしまうことがあるので、無理はしないように。

健康管理の日

計画的な行動が大事な日。予定にないことをすると夕方以降に体調を崩してしまうことがあるでしょう。日中は、何事にも積極的に取り組むことが重要ですが、慎重に細部までこだわりましょう。挨拶や礼儀などをしっかりしておくことも大切に。

開運アクション

- この先の目標を立てる
- 計画をしっかり立てる
- 軌道修正する
- 向き不向きを見極める
- 健康的な生活リズムをつくる
- 自分磨きをする

リフレッシュ■	リフレッシュの月	体力的な無理は避けたほうがいい月。「しっかり仕事をしてしっかり休む」ことが大事です。限界を感じる前に休み、スパやマッサージなどで心身を癒やしましょう。下旬になるとチャンスに恵まれるので、体調を万全にしておき、いい流れに乗りましょう。	開運アクション ◆無理しない ◆頑張りすぎない ◆しっかり休む ◆生活習慣を整える ◆心身ともにケアする ◆不調を放っておかない
	リフレッシュの日	心身ともに無理は避け、リフレッシュを心がけることで運気の流れがよくなる日。とくに日中は疲れやすくなるため、体を休ませる時間をしっかりとり、集中力の低下や仕事の効率の悪化を避けるようにしましょう。夜にはうれしい誘いがありそう。	
解放◇	解放の月	良くも悪くも目立つ機会が増え、気持ちが楽になる出来事がある月。運気が微妙なときに決断したことから離れたり、相性が悪い人との縁が切れたりすることもあるでしょう。この時期は積極性が大事で、遠慮していると運気の流れも引いてしまいます。	開運アクション ◆自分らしさを出す ◆積極的に人と関わる ◆積極的に自分をアピールする ◆勇気を出して行動する ◆執着しない ◆思い切って判断する
	解放の日	面倒なことやプレッシャーから解放される日。相性が悪い人と縁が切れて気持ちが楽になったり、あなたの魅力が輝いて、才能や努力が注目されたりすることがあるでしょう。恋愛面では答えが出る日。夜のデートはうまくいく可能性が高いでしょう。	
準備△	準備の月	準備や情報の不足、確認ミスなどを自分でも実感してしまう月。事前の準備やスケジュールの確認を忘れずに。ただ、この月は「しっかり仕事をして計画的に遊ぶ」ことも大切。また、「遊び心をもつ」と運気がよくなるでしょう。	開運アクション ◆事前準備と確認を怠らない ◆うっかりミスに注意 ◆最後まで気を抜かない ◆浮ついた気持ちに注意 ◆遊び心を大切にする ◆遊ぶときは全力で
	準備の日	何事にも準備と確認作業をしっかりすることが大事な日。うっかりミスが多いので、1日の予定を確認しましょう。この日は遊び心も大切なので、自分も周囲も楽しませて、なんでもゲーム感覚で楽しんでみると魅力が輝くこともあるでしょう。	

幸運◎	幸運の月	努力を続けてきたことがいいかたちとなって表れる月。遠慮せずにアピールし、実力を全力で出し切るといい流れに乗れるでしょう。また、頑張りを見ていた人から協力を得られることもあり、チャンスに恵まれる可能性も高くなります。	開運アクション ◆過去の人やものとのつながりを大切にする ◆新しい人やものより、なじみのある人やものを選ぶ ◆諦め切れないことに再挑戦する ◆素直に評価を受け入れる ◆決断をする ◆スタートを切る
	幸運の日	秘めていた力を発揮することができる日。勇気を出した行動でこれまで頑張ってきたことが評価され、幸運をつかめるでしょう。恋愛面では相性がいい人と結ばれたり、すでに知り合っている人と縁が強くなったりするので、好意を伝えるといい関係に進みそう。	
開運☆	開運の月	運気のよさを感じられて、能力や魅力を評価される月。今後のことを考えた決断をするにも最適です。運命的な出会いがある可能性も高いので、人との出会いを大切にしましょう。幸運を感じられない場合は、環境を変えてみるのがオススメです。	開運アクション ◆夢を叶えるための行動を起こす ◆自分の意見や感覚を大事にする ◆自分から積極的に人に関わっていく ◆大きな決断をする ◆やりたいことのスタートを切る ◆自らチャンスをつかみにいく
	開運の日	運を味方にできる最高の日。積極的に行動することで自分の思い通りに物事が運びます。告白、プロポーズ、結婚、決断、覚悟、買い物、引っ越し、契約などをするには最適なタイミング。ここで決めたら簡単に変えないことが大事です。	
ブレーキ▽	ブレーキの月	中旬までは積極的に行動し、前月にやり残したことを終えておくといい月。契約などの決断は中旬までに。それ以降に延長される場合は縁がないと思って見切りをつけるといいでしょう。中旬以降は、現状を守るための判断が必要となります。	開運アクション ◆朝早くから活動する ◆やるべきことがあるなら明るいうちに済ます ◆昨日やり残したことを日中に終わらせる ◆夕方以降はゆったりと過ごす ◆夜は活動的にならない
	ブレーキの日	日中は積極的に行動することでいい結果に結びつきますが、夕方あたりから判断ミスをするなど「裏の時期」の影響がジワジワ出てくる日。大事なことは早めに終わらせて、夜はゆっくり音楽を聴いたり、本を読んでのんびりするといいでしょう。	

開運☆・幸運◎の活かし方

いい運気を味方につけてスタートを切ることが大事

運気のいい年、月、日には、「何かいいことがあるかも」と期待してしまいますが、**「これまでの積み重ねに結果が出るとき」**です。努力したご褒美として「いいこと」が起きるので、逆に言えば、積み重ねがなければ何も起きず、悪いことを積み重ねてしまったら、悪い結果が出てしまいます。また、**「決断とスタートのとき」**でもあります。運気のいいときの決断やスタートには運が味方してくれ、タイミングを合わせれば力を発揮しやすくもなります。「自分を信じて、決断し、行動する」。この繰り返しが人生ですが、見えない流れを味方につけると、よりうまくいきやすくなります。このいい流れのサイクルに入るには、「いい運気のときに行動する」。これを繰り返してみてください。

大切なのは、行動すること。いくら運気がよくても、行動しなければ何も起きません。運気のいい年、月、日に**タイミングを合わせて動いてみて**ください。

※運気により「☆、◎の月日」がない年もあります。その場合は「◇、○の月日」に行動してみてください。

2024年 金の羅針盤座 運気のいい時期（開運、幸運など）に心がけたい10のこと

1. 愛嬌があり、肯定的で、シャレのきく人になる
2. 人生は、遊園地と同じだと思う
3. 明るい未来は、周囲を笑顔にする人に訪れると気づく
4. 「自信がない……」と言わず、自信をつけるために動く
5. 80点の自分も他人も、ほめて認めて感謝しよう
6. 悩んだら「何をしたくないのか」を挙げてみる
7. やさしく、親切に、真心で人に接する
8. 新たなことに挑戦する好奇心や前向きさを失わない
9. 成功や幸せをつかむ人には行動力があることに気づく
10. 運気のいいときは、相性の悪い人と縁が切れることも

乱気▼	乱気の月	「五星三心占い」でもっとも注意が必要な月。人間関係や心の乱れ、判断ミスが起きやすく、現状を変える決断は避けるべきです。ここでの決断は、幸運、開運の時期にいい結果に結びつかなくなる可能性があります。新しい出会いはとくに注意。運命を狂わせる相手の場合も。	**開運アクション** ◆ **現状を受け入れる** ◆ **問題は100%自分の責任だと思う** ◆ **マイナス面よりもプラス面を探す** ◆ **何事もいい経験だと思う** ◆ **周囲からのアドバイスにもっと素直になる** ◆ **自分中心に考えない** ◆ **流れに身を任せてみる** ◆ **何事もポジティブ変換してみる** ◆ **自分も他人も許す** ◆ **感謝できることをできるだけ見つける**
	乱気の日	「五星三心占い」でもっとも注意が必要な日。判断ミスをしやすいので、新たな挑戦や大きな決断は避けることが大事。今日の出来事は何事も勉強だと受け止め、不運に感じることは「このくらいで済んでよかった」と考えましょう。	
裏運気✕	裏運気の月	裏目に出ることが多い月。体調を崩したり、いまの生活を変えたくなったりします。自分の裏側の才能が出る時期でもあり、これまでと違う興味や関係をもつことも。不慣れや苦手なことを知る経験はいい勉強になるので、しっかり受け止め、自分に課題が出たと思うようにしましょう。	
	裏運気の日	自分の裏の才能や個性が出る日。「運が悪い」のではなく、ふだん鍛えられない部分を強化する日で、自分でも気づかなかった能力に目覚めることもあります。何をすれば自分を大きく成長させられるのかを考えて行動するといいでしょう。	
整理▲	整理の月	裏運気から表の運気に戻ってくる月。本来の自分らしくなることで、不要なものが目について片付けたくなります。ドンドン捨てると運気の流れがよくなるでしょう。下旬になると出会いが増え、物事を前向きにとらえられるようになります。	**開運アクション** ◆ **不要なものを手放す** ◆ **身の回りの掃除をする** ◆ **人間関係を見直す** ◆ **去る者を追わない** ◆ **物事に区切りをつける** ◆ **執着をなくす**
	整理の日	裏運気から本来の自分である表の運気に戻る日。日中は運気が乱れやすく判断ミスが多いため、身の回りの整理整頓や掃除をしっかりすることが大事。行動的になるのは夕方以降がいいでしょう。恋愛面では失恋しやすいですが、覚悟を決めるきっかけもありそうです。	

＝ 運気の影響がない日……良くも悪くも運気に左右されない日

乱気▼・裏運気✕の乗りこなし方

「裏の欲望」がわかり「裏の自分」に会える

「五星三心占い」では、12年のうちの2年、12か月のうちの2か月、12日のうちの2日を、大きなくくりとして**「裏の時期（乱気＋裏運気）」**と呼び、**「裏の欲望（才能）が出てくる時期」**と考えます。人は誰しも欲望をもっていますが、ほしいと思う「欲望の種類」が違うため、「うれしい、楽しい」と感じる対象や度合いは人により異なります。同じ欲望ばかり体験していても、いずれ飽きてしまい、違うものを求めたくなります。そのタイミングが「裏の時期」です。

「裏の時期」には「裏の自分」が出てきます。たとえば、人と一緒にいるのが好きなタイプはひとりの時間が増え、ひとりが心地いい人は、大勢と絡まなくてはならない状況になる。恋愛でも、好みではない人が気になってくる……。本来の「自分らしさ」とは逆のことが起こるので、「慣れなくてつらい」と感じるのです。

しかし、だからこそふだんの自分とは違った体験ができて、視野が広がり学べることも。**この時期を乗り越えると、大きく成長できます。**「悪い運気」というわけではないのです。

2024年 金の羅針盤座

裏の時期（乱気＋裏運気）に心にとどめたい10のこと

1. 何も起きていないのに、心配したり恐れたりしない
2. 「あるがまま」を受け止める
3. 誰もが必ず助けられているから、自分も人を助ける
4. 楽しそうな顔をすれば、楽しいことは自然と起きる
5. いまに満足して、いまが幸せだと気づく
6. 人から感謝されるように生きる
7. 笑顔にしたい人を思い浮かべ、具体的に行動する
8. 多くの人に好かれたいなら、多くの人を好きになる
9. 「感謝できない人」になってはいけない
10. 「相手が自分だったら」と、もっと想像して生活する

命数を調べるときの注意点

命数は足したり引いたりしない

「五星三心占い」の基本は「四柱推命」という占いですが、計算が複雑なので、この本の命数表には、先に計算を済ませたものを載せています。ですから、命数表に載っている数字が、そのまま「あなたの命数」になります。生年月日を足したり引いたりする必要はありません。

深夜0時～日の出前の時間帯に生まれた人

深夜0時から日の出前の時間帯に生まれた人は、前日の運気の影響を強く受けている可能性があります。本来の生年月日で占ってみて、内容がしっくりこない場合は、生年月日の1日前の日でも占ってみてください。もしかすると、前日の運気の影響を強く受けているタイプかもしれません。

また、日の出の時刻は季節により異なりますので、生まれた季節で考えてみてください。

戸籍と本当の誕生日が違う人

戸籍に記載されている日付と、実際に生まれた日が違う人は、「実際に生まれた日」で占ってください。

命数表

【命数】とはあなたの運命をつかさどる数字です。
生年月日ごとに割り当てられています。

タイプの区分

生まれた西暦年

偶数年… 金

奇数年… 銀

命数 1 ~ 10 羅針盤座

命数 11 ~ 20 インディアン座

命数 21 ~ 30 鳳凰座

命数 31 ~ 40 時計座

命数 41 ~ 50 カメレオン座

命数 51 ~ 60 イルカ座

詳しい調べ方は、巻頭の折込ページをチェック!

※ 1930（昭和5）～1938（昭和13）年の命数は『ゲッターズ飯田の「五星三心占い」新・決定版』

銀 1939 昭和14年生 ★ 満85歳

日＼月	1	2	3	4	5	6	7	8	9	10	11	12
1	36	1	40	8	31	10	39	10	32	1	37	1
2	35	10	37	7	32	7	38	9	39	10	38	2
3	34	9	38	6	39	8	37	8	40	9	45	19
4	33	8	35	5	40	5	36	7	47	18	46	20
5	32	8	36	4	37	6	35	16	48	17	43	17
6	31	15	33	3	37	13	44	15	45	16	43	18
7	50	16	34	12	45	14	43	14	46	15	41	15
8	49	13	41	11	46	11	42	14	43	14	42	16
9	48	14	42	20	43	12	41	11	44	13	49	13
10	47	11	49	19	44	19	50	12	41	12	50	14
11	46	12	50	18	41	20	49	19	42	11	47	11
12	45	19	47	17	42	17	48	20	49	20	48	12
13	44	18	48	16	49	18	47	17	50	19	55	29
14	43	15	45	15	42	15	46	18	57	28	56	30
15	42	16	46	14	49	16	45	25	58	27	53	24
16	49	23	43	11	50	23	54	30	55	26	60	28
17	58	24	43	30	57	25	53	27	56	25	57	25
18	57	21	52	29	58	24	60	28	53	24	58	26
19	54	30	51	23	55	23	59	25	53	29	55	24
20	53	27	60	24	56	22	58	26	52	28	56	23
21	52	28	59	21	59	21	51	23	51	24	53	22
22	51	25	58	22	60	30	60	24	59	27	54	21
23	60	26	57	29	57	29	59	29	59	28	9	40
24	59	23	56	30	58	28	58	30	8	35	10	39
25	58	24	55	27	55	27	57	37	7	36	7	38
26	57	31	54	28	56	36	6	38	6	33	8	37
27	6	32	53	35	3	33	5	35	5	34	5	36
28	5	39	2	36	4	32	4	36	4	31	6	35
29	4		1	33	1	31	3	33	3	32	3	34
30	3		10	34	2	40	2	34	2	39	4	33
31	2		9		9		1	31		40		32

金 1940 昭和15年生 ★ 満84歳

日＼月	1	2	3	4	5	6	7	8	9	10	11	12
1	31	16	34	12	45	14	43	14	46	15	41	15
2	48	15	41	11	46	11	42	13	43	14	42	16
3	49	14	42	20	43	12	41	12	44	13	49	13
4	48	13	49	19	44	19	50	11	41	12	50	14
5	47	11	50	18	41	20	49	20	42	11	47	11
6	46	12	47	17	42	17	48	19	49	20	48	12
7	45	19	48	16	49	18	47	18	50	19	55	29
8	44	20	45	15	50	15	46	18	57	28	56	30
9	43	17	46	14	47	16	45	25	58	27	53	27
10	42	18	43	13	48	23	54	26	55	26	54	30
11	41	25	44	22	55	24	53	23	56	25	51	25
12	60	26	51	21	56	21	52	24	53	24	52	26
13	59	21	52	30	53	22	51	21	54	23	59	23
14	58	22	59	29	56	29	60	22	51	22	60	24
15	57	29	60	26	53	30	59	29	52	21	53	21
16	57	30	57	25	54	27	58	24	59	30	54	22
17	53	27	57	24	51	29	55	21	60	29	1	39
18	52	28	56	30	52	28	54	22	7	34	2	39
19	59	25	55	27	59	27	53	39	7	33	9	38
20	58	24	54	28	60	36	6	40	6	32	10	37
21	57	31	53	35	3	35	5	37	5	34	7	36
22	6	32	2	36	4	34	4	38	4	31	6	35
23	5	39	1	33	1	33	3	33	3	32	3	34
24	4	40	10	34	2	32	2	34	2	39	4	33
25	3	37	9	31	9	31	1	31	1	40	1	32
26	2	38	8	32	10	38	10	32	10	37	2	31
27	1	35	7	39	7	37	9	39	9	38	19	50
28	10	36	6	40	8	36	8	40	18	45	20	49
29	9	33	5	37	5	35	7	47	17	46	17	48
30	8		4	38	6	44	16	48	16	43	18	47
31	7		3		13		15	45		44		46

命数が…… 1～10 羅針盤座　11～20 インディアン座　21～30 鳳凰座

に載っています。

銀

1941

昭和16年生

★

満83歳

日＼月	1	2	3	4	5	6	7	8	9	10	11	12
1	45	20	47	17	42	17	48	19	49	20	48	12
2	44	19	48	16	49	18	47	18	50	19	55	29
3	43	18	45	15	50	15	46	17	57	28	56	30
4	42	18	50	14	47	16	45	26	58	27	53	27
5	41	25	47	13	43	23	54	25	55	26	54	28
6	60	26	44	22	52	24	53	24	56	25	51	25
7	59	23	56	21	56	21	52	21	53	24	52	26
8	58	24	52	30	53	22	51	21	54	24	59	23
9	57	21	59	29	54	29	60	22	51	22	60	24
10	56	22	60	28	51	30	59	29	52	21	57	21
11	55	29	57	27	52	27	58	30	59	30	58	22
12	54	21	58	26	59	28	57	27	60	29	5	39
13	53	25	55	25	60	25	56	28	7	38	6	40
14	52	26	56	24	59	26	55	35	8	37	3	37
15	51	33	53	21	60	33	4	36	5	36	4	38
16	8	34	54	40	7	34	3	37	6	35	7	35
17	7	31	2	39	8	34	10	38	3	34	8	36
18	6	32	1	33	5	33	9	35	4	33	5	34
19	3	37	10	34	6	32	8	36	2	38	6	33
20	2	38	9	31	3	31	1	33	1	37	3	32
21	1	35	8	32	10	40	10	34	10	36	4	31
22	10	36	7	39	7	39	9	31	9	38	11	50
23	9	33	6	40	8	38	8	40	18	45	20	49
24	8	34	5	37	5	37	7	47	17	46	17	48
25	7	41	4	38	6	46	16	48	16	43	18	47
26	17	42	3	45	13	45	15	45	15	44	15	46
27	15	49	12	46	14	42	14	46	14	41	16	45
28	14	50	11	43	11	41	13	43	13	42	13	44
29	13		20	44	12	50	12	44	12	49	14	43
30	12		19	41	19	50	11	41	11	50	11	42
31	11		18		20		20	42		47		41

金

1942

昭和17年生

★

満82歳

日＼月	1	2	3	4	5	6	7	8	9	10	11	12
1	60	25	44	22	55	24	53	24	56	25	51	25
2	59	24	51	21	56	21	52	23	53	24	52	26
3	58	23	52	30	53	22	51	22	54	23	59	23
4	57	21	59	29	54	29	60	21	51	22	60	24
5	56	22	60	28	51	30	59	30	52	21	57	21
6	55	29	57	27	52	27	58	29	59	28	58	22
7	54	30	58	26	59	28	57	28	60	29	5	39
8	53	27	55	25	60	25	56	28	7	38	6	40
9	52	28	56	24	57	26	55	35	8	37	3	37
10	51	35	53	23	58	33	4	36	5	36	4	38
11	10	36	54	32	5	34	3	33	6	35	1	35
12	9	31	1	31	6	31	2	34	2	34	2	36
13	8	32	2	40	3	32	1	31	4	33	9	33
14	7	39	9	39	6	39	10	32	1	32	10	34
15	6	40	10	36	3	40	9	39	2	31	7	31
16	3	37	7	35	4	37	8	34	9	40	4	32
17	2	38	7	34	1	39	7	31	10	39	11	49
18	1	35	6	40	2	38	4	32	17	48	12	50
19	8	34	5	37	9	37	3	49	17	43	19	48
20	7	41	4	38	10	46	12	50	16	42	20	47
21	16	42	3	45	13	45	15	47	15	41	17	46
22	15	49	12	46	14	44	14	48	14	41	18	45
23	14	50	11	43	11	43	13	43	13	42	13	44
24	13	47	20	44	12	42	12	44	12	49	14	43
25	12	48	19	41	19	41	11	41	11	50	11	42
26	11	45	18	42	20	50	20	42	20	47	12	41
27	20	46	17	49	17	47	19	49	19	48	29	60
28	19	43	16	50	18	46	18	50	28	55	30	59
29	18		15	47	15	45	17	57	27	56	27	58
30	17		14	48	16	54	26	58	26	53	28	57
31	26		13		23		25	55		54		56

31~40 時計座　41~50 カメレオン座　51~60 イルカ座

銀

1943

昭和18年生★満81歳

日＼月	1	2	3	4	5	6	7	8	9	10	11	12
1	55	30	57	27	52	27	58	29	59	30	58	22
2	54	29	58	26	59	28	57	28	60	29	5	39
3	53	28	55	25	60	25	56	27	7	38	6	40
4	51	27	56	24	57	26	55	36	8	37	3	37
5	51	35	53	23	58	33	4	35	5	36	4	38
6	10	36	54	32	3	34	3	34	6	35	1	35
7	9	33	1	31	6	31	2	33	3	37	2	36
8	8	34	2	40	3	32	1	31	4	33	9	33
9	7	31	9	39	4	39	10	32	1	32	10	34
10	6	32	10	38	1	40	9	39	2	31	7	31
11	5	39	7	37	2	37	8	40	9	40	8	32
12	4	40	8	36	9	38	7	37	10	39	15	49
13	3	35	5	35	10	35	6	38	17	48	16	50
14	2	36	6	34	1	36	5	45	18	47	13	47
15	1	43	3	33	2	43	14	46	15	46	14	48
16	18	44	4	50	17	44	13	47	16	45	17	45
17	17	41	12	49	18	44	12	48	13	44	18	46
18	16	42	11	48	15	43	19	45	14	43	17	45
19	13	49	20	44	16	42	18	46	12	48	16	46
20	12	48	19	41	13	41	17	43	11	47	13	43
21	11	45	18	42	20	50	20	44	20	46	14	44
22	20	46	17	49	17	49	19	41	19	48	21	51
23	19	43	16	50	18	48	18	50	28	55	30	60
24	18	44	15	47	15	47	17	57	27	56	27	57
25	17	51	14	48	16	56	26	58	26	53	28	58
26	26	52	13	55	23	55	25	55	25	54	25	55
27	25	59	22	56	24	52	24	56	24	51	26	55
28	24	60	21	53	21	51	23	53	23	52	23	54
29	23		30	54	22	60	22	54	22	59	24	53
30	22		29	51	29	59	21	51	21	60	21	52
31	25		28		30		30	52		57		51

金

1944

昭和19年生★満80歳

日＼月	1	2	3	4	5	6	7	8	9	10	11	12
1	10	35	1	31	6	31	2	33	3	34	2	36
2	9	34	2	38	3	32	1	32	4	33	9	33
3	8	33	9	39	4	39	10	31	1	32	10	34
4	7	32	10	38	1	40	9	40	2	31	7	31
5	6	32	7	37	2	37	8	39	9	40	8	32
6	5	39	8	36	9	38	8	38	10	39	15	49
7	4	40	5	35	10	35	6	35	17	48	16	50
8	3	37	6	34	7	36	5	45	18	47	13	47
9	2	38	3	33	8	43	14	46	15	46	14	48
10	2	45	4	42	15	44	13	43	16	45	11	45
11	19	46	11	41	16	41	12	44	13	44	12	46
12	19	43	12	50	13	42	11	41	14	43	19	43
13	18	42	19	49	14	49	20	42	11	42	20	44
14	17	49	20	48	13	50	19	49	12	41	17	41
15	16	50	17	45	14	47	18	50	19	50	14	42
16	13	47	18	44	11	48	17	41	20	49	21	59
17	15	48	16	43	12	48	14	42	27	58	22	60
18	11	45	15	47	19	47	13	59	28	53	29	58
19	18	46	14	45	19	56	22	60	26	52	30	57
20	17	51	13	55	27	55	25	57	25	51	27	56
21	26	52	22	56	24	54	24	58	27	51	28	55
22	25	59	21	53	21	53	23	55	23	52	23	54
23	24	60	28	54	22	52	22	54	22	59	24	53
24	23	57	29	51	29	51	21	51	21	60	21	52
25	22	58	28	52	30	60	30	52	30	57	22	51
26	21	55	27	59	27	59	29	59	29	58	39	10
27	30	56	26	60	28	56	28	60	38	5	40	9
28	29	53	25	57	25	55	27	7	37	6	37	8
29	28	54	24	58	26	4	36	8	36	3	38	7
30	27		23	5	33	3	35	5	35	4	35	6
31	36		32		34		34	6		1		5

命数が…… 1~10 羅針盤座　11~20 インディアン座　21~30 鳳凰座

銀 1945

昭和20年生 ★ 満79歳

日＼月	1	2	3	4	5	6	7	8	9	10	11	12
1	4	39	8	36	9	38	7	38	10	39	15	49
2	3	38	5	35	10	35	6	37	17	48	16	50
3	2	37	6	34	7	36	5	46	18	47	13	47
4	1	45	3	33	8	43	14	45	15	46	14	48
5	20	46	8	42	15	44	13	44	16	45	11	45
6	19	43	11	41	16	41	12	43	13	44	12	46
7	18	44	12	50	13	42	11	42	14	43	19	43
8	17	41	19	49	14	49	20	42	11	42	20	44
9	16	42	20	48	11	50	19	49	12	41	17	41
10	15	49	17	47	12	47	18	50	19	50	18	42
11	14	50	18	46	19	48	17	47	20	49	25	59
12	13	45	15	45	20	45	16	48	27	58	26	60
13	12	46	16	44	17	46	15	55	28	57	23	57
14	11	53	13	43	20	53	24	56	25	56	24	58
15	30	54	14	60	27	54	23	53	26	55	21	55
16	27	51	21	59	28	51	22	58	23	54	28	56
17	26	52	21	58	25	53	29	55	24	53	25	53
18	25	59	30	54	26	52	28	56	21	52	26	53
19	22	58	29	51	23	51	27	53	21	57	23	52
20	21	55	28	52	24	60	30	54	30	56	24	51
21	30	56	27	59	27	59	29	51	29	55	31	10
22	29	53	26	60	28	58	28	52	38	5	32	9
23	28	54	25	57	25	57	27	7	37	6	37	8
24	27	1	24	58	26	6	36	8	36	3	38	7
25	36	2	23	5	33	5	35	5	35	4	35	6
26	35	9	32	6	34	4	34	6	34	1	36	5
27	34	10	31	3	31	1	33	3	33	2	33	4
28	33	7	40	4	32	10	32	4	32	9	34	3
29	32		39	1	39	9	31	1	31	10	31	2
30	31		38	2	40	8	40	2	40	7	32	1
31	40		37		37		39	9		8		20

金 1946

昭和21年生 ★ 満78歳

日＼月	1	2	3	4	5	6	7	8	9	10	11	12
1	19	44	11	41	16	41	12	43	13	44	12	46
2	18	43	12	50	13	42	11	42	14	43	19	43
3	17	42	19	49	14	49	20	41	11	42	20	44
4	16	42	20	48	11	50	19	50	12	41	17	41
5	15	49	11	47	12	47	18	49	19	50	18	42
6	14	50	18	46	19	48	17	48	20	49	25	59
7	13	47	15	45	20	45	15	47	27	58	26	60
8	12	48	16	44	17	46	15	55	28	57	23	57
9	11	55	13	43	18	53	24	56	25	56	24	58
10	30	56	14	52	25	54	23	53	26	55	21	55
11	29	53	21	51	26	51	22	54	23	54	22	56
12	28	52	22	60	23	52	21	51	24	53	29	53
13	27	59	29	59	24	59	30	52	21	52	30	54
14	26	60	30	58	23	60	29	59	22	51	27	51
15	25	57	27	55	24	57	28	60	29	60	28	52
16	22	58	28	54	21	58	27	51	30	59	31	9
17	21	55	26	53	22	58	26	52	37	8	32	10
18	30	56	25	57	29	57	23	9	38	7	39	7
19	27	1	24	58	30	6	32	10	36	2	40	7
20	36	2	23	5	37	5	31	7	35	1	37	6
21	35	9	32	6	34	4	34	8	34	10	38	5
22	34	10	31	3	31	3	33	5	33	2	35	4
23	33	7	40	4	32	2	32	4	32	9	34	3
24	32	8	39	1	39	1	31	1	31	10	31	2
25	31	5	38	2	40	10	40	2	40	7	32	1
26	40	6	37	9	37	9	39	9	39	8	49	20
27	39	3	36	10	38	6	38	10	48	15	50	19
28	38	4	35	7	35	5	37	17	47	16	47	18
29	37		34	8	36	14	46	18	46	13	48	17
30	46		33	15	43	13	45	15	45	14	45	16
31	45		42		44		44	16		11		15

31~40 時計座　41~50 カメレオン座　51~60 イルカ座

銀 1947 昭和22年生 ★ 満77歳

日＼月	1	2	3	4	5	6	7	8	9	10	11	12
1	14	49	18	46	19	48	17	48	20	49	25	59
2	13	48	15	45	20	45	16	47	27	58	26	60
3	12	47	16	44	17	46	15	56	28	57	23	57
4	11	56	13	43	18	53	24	55	25	56	24	58
5	30	56	14	52	25	54	23	54	26	55	21	55
6	29	53	21	51	26	51	22	53	23	54	22	56
7	28	54	22	60	23	52	21	52	24	53	29	53
8	27	51	29	59	24	59	30	52	21	52	30	54
9	26	52	30	58	21	60	29	59	22	51	27	51
10	25	59	27	57	22	57	28	60	29	60	28	52
11	24	60	28	56	29	58	27	57	30	59	35	9
12	23	57	25	55	30	55	26	58	37	8	36	10
13	22	56	26	54	27	56	25	5	38	7	33	7
14	21	3	23	53	30	3	34	6	35	6	34	8
15	40	4	24	2	37	4	33	3	36	5	31	5
16	37	1	31	9	38	1	32	8	33	4	38	6
17	36	2	31	8	35	3	31	5	34	3	35	3
18	35	9	40	7	36	2	38	6	31	2	36	4
19	32	10	39	1	33	1	37	3	31	7	33	2
20	31	5	38	2	34	10	36	4	40	6	34	1
21	40	6	37	9	37	9	39	1	39	5	41	20
22	39	3	36	10	38	8	38	2	48	15	42	19
23	38	4	35	7	35	7	37	17	47	16	47	18
24	37	11	34	8	36	16	46	18	46	13	48	17
25	46	12	33	15	43	15	45	15	45	14	45	16
26	45	19	42	16	44	14	44	16	44	11	46	15
27	44	20	41	13	41	11	43	13	43	12	43	14
28	43	17	50	14	42	20	42	14	42	19	44	13
29	42		49	11	49	19	41	11	41	20	41	12
30	41		48	12	50	18	50	12	50	17	42	11
31	50		47		47		49	19		18		30

金 1948 昭和23年生 ★ 満76歳

日＼月	1	2	3	4	5	6	7	8	9	10	11	12
1	29	54	22	60	23	52	21	52	24	53	29	53
2	28	53	29	59	24	59	30	51	21	52	30	54
3	27	52	30	58	21	60	29	60	22	51	27	51
4	26	51	27	57	22	57	28	59	29	60	28	52
5	25	59	28	56	29	58	27	58	30	59	35	9
6	24	60	25	55	30	55	26	57	37	8	36	10
7	23	57	26	54	27	56	25	6	38	7	33	7
8	22	58	23	53	28	3	34	6	35	6	34	8
9	21	5	24	2	35	4	33	3	36	5	31	5
10	40	6	31	1	36	1	32	4	33	4	32	6
11	39	3	32	10	33	2	31	1	34	3	39	3
12	38	4	39	9	34	9	40	2	31	2	40	4
13	37	9	40	8	33	10	39	9	32	1	37	1
14	36	10	37	7	34	7	38	10	39	10	38	2
15	35	7	38	4	31	8	37	7	40	9	41	19
16	32	8	35	3	32	5	36	2	47	18	42	20
17	31	5	35	2	39	7	33	19	48	17	49	17
18	40	6	34	8	40	16	42	20	45	12	50	17
19	37	13	33	15	47	15	41	17	45	11	47	16
20	46	12	42	16	44	14	44	18	44	20	48	15
21	45	19	41	13	41	13	43	15	43	12	45	14
22	44	20	50	14	42	12	42	16	42	19	44	13
23	43	17	49	11	49	11	41	11	41	20	41	12
24	42	18	48	12	50	20	50	12	50	17	42	11
25	41	15	47	19	47	19	49	19	49	18	59	30
26	50	16	46	20	48	18	48	20	58	25	60	29
27	49	13	45	17	45	15	47	27	57	26	57	28
28	48	14	44	18	46	24	56	28	56	23	58	27
29	47	21	43	25	55	23	55	26	55	24	55	26
30	56		52	26	53	22	54	25	54	21	56	25
31	55		51		54		53	23		22		24

命数が…… 1~10 羅針盤座　11~20 インディアン座　21~30 鳳凰座

銀 1949 昭和24年生 ★ 満75歳

日＼月	1	2	3	4	5	6	7	8	9	10	11	12
1	23	58	25	55	30	55	26	57	37	8	36	10
2	22	57	26	54	27	56	25	6	38	7	33	7
3	21	6	23	53	28	3	34	5	35	6	34	8
4	40	6	24	2	35	4	33	4	36	5	31	5
5	39	3	31	1	36	1	32	3	33	4	32	6
6	38	4	32	10	33	2	31	2	34	3	39	3
7	37	1	39	9	34	9	40	1	31	2	40	4
8	36	2	40	8	31	10	39	9	32	1	37	1
9	35	9	37	7	32	7	38	10	39	10	38	2
10	34	10	38	6	39	8	37	7	40	9	45	19
11	33	7	35	5	40	5	36	8	47	18	46	20
12	32	6	36	4	37	6	35	15	48	17	43	17
13	31	13	33	3	38	13	44	16	45	16	44	18
14	50	14	34	12	47	14	43	13	46	15	41	15
15	49	11	41	19	48	11	42	14	43	14	42	16
16	46	12	42	18	45	12	41	15	44	13	45	13
17	45	19	50	17	46	12	48	16	41	12	46	14
18	44	20	49	11	43	11	47	13	42	11	43	12
19	41	15	48	12	44	20	46	14	50	16	44	11
20	50	16	47	19	41	19	49	11	49	15	51	30
21	49	13	46	20	48	18	48	12	58	24	52	29
22	48	14	45	17	45	17	47	29	57	26	59	28
23	47	21	44	18	46	26	56	28	56	23	58	27
24	56	22	43	25	53	25	55	25	55	24	55	26
25	55	29	52	26	54	24	54	26	54	21	56	25
26	54	30	51	23	51	21	53	23	53	22	53	24
27	53	27	60	24	52	30	52	24	52	29	54	23
28	52	28	59	21	59	29	51	21	51	30	51	22
29	51		58	22	60	28	60	22	60	27	52	21
30	60		57	29	57	27	59	29	59	28	9	40
31	59		56		58		58	30		35		39

金 1950 昭和25年生 ★ 満74歳

日＼月	1	2	3	4	5	6	7	8	9	10	11	12
1	38	3	32	10	33	2	31	2	34	3	39	3
2	37	2	39	9	34	9	40	1	31	2	40	4
3	36	1	40	8	31	10	39	10	32	1	37	1
4	35	9	37	7	32	7	38	9	39	10	38	2
5	34	10	38	6	39	8	37	8	40	9	45	19
6	33	7	35	5	40	5	36	7	47	18	46	20
7	32	8	36	4	37	6	35	16	48	17	43	17
8	31	15	33	3	38	13	44	16	45	16	44	18
9	50	16	34	12	45	14	43	13	46	15	41	15
10	49	13	41	11	46	11	42	14	43	14	42	16
11	48	14	42	20	43	12	41	11	44	13	49	13
12	47	19	49	19	44	19	50	12	41	12	50	14
13	46	20	50	18	41	20	49	19	42	11	47	11
14	45	17	47	17	44	17	48	20	49	20	48	12
15	44	18	48	14	41	18	47	17	50	19	55	29
16	41	15	45	13	42	15	46	12	57	28	52	30
17	50	16	45	12	49	17	45	29	58	27	59	27
18	49	23	44	18	50	26	52	30	55	26	60	28
19	56	22	43	25	57	25	51	27	55	21	57	26
20	55	29	52	26	58	24	60	28	54	30	58	25
21	54	30	51	23	51	23	53	25	53	29	55	24
22	53	27	60	24	52	22	52	26	52	29	56	23
23	52	28	59	21	59	21	51	21	51	30	51	22
24	51	25	58	22	60	30	60	22	60	27	52	21
25	60	26	57	29	57	29	59	29	59	28	9	40
26	59	23	56	30	58	28	58	30	8	35	10	39
27	58	24	55	27	55	25	57	37	7	36	7	38
28	57	31	54	28	56	34	6	38	6	33	8	37
29	6		53	35	3	33	5	35	5	34	5	36
30	5		2	36	4	32	4	36	4	31	6	35
31	4		1		1		3	33		32		34

31~40 時計座　41~50 カメレオン座　51~60 イルカ座

銀 1951 昭和26年生 ★ 満73歳

日＼月	1	2	3	4	5	6	7	8	9	10	11	12
1	33	8	35	5	40	5	36	7	47	18	46	20
2	32	7	36	4	37	6	35	16	48	17	43	17
3	31	16	33	3	38	13	44	15	45	16	44	18
4	50	15	34	12	45	14	43	14	46	15	41	15
5	49	13	41	11	46	11	42	13	43	14	42	16
6	48	14	42	20	43	12	41	12	44	13	49	13
7	47	11	49	19	44	19	50	11	41	12	50	14
8	46	12	50	18	41	20	49	19	42	11	47	11
9	45	19	47	17	42	17	48	20	49	20	48	12
10	44	20	48	16	49	18	47	17	50	19	55	29
11	43	17	45	15	50	15	46	18	57	28	56	30
12	42	18	46	14	47	16	45	25	58	27	53	27
13	41	23	43	13	48	23	54	26	55	26	54	28
14	60	24	44	22	57	24	53	23	56	25	51	25
15	59	21	51	21	58	21	52	24	53	24	52	26
16	56	22	52	28	55	22	51	25	54	23	55	23
17	55	29	60	27	56	22	60	26	51	22	56	24
18	54	30	59	26	53	21	57	23	52	21	53	21
19	51	27	58	22	54	30	56	24	60	26	54	21
20	60	26	57	29	51	29	55	21	59	25	1	40
21	59	23	56	30	58	28	58	22	8	34	2	39
22	58	24	55	27	55	27	57	39	7	36	9	38
23	57	31	54	28	56	36	6	38	6	33	8	37
24	6	32	53	35	3	35	5	35	5	34	5	36
25	5	39	2	36	4	34	4	36	4	31	6	35
26	4	40	1	33	1	33	3	33	3	32	3	34
27	3	37	10	34	2	40	2	34	2	39	4	33
28	2	38	9	31	9	39	1	31	1	40	1	32
29	1		8	32	10	38	10	32	10	37	2	31
30	10		7	39	7	37	9	39	9	38	19	50
31	9		6		8		8	40		45		49

金 1952 昭和27年生 ★ 満72歳

日＼月	1	2	3	4	5	6	7	8	9	10	11	12
1	48	13	49	19	44	19	50	11	41	12	50	14
2	47	12	50	18	41	20	49	20	42	11	47	11
3	46	11	47	17	42	17	48	19	49	20	48	12
4	45	20	48	16	49	18	47	18	50	19	55	29
5	44	20	45	15	50	15	46	17	57	28	56	30
6	43	17	46	14	47	16	45	26	58	27	53	27
7	42	18	43	13	48	23	54	26	55	26	54	28
8	41	25	44	22	55	24	53	23	56	25	51	25
9	60	26	51	21	56	21	52	24	53	24	52	26
10	59	23	52	30	53	22	51	21	54	23	59	23
11	58	24	59	29	54	29	60	22	51	22	60	24
12	57	21	60	28	51	30	59	29	52	21	57	21
13	56	30	57	27	54	27	58	30	59	30	58	22
14	55	27	58	26	51	28	57	27	60	29	5	39
15	54	28	55	23	52	25	56	22	7	38	2	40
16	51	25	56	22	59	26	55	39	8	37	9	37
17	60	26	54	21	60	36	2	40	5	36	10	38
18	59	33	53	35	7	35	1	37	6	31	7	36
19	6	34	2	36	8	34	10	38	4	40	8	35
20	5	39	1	33	1	33	3	35	3	39	5	34
21	4	40	10	34	2	32	2	36	2	39	6	33
22	3	37	9	31	9	31	1	31	1	40	1	32
23	2	38	8	32	10	40	10	32	10	37	2	31
24	1	35	7	39	7	39	9	39	9	38	19	50
25	10	36	6	40	8	38	8	40	18	45	20	49
26	9	33	5	37	5	37	7	47	17	46	17	48
27	8	34	4	38	6	44	16	48	16	43	18	47
28	7	41	3	45	13	43	15	45	15	44	15	46
29	16	42	12	46	14	42	14	46	14	41	16	45
30	15		11	43	11	41	13	43	13	42	13	44
31	14		20		12		12	44		49		43

命数が……　1~10 羅針盤座　11~20 インディアン座　21~30 鳳凰座

銀 1953 昭和28年生 ★ 満71歳

日＼月	1	2	3	4	5	6	7	8	9	10	11	12
1	42	17	46	14	47	16	45	26	58	27	53	27
2	41	26	43	13	48	23	54	25	55	26	54	28
3	60	25	44	22	55	24	53	24	56	25	51	25
4	59	23	51	21	56	21	52	23	53	24	52	26
5	58	24	52	30	53	22	51	22	54	23	59	23
6	57	21	59	29	54	29	60	21	51	22	60	24
7	56	22	60	28	51	30	59	30	52	21	57	21
8	55	29	57	27	52	27	58	30	59	30	58	22
9	54	30	58	26	59	28	57	27	60	29	5	39
10	53	27	55	25	60	25	56	28	7	38	6	40
11	52	28	56	24	57	26	55	35	8	37	3	37
12	51	33	53	23	58	33	4	36	5	36	4	38
13	10	34	54	32	5	34	3	33	6	35	1	35
14	9	31	1	31	8	31	2	34	3	34	2	36
15	8	32	2	38	5	32	1	31	4	33	9	33
16	5	39	9	37	6	39	10	36	1	32	6	34
17	4	40	9	36	3	31	7	33	2	31	3	31
18	3	37	8	32	4	40	6	34	9	36	4	31
19	10	36	7	39	1	39	5	31	9	35	11	50
20	9	33	6	40	2	38	8	32	18	44	12	49
21	8	34	5	37	5	37	7	49	17	46	19	48
22	7	41	4	38	6	46	16	50	16	43	20	47
23	16	42	3	45	13	45	15	45	15	44	15	46
24	15	49	12	46	14	44	14	46	14	41	16	45
25	14	50	11	43	11	43	13	43	13	42	13	44
26	13	47	20	44	12	42	12	44	12	49	14	43
27	12	48	19	41	19	49	11	41	11	50	11	42
28	11	45	18	42	20	48	20	42	20	47	12	41
29	20		17	49	17	47	19	49	19	48	29	60
30	19		16	50	18	46	18	50	28	55	30	59
31	18		15		15		17	57		56		58

金 1954 昭和29年生 ★ 満70歳

日＼月	1	2	3	4	5	6	7	8	9	10	11	12
1	57	22	59	29	54	29	60	21	51	22	60	24
2	56	21	60	28	51	30	59	30	52	21	57	21
3	55	30	57	27	52	27	58	29	59	30	58	22
4	54	30	58	26	59	28	57	28	60	29	5	39
5	53	27	55	25	60	25	56	27	7	38	6	40
6	52	28	56	24	57	26	57	36	8	37	3	37
7	51	35	53	23	58	33	4	35	5	36	4	38
8	10	36	54	32	5	34	3	33	6	35	1	35
9	9	33	1	31	6	31	2	34	3	34	2	36
10	8	34	2	40	3	32	1	31	4	33	9	33
11	7	31	9	39	4	39	10	32	1	32	10	34
12	6	40	10	38	1	40	9	39	2	31	7	31
13	5	37	7	37	2	37	8	40	9	40	8	32
14	4	38	8	36	1	38	7	37	10	39	15	49
15	3	35	5	33	2	35	6	38	17	48	16	50
16	10	36	6	32	9	36	5	49	18	47	19	47
17	9	43	4	31	10	46	14	50	15	46	20	48
18	18	44	3	45	17	45	11	47	16	45	17	45
19	15	49	12	46	18	44	20	48	14	50	18	45
20	14	50	11	43	15	43	19	45	13	49	15	44
21	13	47	20	44	12	42	12	46	12	48	16	43
22	12	48	19	41	19	41	11	43	11	50	13	42
23	11	45	18	42	20	50	20	42	20	47	12	41
24	20	46	17	49	17	49	19	49	19	48	29	60
25	19	43	16	50	18	48	18	50	28	55	30	59
26	18	44	15	47	15	47	17	57	27	56	27	58
27	17	51	14	48	16	54	26	58	26	53	28	57
28	26	52	13	55	23	53	25	55	25	54	25	56
29	25		22	56	24	52	24	56	24	51	26	55
30	24		21	53	21	51	23	53	23	52	23	54
31	23		30		22		22	54		59		53

31~40 時計座　41~50 カメレオン座　51~60 イルカ座

銀

1955

昭和30年生 ★ 満69歳

日＼月	1	2	3	4	5	6	7	8	9	10	11	12
1	52	27	56	24	57	26	55	36	8	37	3	37
2	51	36	53	23	58	33	4	35	5	36	4	38
3	10	35	54	32	5	34	3	34	6	35	1	35
4	9	33	1	31	6	31	2	33	3	34	2	36
5	8	34	2	40	3	32	1	32	4	33	9	33
6	7	31	9	39	4	39	10	31	1	32	10	34
7	6	32	10	38	1	40	9	40	2	31	7	31
8	5	39	7	37	2	37	8	40	9	40	8	32
9	4	40	8	36	9	38	7	37	10	39	15	49
10	3	37	5	35	10	35	6	38	17	48	16	50
11	2	38	6	34	7	36	5	45	18	47	13	47
12	1	43	3	33	8	43	14	46	15	46	14	48
13	20	44	4	42	15	44	13	43	16	45	11	45
14	19	41	11	41	18	41	12	44	13	44	12	46
15	18	42	12	48	15	42	11	41	14	43	19	43
16	15	49	19	47	16	49	20	46	11	42	16	44
17	14	50	19	46	13	41	19	43	12	41	13	41
18	13	47	18	42	14	50	16	44	19	50	14	42
19	20	46	17	49	11	49	15	41	19	45	21	60
20	19	43	16	50	12	48	14	42	28	54	22	59
21	18	44	15	47	15	47	17	59	27	53	29	58
22	17	51	14	48	16	56	26	60	26	53	30	57
23	26	52	13	55	23	55	25	55	25	54	25	56
24	25	59	22	56	24	54	24	56	24	51	26	55
25	24	60	21	53	21	53	23	53	23	52	23	54
26	23	57	30	54	22	52	22	54	22	59	24	53
27	22	58	29	51	29	59	21	51	21	60	21	52
28	21	55	28	52	30	58	30	52	30	57	22	51
29	30		27	59	27	57	29	59	29	58	39	10
30	29		26	60	28	56	28	60	38	5	40	9
31	28		25		25		27	7		6		8

金

1956

昭和31年生 ★ 満68歳

日＼月	1	2	3	4	5	6	7	8	9	10	11	12
1	7	32	10	38	1	40	9	40	2	31	7	31
2	6	31	7	37	2	37	8	39	9	40	8	32
3	5	40	8	36	9	38	7	38	10	39	15	49
4	4	39	5	35	10	35	6	37	17	48	16	50
5	3	37	6	34	7	36	5	46	18	47	13	47
6	2	38	3	33	8	43	14	45	15	46	14	48
7	1	45	4	42	15	44	13	43	16	45	11	45
8	20	46	11	41	16	41	12	44	13	44	12	46
9	19	43	12	50	13	42	11	41	14	43	19	43
10	18	44	19	49	14	49	20	42	11	42	20	44
11	17	41	20	48	11	50	19	49	12	41	17	41
12	16	42	17	47	12	47	18	50	19	50	18	42
13	15	47	18	46	11	48	17	47	20	49	25	59
14	14	48	15	45	12	45	16	48	27	58	26	60
15	13	45	16	42	19	46	15	59	28	57	29	57
16	20	46	14	41	20	53	24	60	25	56	30	58
17	19	53	13	60	27	55	21	57	26	55	27	55
18	28	54	22	56	28	54	30	58	23	60	28	55
19	25	51	21	53	25	53	29	55	23	59	25	54
20	24	60	30	54	22	52	22	56	22	58	26	53
21	23	57	29	51	29	51	21	53	21	60	23	52
22	22	58	28	52	30	60	30	52	30	57	22	51
23	21	55	27	59	27	59	30	59	29	58	39	10
24	30	56	26	60	28	58	28	60	38	5	40	9
25	29	53	25	57	25	57	27	7	37	6	37	8
26	28	54	24	58	26	6	36	8	36	3	38	7
27	27	1	23	5	33	3	35	5	35	4	35	6
28	36	2	32	6	34	2	34	6	34	1	36	5
29	35	9	31	3	31	1	33	3	33	2	33	4
30	34		40	4	32	10	32	4	32	9	34	3
31	33		39		39		31	1		10		2

命数が…… 1~10 羅針盤座　11~20 インディアン座　21~30 鳳凰座

銀 1957 昭和32年生 ★ 満67歳

日＼月	1	2	3	4	5	6	7	8	9	10	11	12
1	1	46	3	33	8	43	14	45	15	46	14	48
2	20	45	4	42	15	44	13	44	16	45	11	45
3	19	44	11	41	16	41	12	43	13	44	12	46
4	18	44	12	50	13	42	11	42	14	43	19	43
5	17	41	19	49	14	49	20	41	11	42	20	44
6	16	42	20	48	11	50	19	50	12	41	17	41
7	15	49	17	47	12	47	18	49	19	50	18	42
8	14	50	18	46	19	48	17	47	20	49	25	59
9	13	47	15	45	20	45	16	48	27	58	26	60
10	12	48	16	44	17	46	15	55	28	57	23	57
11	11	55	13	43	18	53	24	56	25	56	24	58
12	30	54	14	52	25	54	23	53	26	55	21	55
13	29	51	21	51	26	51	22	54	23	54	22	56
14	28	52	22	60	25	52	21	51	24	53	29	53
15	25	59	29	57	26	59	30	52	21	52	30	54
16	24	60	30	56	23	60	29	53	22	51	23	51
17	23	57	28	55	24	60	26	54	29	60	24	52
18	30	58	27	59	21	59	25	51	30	55	31	10
19	29	53	26	60	22	58	24	52	38	4	32	9
20	28	54	25	57	29	57	27	9	37	3	39	8
21	27	1	24	58	26	6	36	10	36	3	40	7
22	36	2	23	5	33	5	35	7	35	4	37	6
23	35	9	32	6	34	4	34	6	34	1	36	5
24	34	10	31	3	31	3	33	3	33	2	33	4
25	33	7	40	4	32	2	32	4	32	9	34	3
26	32	8	39	1	39	1	31	1	31	10	31	2
27	31	5	38	2	40	8	40	2	40	7	32	1
28	40	6	37	9	37	7	39	9	39	8	49	20
29	39		36	10	38	6	38	10	48	15	50	19
30	38		35	7	35	5	37	17	47	16	47	18
31	37		34		36		46	18		13		17

金 1958 昭和33年生 ★ 満66歳

日＼月	1	2	3	4	5	6	7	8	9	10	11	12
1	16	41	20	48	11	50	19	50	12	41	17	41
2	15	50	17	47	12	47	18	49	19	50	18	42
3	14	49	18	46	19	48	17	48	20	49	25	59
4	13	47	15	45	20	45	16	47	27	58	26	60
5	12	48	16	44	17	46	15	56	28	57	23	57
6	11	55	13	43	18	53	24	55	25	56	24	58
7	30	56	14	52	25	54	23	54	26	55	21	55
8	29	53	21	51	26	51	22	54	23	54	22	56
9	28	54	22	60	23	52	21	51	24	53	29	53
10	27	51	29	59	24	59	30	52	21	52	30	54
11	26	52	30	58	21	60	29	59	22	51	27	51
12	25	57	27	57	22	57	28	60	29	60	28	52
13	24	58	28	56	29	58	27	57	30	59	35	9
14	23	55	25	55	22	55	26	58	37	8	36	10
15	22	56	26	52	29	56	25	5	38	7	33	7
16	29	3	23	51	30	3	34	10	35	6	40	8
17	38	4	23	10	37	5	33	7	36	5	37	5
18	37	1	32	6	38	4	40	8	33	4	38	5
19	34	10	31	3	35	3	39	5	33	9	35	4
20	33	7	40	4	36	2	38	6	32	8	36	3
21	32	8	39	1	39	1	31	3	31	7	33	2
22	31	5	38	2	40	10	40	4	40	7	34	1
23	40	6	37	9	37	9	39	9	39	8	49	20
24	39	3	36	10	38	8	38	10	48	15	50	19
25	38	4	35	7	35	7	37	17	47	16	47	18
26	37	11	34	8	36	16	46	18	46	13	48	17
27	46	12	33	15	43	13	45	15	45	14	45	16
28	45	19	42	16	44	12	44	16	44	11	46	15
29	44		41	13	41	11	43	13	43	12	43	14
30	43		50	14	42	20	42	14	42	19	44	13
31	42		49		49		41	11		20		12

31~40 時計座　41~50 カメレオン座　51~60 イルカ座

銀 1959

昭和34年生 ★ 満65歳

日＼月	1	2	3	4	5	6	7	8	9	10	11	12
1	11	56	13	43	18	53	24	55	25	56	24	58
2	30	55	14	52	25	54	23	54	26	55	21	55
3	29	54	21	51	26	51	22	53	23	54	22	56
4	28	54	22	60	23	52	21	52	24	53	29	53
5	27	51	29	59	24	59	30	51	21	52	30	54
6	26	52	30	58	21	60	29	60	22	51	27	51
7	25	59	27	57	22	57	28	59	29	60	28	52
8	24	60	28	56	29	58	27	57	30	59	35	9
9	23	57	25	55	30	55	26	58	37	8	36	10
10	22	58	26	54	27	56	25	5	38	7	33	7
11	21	5	23	53	28	3	34	6	35	6	34	8
12	40	4	24	2	35	4	33	3	36	5	31	5
13	39	1	31	1	36	1	32	4	33	4	32	6
14	38	2	32	10	35	2	31	1	34	3	39	3
15	37	9	39	7	36	9	40	2	31	2	40	4
16	34	10	40	6	33	10	39	3	32	1	33	1
17	33	7	38	5	34	10	38	4	39	10	34	2
18	32	8	37	9	31	9	35	1	40	9	41	19
19	39	3	36	10	32	8	34	2	48	14	42	19
20	38	4	35	7	39	7	33	19	47	13	49	18
21	37	11	34	8	36	16	46	20	46	12	50	17
22	46	12	33	15	43	15	45	17	45	14	47	16
23	45	19	42	16	44	14	44	16	44	11	46	15
24	44	20	41	13	41	13	43	13	43	12	43	14
25	43	17	50	14	42	12	42	14	42	19	44	13
26	42	18	49	11	49	11	41	11	41	20	41	12
27	41	15	48	12	50	18	50	12	50	17	42	11
28	50	16	47	19	47	17	49	19	49	18	59	30
29	49		46	20	48	16	48	20	58	25	60	29
30	48		45	17	45	15	47	27	57	26	57	28
31	47		44		46		56	28		23		27

金 1960

昭和35年生 ★ 満64歳

日＼月	1	2	3	4	5	6	7	8	9	10	11	12
1	26	51	27	57	22	57	28	59	29	60	28	52
2	25	60	28	56	29	58	27	58	30	59	35	9
3	24	59	25	55	30	55	26	57	37	8	36	10
4	23	58	26	54	27	56	25	6	38	7	33	7
5	22	58	23	53	28	3	34	5	35	6	34	8
6	21	5	24	2	35	4	33	4	36	5	31	5
7	40	6	31	1	36	1	32	4	33	4	32	6
8	39	3	32	10	33	2	31	1	34	3	39	3
9	38	4	39	9	34	9	40	2	31	2	40	4
10	37	1	40	8	31	10	39	9	32	1	37	1
11	36	2	37	7	32	7	38	10	39	10	38	2
12	35	9	38	6	39	8	37	7	40	9	45	19
13	34	8	35	5	32	5	36	8	47	18	46	20
14	33	5	36	4	39	6	35	15	48	17	43	17
15	32	6	33	1	40	13	44	20	45	16	50	18
16	39	13	33	20	47	14	43	17	46	15	47	15
17	48	14	42	19	48	14	50	18	43	14	48	16
18	47	11	41	13	45	13	49	15	44	19	45	14
19	44	12	50	14	46	12	48	16	42	18	46	13
20	43	17	49	11	49	11	41	13	41	17	43	12
21	42	18	48	12	50	20	50	14	50	17	44	11
22	41	15	47	19	47	19	49	19	49	18	59	30
23	50	16	46	20	48	18	48	20	58	25	60	29
24	49	13	45	17	45	17	47	27	57	26	57	28
25	48	14	44	18	46	26	56	28	56	23	58	27
26	47	21	43	25	53	25	55	25	55	24	55	26
27	56	22	52	26	54	22	54	26	54	21	56	25
28	55	29	51	23	51	21	53	23	53	22	53	24
29	54	30	60	24	52	30	52	24	52	29	54	23
30	53		59	21	59	29	51	21	51	30	51	22
31	52		58		60		60	22		27		21

命数が…… 1~10 羅針盤座　11~20 インディアン座　21~30 鳳凰座

銀 1961 昭和36年生 ★ 満63歳

日＼月	1	2	3	4	5	6	7	8	9	10	11	12
1	40	5	24	2	35	4	33	4	36	5	31	5
2	39	4	31	1	36	1	32	3	33	4	32	6
3	38	3	32	10	33	2	31	2	34	3	39	3
4	37	1	39	9	34	9	40	1	31	2	40	4
5	36	2	34	8	31	10	39	10	32	1	37	1
6	35	9	37	7	32	7	38	9	39	10	38	2
7	34	10	38	6	39	8	37	8	40	9	45	19
8	33	7	35	5	40	5	36	8	47	18	46	20
9	32	8	36	4	37	6	35	15	48	17	43	17
10	31	15	33	3	38	13	44	16	45	16	44	18
11	50	16	34	12	45	14	43	13	46	15	41	15
12	49	11	41	11	46	11	42	14	43	14	42	16
13	48	12	42	20	43	12	41	11	44	13	49	13
14	47	19	49	19	46	19	50	12	41	12	50	14
15	44	20	50	16	43	20	49	19	42	11	47	11
16	43	17	47	15	44	17	48	14	49	20	44	12
17	42	18	47	14	41	19	45	11	50	19	51	29
18	49	15	46	20	42	18	44	12	57	24	52	29
19	48	14	45	17	49	17	43	29	57	23	59	28
20	47	21	44	18	50	26	56	30	56	22	60	27
21	56	22	43	25	53	25	55	27	55	24	57	26
22	55	29	52	26	54	24	54	28	54	21	58	25
23	54	30	51	23	51	23	53	23	53	22	53	24
24	53	27	60	24	52	22	52	24	52	29	54	23
25	52	28	59	21	59	21	51	21	51	30	51	22
26	51	25	58	22	60	30	60	22	60	27	52	21
27	60	26	57	29	57	27	59	29	59	28	9	40
28	59	23	56	30	58	26	58	30	8	35	10	39
29	58		55	27	55	25	57	37	7	36	7	38
30	57		54	28	56	34	6	38	6	33	8	37
31	6		53		3		5	35		34		36

金 1962 昭和37年生 ★ 満62歳

日＼月	1	2	3	4	5	6	7	8	9	10	11	12
1	35	10	37	7	32	7	38	9	39	10	38	2
2	34	9	38	6	39	8	37	8	40	9	45	19
3	33	8	35	5	40	5	36	7	47	18	46	20
4	32	8	36	4	37	6	35	16	48	17	43	17
5	31	15	33	3	38	13	44	15	45	16	44	18
6	50	16	34	12	45	14	43	14	46	15	41	15
7	49	13	41	11	46	11	42	13	43	14	42	16
8	48	14	42	20	43	12	41	11	44	13	49	13
9	47	11	49	19	44	19	50	12	41	12	50	14
10	46	12	50	18	41	20	49	19	42	11	47	11
11	45	19	47	17	42	17	48	20	49	20	48	12
12	44	18	48	16	49	18	47	17	50	19	55	29
13	43	15	45	15	50	15	46	18	57	28	56	30
14	42	16	46	14	49	16	45	25	58	27	53	27
15	41	23	43	11	50	23	54	26	55	26	54	28
16	58	24	44	30	57	24	53	27	56	25	57	25
17	57	21	52	29	58	24	60	28	53	24	58	26
18	56	22	51	23	55	23	59	25	54	23	55	24
19	53	27	60	24	56	22	58	26	52	28	56	23
20	52	28	59	21	53	21	51	23	51	27	53	22
21	51	25	58	22	60	30	60	24	60	26	54	21
22	60	26	57	29	57	29	59	21	59	28	1	40
23	59	23	56	30	58	28	58	30	8	35	10	39
24	58	24	55	27	55	27	57	37	7	36	7	38
25	57	31	54	28	56	36	6	38	6	33	8	37
26	6	32	53	35	3	35	5	35	5	34	5	36
27	5	39	2	36	4	32	4	36	4	31	6	35
28	4	40	1	33	1	31	3	33	3	32	3	34
29	3		10	34	2	40	2	34	2	39	4	33
30	2		9	31	9	39	1	31	1	40	1	32
31	1		8		10		10	32		37		31

31〜40 時計座　41〜50 カメレオン座　51〜60 イルカ座

銀 1963 昭和38年生 ★ 満61歳

日＼月	1	2	3	4	5	6	7	8	9	10	11	12
1	50	15	34	12	45	14	43	14	46	15	41	15
2	49	14	41	11	46	11	42	13	43	14	42	16
3	48	13	42	20	43	12	41	12	44	13	49	13
4	47	11	49	19	44	19	50	11	41	12	50	14
5	46	12	50	18	41	20	49	20	42	11	47	11
6	45	19	47	17	42	17	48	19	49	20	48	12
7	44	20	48	16	49	18	47	18	50	19	55	29
8	43	17	45	15	50	15	46	18	57	28	56	30
9	42	18	46	14	47	16	45	25	58	27	53	27
10	41	25	43	13	48	23	54	26	55	26	54	28
11	60	26	44	22	55	24	53	23	56	25	51	25
12	59	21	51	21	56	21	52	24	53	24	52	26
13	58	22	52	30	53	22	51	21	54	23	59	23
14	57	29	59	29	56	29	60	22	51	22	60	24
15	56	30	60	26	53	30	59	29	52	21	57	21
16	53	27	57	25	54	27	58	24	59	30	54	22
17	52	28	57	24	51	29	57	21	60	29	1	39
18	51	25	56	30	52	28	54	22	7	38	2	40
19	58	24	55	27	59	27	53	39	7	33	9	38
20	57	31	54	28	60	36	2	40	6	32	10	37
21	6	32	53	35	3	35	5	37	5	31	7	36
22	5	39	2	36	4	34	4	38	4	31	8	35
23	4	40	1	33	1	33	3	33	3	32	3	34
24	3	37	10	34	2	32	2	34	2	39	4	33
25	2	38	9	31	9	31	1	31	1	40	1	32
26	1	35	8	32	10	40	10	32	10	37	2	31
27	10	36	7	39	7	37	9	39	9	38	19	50
28	9	33	6	40	8	36	8	40	18	45	20	49
29	8		5	37	5	35	7	47	17	46	17	48
30	7		4	38	6	44	16	48	16	43	18	47
31	16		3		13		15	45		44		46

金 1964 昭和39年生 ★ 満60歳

日＼月	1	2	3	4	5	6	7	8	9	10	11	12
1	45	20	48	16	49	18	47	18	50	19	55	29
2	44	19	45	15	50	15	46	17	57	28	56	30
3	43	18	46	14	47	16	45	26	58	27	53	27
4	42	17	43	13	48	23	54	25	55	26	54	28
5	41	25	44	22	55	24	53	24	56	25	51	25
6	60	26	51	21	56	21	52	23	53	24	52	26
7	59	23	52	30	53	22	51	21	54	23	59	23
8	58	24	59	29	54	29	60	22	51	22	60	24
9	57	21	60	28	51	30	59	29	52	21	57	21
10	56	22	57	27	52	27	58	30	59	30	58	22
11	55	29	58	26	59	28	57	27	60	29	5	39
12	54	30	55	25	60	25	56	28	7	38	6	40
13	53	25	56	24	59	26	55	35	8	37	3	37
14	52	26	53	23	60	33	4	36	5	36	4	38
15	51	33	54	40	7	34	3	37	6	35	7	35
16	8	34	2	39	8	31	2	38	3	34	8	36
17	7	31	1	38	5	33	9	35	4	33	5	33
18	6	32	10	34	6	32	8	36	2	38	6	33
19	3	39	9	31	3	31	7	33	1	37	3	32
20	2	38	8	32	10	40	10	34	10	36	4	31
21	1	35	7	39	7	39	9	31	9	38	11	50
22	10	36	6	40	8	38	8	40	18	45	20	49
23	9	33	5	37	5	37	7	47	17	46	17	48
24	8	34	4	38	6	46	16	48	16	43	18	47
25	7	41	3	45	13	45	15	45	15	44	15	46
26	16	42	12	46	14	44	14	46	14	41	16	45
27	15	49	11	43	11	41	13	43	13	42	13	44
28	14	50	20	44	12	50	12	44	12	49	14	43
29	13	47	19	41	19	49	11	41	11	50	11	42
30	12		18	42	20	48	20	42	20	47	12	41
31	11		17		17		19	49		48		60

命数が……　1~10 羅針盤座　11~20 インディアン座　21~30 鳳凰座

銀 1965 昭和40年生 ★ 満59歳

日＼月	1	2	3	4	5	6	7	8	9	10	11	12
1	59	24	51	21	56	21	52	23	53	24	52	26
2	58	23	52	30	53	22	51	22	54	23	59	23
3	57	22	59	29	54	29	60	21	51	22	60	24
4	56	22	60	28	51	30	59	30	52	21	57	21
5	55	29	57	27	52	27	58	29	59	30	58	22
6	54	30	58	26	59	28	57	28	60	29	5	39
7	53	27	55	25	60	25	56	27	7	38	6	40
8	52	28	56	24	57	26	55	35	8	37	3	37
9	51	35	53	23	58	33	4	36	5	36	4	38
10	10	36	54	32	5	34	3	33	6	35	1	35
11	9	33	1	31	6	31	2	34	3	34	2	36
12	8	32	2	40	3	32	1	31	4	33	9	33
13	7	39	9	39	4	39	10	32	1	32	10	34
14	6	40	10	38	3	40	9	39	2	31	7	31
15	3	37	7	35	4	37	8	40	9	40	4	32
16	2	38	8	34	1	38	7	31	10	39	11	49
17	1	35	6	33	2	38	4	32	17	48	12	50
18	8	36	5	37	9	37	3	49	18	43	19	48
19	7	41	4	38	10	46	12	50	16	42	20	47
20	16	42	3	45	17	45	15	47	15	41	17	46
21	15	49	12	46	14	44	14	48	14	41	18	45
22	14	50	11	43	11	43	13	45	13	42	15	44
23	13	47	20	44	12	42	12	44	12	49	14	43
24	12	48	19	41	19	41	11	41	11	50	11	42
25	11	45	18	42	20	50	20	42	20	47	12	41
26	20	46	17	49	17	49	19	49	19	48	29	60
27	19	43	16	50	18	46	18	50	28	55	30	59
28	18	44	15	47	15	45	17	57	27	56	27	58
29	17		14	48	16	54	26	58	26	53	28	57
30	26		13	55	23	53	25	55	25	54	25	56
31	25		22		24		24	56		51		55

金 1966 昭和41年生 ★ 満58歳

日＼月	1	2	3	4	5	6	7	8	9	10	11	12
1	54	29	58	26	59	28	57	28	60	29	5	39
2	53	28	55	25	60	25	56	27	7	38	6	40
3	52	27	56	24	57	26	55	36	8	37	3	37
4	51	35	53	23	58	33	4	35	5	36	4	38
5	10	36	54	32	5	34	3	34	6	35	1	35
6	9	33	1	31	6	31	2	33	3	34	2	36
7	8	34	2	40	3	32	1	32	4	33	9	33
8	7	31	9	39	4	39	10	32	1	32	10	34
9	6	32	10	38	1	40	9	39	2	31	7	31
10	5	39	7	37	2	37	8	40	9	40	8	32
11	4	40	8	36	9	38	7	37	10	39	15	49
12	3	35	5	35	10	35	6	38	17	48	16	50
13	2	36	6	34	7	36	5	45	18	47	13	47
14	1	43	3	33	10	43	14	46	15	46	14	48
15	20	44	4	50	17	44	13	43	16	45	11	45
16	17	41	11	49	18	41	12	48	13	44	18	46
17	16	42	11	48	15	43	19	45	14	43	15	43
18	15	49	20	44	16	42	18	46	11	42	16	43
19	12	48	19	41	13	41	17	43	11	47	13	42
20	11	45	18	42	14	50	20	44	20	46	14	41
21	20	46	17	49	17	49	19	41	19	45	21	60
22	19	43	16	50	18	48	18	42	28	55	22	59
23	18	44	15	47	15	47	17	57	27	56	27	58
24	17	51	14	48	16	56	26	58	26	53	28	57
25	26	52	13	55	23	55	25	55	25	54	25	56
26	25	59	22	56	24	54	24	56	24	51	26	55
27	24	60	21	53	21	51	23	53	23	52	23	54
28	23	57	30	54	22	60	22	54	22	59	24	53
29	22		29	51	29	59	21	51	21	60	21	52
30	21		28	52	30	58	30	52	30	57	22	51
31	30		27		27		29	59		58		10

31~40 時計座　41~50 カメレオン座　51~60 イルカ座

銀

1967

昭和42年生 ★ 満57歳

日＼月	1	2	3	4	5	6	7	8	9	10	11	12
1	9	34	1	31	6	31	2	33	3	34	2	36
2	8	33	2	40	3	32	1	32	4	33	9	33
3	7	32	9	39	4	39	10	31	1	32	10	34
4	6	32	10	38	1	40	9	40	2	31	7	31
5	5	39	7	37	2	37	8	39	9	40	8	32
6	4	40	8	36	9	38	7	38	10	39	15	49
7	3	37	5	35	10	35	6	37	17	48	16	50
8	2	38	6	34	7	36	5	45	18	47	13	47
9	1	45	3	33	8	43	14	46	15	46	14	48
10	20	46	4	42	15	44	13	43	16	45	11	45
11	19	43	11	41	16	41	12	44	13	44	12	46
12	18	42	12	50	13	42	11	41	14	43	19	43
13	17	49	19	49	14	49	20	42	11	42	20	44
14	16	50	20	48	13	50	19	49	12	41	17	41
15	15	47	17	45	14	47	18	50	19	50	18	42
16	12	48	18	44	11	48	17	41	20	49	21	59
17	11	45	16	43	12	48	16	42	27	58	22	60
18	20	46	15	47	19	47	13	59	28	57	29	57
19	17	51	14	48	20	56	22	60	26	52	30	57
20	26	52	13	55	27	55	21	57	25	51	27	56
21	25	59	22	56	24	54	24	58	24	60	28	55
22	24	60	21	53	21	53	23	55	23	52	25	54
23	23	57	30	54	22	52	22	54	22	59	24	53
24	22	58	29	51	29	51	21	51	21	60	21	52
25	21	55	28	52	30	60	30	52	30	57	22	51
26	30	56	27	59	27	57	29	59	29	58	39	10
27	29	53	26	60	28	56	28	60	38	5	40	9
28	28	54	25	57	25	55	27	7	37	6	37	8
29	27		24	58	26	4	36	8	36	3	38	7
30	36		23	5	33	3	35	5	35	4	35	6
31	35		32		34		34	6		1		5

金

1968

昭和43年生 ★ 満56歳

日＼月	1	2	3	4	5	6	7	8	9	10	11	12
1	4	39	5	35	10	35	6	37	17	48	16	50
2	3	38	6	34	7	36	5	46	18	47	13	47
3	2	37	3	33	8	43	14	45	15	46	14	48
4	1	46	4	42	15	44	13	44	16	45	11	45
5	20	46	11	41	16	41	12	43	13	44	12	46
6	19	43	12	50	13	42	11	42	14	43	19	43
7	18	44	19	49	14	49	20	42	11	42	20	44
8	17	41	20	48	11	50	19	49	12	41	17	41
9	16	42	17	47	12	47	18	50	19	50	18	42
10	15	49	18	46	19	48	17	47	20	49	25	59
11	14	50	15	45	20	45	16	48	27	58	26	60
12	13	47	16	44	17	46	15	55	28	57	23	57
13	12	46	13	43	20	53	24	56	25	56	24	58
14	11	53	14	52	27	54	23	53	26	55	21	55
15	30	54	21	59	28	51	22	58	23	54	28	56
16	27	51	21	58	25	52	21	55	24	53	25	53
17	26	52	30	57	26	52	28	56	21	52	26	54
18	25	59	29	51	23	51	27	53	21	57	23	52
19	22	60	28	52	24	60	26	54	30	56	24	51
20	21	55	27	59	27	59	29	51	29	55	31	10
21	30	56	26	60	28	58	28	52	38	5	32	9
22	29	53	25	57	25	57	27	7	37	6	37	8
23	28	54	24	58	26	6	36	8	36	3	38	7
24	27	1	23	5	33	5	35	5	35	4	35	6
25	36	2	32	6	34	4	34	6	34	1	36	5
26	35	9	31	3	31	3	33	3	33	2	33	4
27	34	10	40	4	32	10	32	4	32	9	34	3
28	33	7	39	1	39	9	31	1	31	10	31	2
29	32	8	38	2	40	8	40	2	40	7	32	1
30	31		37	9	37	7	39	9	39	8	49	20
31	40		36		38		38	10		15		19

命数が…… 1〜10 羅針盤座　11〜20 インディアン座　21〜30 鳳凰座

日＼月	1	2	3	4	5	6	7	8	9	10	11	12
1	18	43	12	50	13	42	11	42	14	43	19	43
2	17	42	19	49	14	49	20	41	11	42	20	44
3	16	41	20	48	11	50	19	50	12	41	17	41
4	15	49	17	47	12	47	18	49	19	50	18	42
5	14	50	18	46	19	48	17	48	20	49	25	59
6	13	47	15	45	20	45	16	47	27	58	26	60
7	12	48	16	44	17	46	15	56	28	57	23	57
8	11	55	13	43	18	53	24	56	25	56	24	58
9	30	56	14	52	25	54	23	53	26	55	21	55
10	29	53	21	51	26	51	22	54	23	54	22	56
11	28	54	22	60	23	52	21	51	24	53	29	53
12	27	59	29	59	24	59	30	52	21	52	30	54
13	26	60	30	58	21	60	29	59	22	51	27	51
14	25	57	27	57	24	57	28	60	29	60	28	52
15	22	58	28	54	21	58	27	57	30	59	31	9
16	21	55	25	53	22	55	26	52	37	8	32	10
17	30	56	25	52	29	57	23	9	38	7	39	7
18	27	3	24	58	30	6	32	10	35	2	40	7
19	36	2	23	5	37	5	31	7	35	1	37	6
20	35	9	32	6	38	4	34	8	34	10	38	5
21	34	10	31	3	31	3	33	5	33	2	35	4
22	33	7	40	4	32	2	32	6	32	9	34	3
23	32	8	39	1	39	1	31	1	31	10	31	2
24	31	5	38	2	40	10	40	2	40	7	32	1
25	40	6	37	9	37	9	39	9	39	8	49	20
26	39	3	36	10	38	8	38	10	48	15	50	19
27	38	4	35	7	35	5	37	17	47	16	47	18
28	37	11	34	8	36	14	46	18	46	13	48	17
29	46		33	15	43	13	45	15	45	14	45	16
30	45		42	16	44	12	44	16	44	11	46	15
31	44		41		41		43	13		12		14

銀

1969

昭和44年生
★
満55歳

日＼月	1	2	3	4	5	6	7	8	9	10	11	12
1	13	48	15	45	20	45	16	47	27	58	26	60
2	12	47	16	44	17	46	15	56	28	57	23	57
3	11	56	13	43	18	53	24	55	25	56	24	58
4	30	56	14	52	25	54	23	54	26	55	21	55
5	29	53	21	51	28	51	22	53	23	54	22	56
6	28	54	22	60	23	52	21	52	24	53	29	53
7	27	51	29	59	24	59	30	51	21	52	30	54
8	26	52	30	58	21	60	29	59	22	51	27	51
9	25	59	27	57	22	57	28	60	29	60	28	52
10	24	60	28	56	29	58	27	57	30	59	35	9
11	23	57	25	55	30	55	26	58	37	8	36	10
12	22	56	26	54	27	56	25	5	38	7	33	7
13	21	3	23	53	28	3	34	6	35	6	34	8
14	40	4	24	2	37	4	33	3	36	5	31	5
15	39	1	31	9	38	1	32	4	33	4	32	6
16	36	2	32	8	35	2	31	5	34	3	35	3
17	35	9	40	7	36	2	38	6	31	2	36	4
18	34	10	39	1	33	1	37	3	32	1	33	2
19	31	5	38	2	34	10	36	4	40	6	34	1
20	40	6	37	9	31	9	39	1	39	5	41	20
21	39	3	36	10	38	8	38	2	48	14	42	19
22	38	4	35	7	35	7	37	19	47	16	49	18
23	37	11	34	8	36	16	46	18	46	13	48	17
24	46	12	33	15	43	15	45	15	45	14	45	16
25	45	19	42	16	44	14	44	16	44	11	46	15
26	44	20	41	13	41	13	43	13	43	12	43	14
27	43	17	50	14	42	20	42	14	42	19	44	13
28	42	18	49	11	49	19	41	11	41	20	41	12
29	41		48	12	50	18	50	12	50	17	42	11
30	50		47	19	47	17	49	19	49	18	59	30
31	49		46		48		48	20		25		29

金

1970

昭和45年生
★
満54歳

31~40 時計座　41~50 カメレオン座　51~60 イルカ座

銀

1971

昭和46年生 ★ 満53歳

日＼月	1	2	3	4	5	6	7	8	9	10	11	12
1	28	53	22	60	23	52	21	52	24	53	29	53
2	27	52	29	59	24	59	30	51	21	52	30	54
3	26	51	30	58	21	60	29	60	22	51	27	51
4	25	59	27	57	22	57	28	59	29	60	28	52
5	24	60	28	56	29	58	27	58	30	59	35	9
6	23	57	25	55	30	55	26	57	37	8	36	10
7	22	58	26	54	27	56	25	6	38	7	33	7
8	21	5	23	53	28	3	34	6	35	6	34	8
9	40	6	24	2	35	4	33	3	36	5	31	5
10	39	3	31	1	36	1	32	4	33	4	32	6
11	38	4	32	10	33	2	31	1	34	3	39	3
12	37	9	39	9	34	9	40	2	31	2	40	4
13	36	10	40	8	31	10	39	9	32	1	37	1
14	35	7	37	7	34	7	38	10	39	10	38	2
15	34	8	38	4	31	8	37	7	40	9	45	19
16	31	5	35	3	32	5	36	2	47	18	42	20
17	40	6	35	2	39	7	35	19	48	17	49	17
18	39	13	34	8	40	16	42	20	45	16	50	18
19	46	12	33	15	47	15	41	17	45	11	47	16
20	45	19	42	16	48	14	50	18	44	20	48	15
21	44	20	41	13	41	13	43	15	43	19	45	14
22	43	17	50	14	42	12	42	16	42	19	46	13
23	42	18	49	11	49	11	41	11	41	20	41	12
24	41	15	48	12	50	20	50	12	50	17	42	11
25	50	16	47	19	47	19	49	19	49	18	59	30
26	49	13	46	20	48	18	48	20	58	25	60	29
27	48	14	45	17	45	15	47	27	57	26	57	28
28	47	21	44	18	46	24	56	28	56	23	58	27
29	56		43	25	53	23	55	25	55	24	55	26
30	55		52	26	54	22	54	26	54	21	56	25
31	54		51		51		53	23		22		24

金

1972

昭和47年生 ★ 満52歳

日＼月	1	2	3	4	5	6	7	8	9	10	11	12
1	23	58	26	54	27	56	25	6	38	7	33	7
2	22	57	23	53	28	3	34	5	35	6	34	8
3	21	6	24	2	35	4	33	4	36	5	31	5
4	40	5	31	1	36	1	32	3	33	4	32	6
5	39	3	32	10	33	2	31	2	34	3	39	3
6	38	4	39	9	34	9	40	1	31	2	33	4
7	37	1	40	8	31	10	39	9	32	1	37	1
8	36	2	37	7	32	7	38	10	39	10	38	2
9	35	9	38	6	39	8	37	7	40	9	45	19
10	34	10	35	5	40	5	36	8	47	18	46	20
11	33	7	36	4	37	6	35	15	48	17	43	17
12	32	8	33	3	38	13	44	16	45	16	44	18
13	31	13	34	12	47	14	43	13	46	15	41	15
14	50	14	41	11	48	11	42	14	43	14	42	16
15	49	11	42	18	45	12	41	15	44	13	45	13
16	46	12	50	17	46	12	50	16	41	12	46	14
17	45	19	49	16	43	11	47	13	42	11	43	11
18	44	20	48	12	44	20	46	14	50	16	44	11
19	41	17	47	19	41	19	45	11	49	15	51	30
20	50	16	46	20	48	18	48	12	58	24	52	29
21	49	13	45	17	45	17	47	29	57	26	59	28
22	48	14	44	18	46	26	56	28	56	23	58	27
23	47	21	43	25	53	25	55	25	55	24	55	26
24	56	22	52	26	54	24	54	26	54	21	56	25
25	55	29	51	23	51	23	53	23	53	22	53	24
26	54	30	60	24	52	30	52	24	52	29	54	23
27	53	27	59	21	59	29	51	21	51	30	51	22
28	52	28	58	22	60	28	60	22	60	27	52	21
29	51	25	57	29	57	27	59	29	59	28	9	40
30	60		56	30	58	26	58	30	8	35	10	39
31	59		55		55		57	37		36		38

命数が…… 1~10 羅針盤座 11~20 インディアン座 21~30 鳳凰座

銀

1973

昭和48年生 ★ 満51歳

日＼月	1	2	3	4	5	6	7	8	9	10	11	12
1	37	2	39	9	34	9	40	1	31	2	40	4
2	36	1	40	8	31	10	39	10	32	1	37	1
3	35	10	37	7	32	7	38	9	39	10	38	2
4	34	10	38	6	39	8	37	8	40	9	45	19
5	33	7	35	5	40	5	36	7	47	18	46	20
6	32	8	36	4	37	6	35	16	48	17	43	17
7	31	15	33	3	38	13	44	15	45	16	44	18
8	50	16	34	12	45	14	43	13	46	15	41	15
9	49	13	41	11	46	11	42	14	43	14	42	16
10	48	14	42	20	43	12	41	11	44	13	49	13
11	47	11	49	19	44	19	50	12	41	12	50	14
12	46	20	50	18	41	20	49	19	42	11	47	11
13	45	17	47	17	42	17	48	20	49	20	48	12
14	44	18	48	16	41	18	47	17	50	19	55	29
15	41	15	45	13	42	15	46	18	57	28	52	30
16	50	16	46	12	49	16	45	29	58	27	59	27
17	49	23	44	11	50	26	52	30	55	26	60	28
18	56	24	43	25	57	25	51	27	56	21	57	26
19	55	29	52	26	58	24	60	28	54	30	58	25
20	54	30	51	23	55	23	53	25	53	29	55	24
21	53	27	60	24	52	22	52	26	52	29	56	23
22	52	28	59	21	59	21	51	23	51	30	51	22
23	51	25	58	22	60	30	60	22	60	27	52	21
24	60	26	57	29	57	29	59	29	59	28	9	40
25	59	23	56	30	58	28	58	30	8	35	10	39
26	58	24	55	27	55	25	57	37	7	36	7	38
27	57	31	54	28	56	34	6	38	6	33	8	37
28	6	32	53	35	3	33	5	35	5	34	5	36
29	5		2	36	4	32	4	36	4	31	6	35
30	4		1	33	1	31	3	33	3	32	3	34
31	3		10		2		2	34		39		33

金

1974

昭和49年生 ★ 満50歳

日＼月	1	2	3	4	5	6	7	8	9	10	11	12
1	32	7	36	4	37	6	35	16	48	17	43	17
2	31	16	33	3	38	13	44	15	45	16	44	18
3	50	15	34	12	45	14	43	14	46	15	41	15
4	49	13	41	11	46	11	42	13	43	14	42	16
5	48	14	42	20	43	12	41	12	44	13	49	13
6	47	11	49	19	44	19	50	11	41	12	50	14
7	46	12	50	18	41	20	49	20	42	11	47	11
8	45	19	47	17	42	17	48	20	49	20	48	12
9	44	20	48	16	49	18	47	17	50	19	55	29
10	43	17	45	15	50	15	46	18	57	28	56	30
11	42	18	46	14	47	16	45	25	58	27	53	27
12	41	23	43	13	48	23	54	26	55	26	54	28
13	60	24	44	22	55	24	53	23	56	25	51	25
14	59	21	51	21	58	21	52	24	53	24	52	26
15	58	22	52	28	55	22	51	21	54	23	59	23
16	55	29	59	27	56	29	60	26	51	22	56	24
17	54	30	59	26	53	21	57	23	52	21	53	21
18	53	27	58	22	54	30	56	24	59	30	54	21
19	60	26	57	29	51	29	55	21	59	25	1	40
20	59	23	56	30	52	28	58	22	8	34	2	39
21	58	24	55	27	55	27	57	39	7	33	9	38
22	57	31	54	28	56	36	6	40	6	33	10	37
23	6	32	53	35	3	35	5	35	5	34	5	36
24	5	39	2	36	4	34	4	36	4	31	6	35
25	4	40	1	33	1	33	3	33	3	32	3	34
26	3	37	10	34	2	32	2	34	2	39	4	33
27	2	38	9	31	9	39	1	31	1	40	1	32
28	1	35	8	32	10	38	10	32	10	37	2	31
29	10		7	39	7	37	9	39	9	38	19	50
30	9		6	40	8	36	8	40	18	45	20	49
31	8		5		5		7	47		46		48

31~40 時計座　41~50 カメレオン座　51~60 イルカ座

銀 1975 昭和50年生 ★ 満49歳

日＼月	1	2	3	4	5	6	7	8	9	10	11	12
1	47	12	49	19	44	19	50	11	41	12	50	14
2	46	11	50	18	41	20	49	20	42	11	47	11
3	45	20	47	17	42	17	48	19	49	20	48	12
4	44	20	48	16	49	18	47	18	50	19	55	29
5	43	17	45	15	50	15	46	17	57	28	56	30
6	42	18	46	14	47	16	45	26	58	27	53	27
7	41	25	43	13	48	23	54	25	55	26	54	28
8	60	26	44	22	55	24	53	23	56	25	51	25
9	59	23	51	21	56	21	52	24	53	24	52	26
10	58	24	52	30	53	22	51	21	54	23	59	23
11	57	21	59	29	54	29	60	22	51	22	60	24
12	56	30	60	28	51	30	59	29	52	21	57	21
13	55	27	57	27	52	27	58	30	59	30	58	22
14	54	28	58	26	51	28	57	27	60	29	5	39
15	53	25	55	23	52	25	56	28	7	38	6	40
16	60	26	56	22	59	26	55	39	8	37	9	37
17	59	33	54	21	60	36	4	40	5	36	10	38
18	8	34	53	35	7	35	1	37	6	35	7	35
19	5	39	2	36	8	34	10	38	4	40	8	35
20	4	40	1	33	5	33	9	35	3	39	5	34
21	3	37	10	34	2	32	2	36	2	38	6	33
22	2	38	9	31	9	31	1	33	1	40	3	32
23	1	35	8	32	10	40	10	32	10	37	2	31
24	10	36	7	39	7	39	9	39	9	38	19	50
25	9	33	6	40	8	38	8	40	18	45	20	49
26	8	34	5	37	5	37	7	47	17	46	17	48
27	7	41	4	38	6	44	16	48	16	43	18	47
28	16	42	3	45	13	43	15	45	15	44	15	46
29	15		12	46	14	42	14	46	14	41	16	45
30	14		11	43	11	41	13	43	13	42	13	44
31	13		20		12		12	44		49		43

金 1976 昭和51年生 ★ 満48歳

日＼月	1	2	3	4	5	6	7	8	9	10	11	12
1	42	17	43	13	48	23	54	25	55	26	54	28
2	41	26	44	22	55	24	53	24	56	25	51	25
3	60	25	51	21	56	21	52	23	53	24	52	26
4	59	24	52	30	53	22	51	22	54	23	59	23
5	58	24	59	29	54	29	60	21	51	22	60	24
6	57	21	60	28	51	30	59	30	52	21	57	21
7	56	22	57	27	52	27	58	30	59	30	58	22
8	55	29	58	26	59	28	57	27	60	29	5	39
9	54	30	55	25	60	25	56	28	7	38	6	40
10	53	27	56	24	57	26	55	35	8	37	3	37
11	52	28	53	23	58	33	4	36	5	36	4	38
12	51	35	54	32	5	34	3	33	6	35	1	35
13	10	34	1	31	8	31	2	34	3	34	2	36
14	9	31	2	40	5	32	1	31	4	33	9	33
15	8	32	9	37	6	39	10	36	1	32	6	34
16	5	39	9	36	3	31	9	33	2	31	3	31
17	4	40	8	35	4	40	6	34	9	40	4	32
18	3	37	7	39	1	39	5	31	9	35	11	50
19	10	38	6	40	2	38	4	32	18	44	12	49
20	9	33	5	37	5	37	7	49	17	43	19	48
21	8	34	4	38	6	46	16	50	16	43	20	47
22	7	41	3	45	13	45	15	45	15	44	15	46
23	16	42	12	46	14	44	14	46	14	41	16	45
24	15	49	11	43	11	43	13	43	13	42	13	44
25	14	50	20	44	12	42	12	44	12	49	14	43
26	13	47	19	41	19	49	11	41	11	50	11	42
27	12	48	18	42	20	48	20	42	20	47	12	41
28	11	45	17	49	17	47	19	49	19	48	29	60
29	20	46	16	50	18	46	18	50	28	55	30	59
30	19		15	47	15	45	17	57	27	56	27	58
31	18		14		16		26	58		53		57

命数が…… 1~10 羅針盤座　11~20 インディアン座　21~30 鳳凰座

銀 1977

昭和52年生 ★ 満47歳

日＼月	1	2	3	4	5	6	7	8	9	10	11	12
1	56	21	60	28	51	30	59	30	52	21	57	21
2	55	30	57	27	52	27	58	29	59	30	58	22
3	54	29	58	26	59	28	57	28	60	29	5	39
4	53	27	55	25	60	25	56	27	7	38	6	40
5	52	28	56	24	57	26	55	36	8	37	3	37
6	51	35	53	23	58	33	4	35	5	36	4	38
7	10	36	54	32	5	34	3	34	6	35	1	35
8	9	33	1	31	6	31	2	34	3	34	2	36
9	8	34	2	40	3	32	1	31	4	33	9	33
10	7	31	9	39	4	39	10	32	1	32	10	34
11	6	32	10	38	1	40	9	39	2	31	7	31
12	5	37	7	37	2	37	8	40	9	40	8	32
13	4	38	8	36	9	38	7	37	10	39	15	49
14	3	35	5	35	2	35	6	38	17	48	16	50
15	10	36	6	32	9	36	5	45	18	47	19	47
16	9	43	3	31	10	43	14	50	15	46	20	48
17	18	44	3	50	17	45	11	47	16	45	17	45
18	15	41	12	46	18	44	20	48	13	50	18	45
19	14	50	11	43	15	43	19	45	13	49	15	44
20	13	47	20	44	16	42	12	46	12	48	16	43
21	12	48	19	41	19	41	11	43	11	50	13	42
22	11	45	18	42	20	50	20	44	20	47	12	41
23	20	46	17	49	17	49	19	49	19	48	29	60
24	19	43	16	50	18	48	18	50	28	55	30	59
25	18	44	15	47	15	47	17	57	27	56	27	58
26	17	51	14	48	16	56	26	58	26	53	28	57
27	26	52	13	55	23	53	25	55	25	54	25	56
28	25	59	22	56	24	52	24	56	24	51	26	55
29	24		21	53	21	51	23	53	23	52	23	54
30	23		30	54	22	60	22	54	22	59	24	53
31	22		29		29		21	51		60		52

金 1978

昭和53年生 ★ 満46歳

日＼月	1	2	3	4	5	6	7	8	9	10	11	12
1	51	36	53	23	58	33	4	35	5	36	4	38
2	10	35	54	32	5	34	3	34	6	35	1	35
3	9	34	1	31	6	31	2	33	3	34	2	36
4	8	34	2	40	3	32	1	32	4	33	9	33
5	7	31	9	39	4	39	10	31	1	32	10	34
6	6	32	10	38	1	40	9	40	2	31	7	31
7	5	39	7	37	2	37	8	39	9	40	8	32
8	4	40	8	36	9	38	7	37	10	39	15	49
9	3	37	5	35	10	35	6	38	17	48	16	50
10	2	38	6	34	7	36	5	45	18	47	13	47
11	1	45	3	33	8	43	14	46	15	46	14	48
12	20	44	4	42	15	44	13	43	16	45	11	45
13	19	41	11	41	16	41	12	44	13	44	12	46
14	18	42	12	50	15	42	11	41	14	43	19	43
15	17	49	19	47	16	49	20	42	11	42	20	44
16	14	50	20	46	13	50	19	43	12	41	13	41
17	13	47	18	45	14	50	16	44	19	50	14	42
18	12	48	17	49	11	49	15	41	20	49	21	60
19	19	43	16	50	12	48	14	42	28	54	22	59
20	18	44	15	47	19	47	17	59	27	53	29	58
21	17	51	14	48	16	56	26	60	26	52	30	57
22	26	52	13	55	23	55	25	57	25	54	27	56
23	25	59	22	56	24	54	24	56	24	51	26	55
24	24	60	21	53	21	53	23	53	23	52	23	54
25	23	57	30	54	22	52	22	54	22	59	24	53
26	22	58	29	51	29	51	21	51	21	60	21	52
27	21	55	28	52	30	58	30	52	30	57	22	51
28	30	56	27	59	27	57	29	59	29	58	39	10
29	29		26	60	28	56	28	60	38	5	40	9
30	28		25	57	25	55	27	7	37	6	37	8
31	27		24		26		36	8		3		7

31~40 時計座　41~50 カメレオン座　51~60 イルカ座

銀 1979

昭和54年生 ★ 満45歳

日＼月	1	2	3	4	5	6	7	8	9	10	11	12
1	6	31	10	38	1	40	9	40	2	31	7	31
2	5	40	7	37	2	37	8	39	9	40	8	32
3	4	39	8	36	9	38	7	38	10	39	15	49
4	3	37	5	35	10	35	6	37	17	48	16	50
5	2	38	6	34	7	36	5	46	18	47	13	47
6	1	45	3	33	8	43	14	45	15	46	14	48
7	20	46	4	42	15	44	13	44	16	45	11	45
8	19	43	11	41	16	41	12	44	13	44	12	46
9	18	44	12	50	13	42	11	41	14	43	19	43
10	17	41	19	49	14	49	20	42	11	42	20	44
11	16	42	20	48	11	50	19	49	12	41	17	41
12	15	47	17	47	12	47	18	50	19	50	18	42
13	14	48	18	46	19	48	17	47	20	49	25	59
14	13	45	15	45	12	45	16	48	27	58	26	60
15	12	46	16	42	19	46	15	55	28	57	23	57
16	19	53	13	41	20	53	24	60	25	56	30	58
17	28	54	13	60	27	55	23	57	26	55	27	55
18	27	51	22	56	28	54	30	58	23	54	28	56
19	24	60	21	53	25	53	29	55	23	59	25	54
20	23	57	30	54	26	52	28	56	22	58	26	53
21	22	58	29	51	29	51	21	53	21	57	23	52
22	21	55	28	52	30	60	30	54	30	57	24	51
23	30	56	27	59	27	59	29	59	29	58	39	10
24	29	53	26	60	28	58	28	60	38	5	40	9
25	28	54	25	57	25	57	27	7	37	6	37	8
26	27	1	24	58	26	6	36	8	36	3	38	7
27	36	2	23	5	33	3	35	5	35	4	35	6
28	35	9	32	6	34	2	34	6	34	1	36	5
29	34		31	3	31	1	33	3	33	2	33	4
30	33		40	4	32	10	32	4	32	9	34	3
31	32		39		39		31	1		10		2

金 1980

昭和55年生 ★ 満44歳

日＼月	1	2	3	4	5	6	7	8	9	10	11	12
1	1	46	4	42	15	44	13	44	16	45	11	45
2	20	45	11	41	16	41	12	43	13	44	12	46
3	19	44	12	50	13	42	11	42	14	43	19	43
4	18	43	19	49	14	49	20	41	11	42	20	44
5	17	41	20	48	11	50	19	50	12	41	17	41
6	16	42	17	47	12	47	17	49	19	50	18	42
7	15	49	18	46	19	48	17	47	20	49	25	59
8	14	50	15	45	20	45	16	48	27	58	26	60
9	13	47	16	44	17	46	15	55	28	57	23	57
10	12	48	13	43	18	53	24	56	25	56	24	58
11	11	55	14	52	25	54	23	53	26	55	21	55
12	30	56	21	51	26	51	22	54	23	54	22	56
13	29	51	22	60	25	52	21	51	24	53	29	53
14	28	52	29	57	26	59	30	52	21	52	30	54
15	27	59	30	56	23	60	29	53	22	51	23	51
16	24	60	28	55	24	60	28	54	29	60	24	52
17	23	57	27	59	21	59	25	51	30	59	31	9
18	22	58	26	60	22	58	24	52	38	4	32	9
19	29	55	25	57	29	57	23	9	37	3	39	8
20	28	54	24	58	26	6	36	10	36	2	40	7
21	27	1	23	5	33	5	35	7	35	4	37	6
22	36	2	32	6	34	4	34	6	34	1	36	5
23	35	9	31	3	31	3	33	3	33	2	33	4
24	34	10	40	4	32	2	32	4	32	9	34	3
25	33	7	39	1	39	1	31	1	31	10	31	2
26	32	8	38	2	40	8	40	2	40	7	32	1
27	31	5	37	9	37	7	39	9	39	8	49	20
28	40	6	36	10	38	6	38	10	48	15	50	19
29	39	3	35	7	35	5	37	17	47	16	47	18
30	38		34	8	36	14	46	18	46	13	48	17
31	37		33		43		45	15		14		16

命数が…… 1~10 羅針盤座　11~20 インディアン座　21~30 鳳凰座

銀

1981

昭和56年生 ★ 満43歳

日＼月	1	2	3	4	5	6	7	8	9	10	11	12
1	15	50	17	47	12	47	18	49	19	50	18	42
2	14	49	18	46	19	48	17	48	20	49	25	59
3	13	48	15	45	20	45	16	47	27	58	26	60
4	12	48	16	44	17	46	15	56	28	57	23	57
5	11	55	17	43	18	53	24	55	25	56	24	58
6	30	56	14	52	25	54	23	54	26	55	21	55
7	29	53	21	51	26	51	22	54	23	54	22	56
8	28	54	22	60	23	52	21	51	24	53	29	53
9	27	51	29	59	24	59	30	52	21	52	30	54
10	26	52	30	58	21	60	29	59	22	51	27	51
11	25	59	27	57	22	57	28	60	29	60	28	52
12	24	58	28	56	29	58	27	57	30	59	35	9
13	23	55	25	55	22	55	26	58	37	8	36	10
14	22	56	26	54	29	56	25	5	38	7	33	7
15	21	3	23	51	30	3	34	10	35	6	40	8
16	38	4	24	10	37	4	33	7	36	5	37	5
17	37	1	32	9	38	4	40	8	33	4	38	6
18	36	2	31	3	35	3	39	5	34	9	35	4
19	33	7	40	4	36	2	38	6	32	8	36	3
20	32	8	39	1	39	1	31	3	31	7	33	2
21	31	5	38	2	40	10	40	4	40	7	34	1
22	40	6	37	9	37	9	39	9	39	8	49	20
23	39	3	36	10	38	8	38	10	48	15	50	19
24	38	4	35	7	35	7	37	17	47	16	47	18
25	37	11	34	8	36	16	46	18	46	13	48	17
26	46	12	33	15	43	15	45	15	45	14	45	16
27	45	19	42	16	44	12	44	16	44	11	46	15
28	44	20	41	13	41	11	43	13	43	12	43	14
29	43		50	14	42	20	42	14	42	19	44	13
30	42		49	11	49	19	41	11	41	20	41	12
31	41		48		50		50	12		17		11

金

1982

昭和57年生 ★ 満42歳

日＼月	1	2	3	4	5	6	7	8	9	10	11	12
1	30	55	14	52	25	54	23	54	26	55	21	55
2	29	54	21	51	26	51	22	53	23	54	22	56
3	28	53	22	60	23	52	21	52	24	53	29	53
4	27	51	29	59	24	59	30	51	21	52	30	54
5	26	52	24	58	21	60	29	60	22	51	27	51
6	25	59	27	57	22	57	28	59	29	60	28	52
7	24	60	28	56	29	58	27	58	30	59	35	9
8	23	57	25	55	30	55	26	58	37	8	36	10
9	22	58	26	54	27	56	25	5	38	7	33	7
10	21	5	23	53	28	3	34	6	35	6	34	8
11	40	6	24	2	35	4	33	3	36	5	31	5
12	39	1	31	1	36	1	32	4	33	4	32	6
13	38	2	32	10	33	2	31	1	34	3	39	3
14	37	9	39	9	36	9	40	2	31	2	40	4
15	36	10	40	6	33	10	39	9	32	1	37	1
16	33	7	37	5	34	7	38	4	39	10	34	2
17	32	8	37	4	31	9	35	1	40	9	41	19
18	31	5	36	10	32	8	34	2	47	14	42	19
19	38	4	35	7	39	7	33	19	47	13	49	18
20	37	11	34	8	40	16	46	20	46	12	50	17
21	46	12	33	15	43	15	45	17	45	14	47	16
22	45	19	42	16	44	14	44	18	44	11	48	15
23	44	20	41	13	41	13	43	13	43	12	43	14
24	43	17	50	14	42	12	42	14	42	19	44	13
25	42	18	49	11	49	11	41	11	41	20	41	12
26	41	15	48	12	50	20	50	12	50	17	42	11
27	50	16	47	19	47	17	49	19	49	18	59	30
28	49	13	46	20	48	16	48	20	58	25	60	29
29	48		45	17	45	15	47	27	57	26	57	28
30	47		44	18	46	24	56	28	56	23	58	27
31	56		43		53		55	25		24		26

31~40 時計座　41~50 カメレオン座　51~60 イルカ座

銀

1983

昭和58年生★満41歳

日＼月	1	2	3	4	5	6	7	8	9	10	11	12
1	25	60	27	57	22	57	28	59	29	60	28	52
2	24	59	28	56	29	58	27	58	30	59	35	9
3	23	58	25	55	30	55	26	57	37	8	36	10
4	22	58	26	54	27	56	25	6	38	7	33	7
5	21	5	23	53	28	3	34	5	35	6	34	8
6	40	6	24	2	35	4	33	4	36	5	31	5
7	39	3	31	1	36	1	31	3	33	4	32	6
8	38	4	32	10	33	2	31	1	34	3	39	3
9	37	1	39	9	34	9	40	2	31	2	40	4
10	36	2	40	8	31	10	39	9	32	1	37	1
11	35	9	37	7	32	7	38	10	39	10	38	2
12	34	8	38	6	39	8	37	7	40	9	45	19
13	33	5	35	5	40	5	36	8	47	18	46	20
14	32	6	36	4	39	6	35	15	48	17	43	17
15	31	13	33	1	40	13	44	16	45	16	44	18
16	48	14	34	20	47	14	43	17	46	15	47	15
17	47	11	42	19	48	14	42	18	43	14	48	16
18	46	12	41	13	45	13	49	15	44	13	45	13
19	43	17	50	14	46	12	48	16	42	18	46	13
20	42	18	49	11	43	11	47	13	41	17	43	12
21	41	15	48	12	50	20	50	14	50	16	44	11
22	50	16	47	19	47	19	49	11	49	18	51	30
23	49	13	46	20	48	18	48	20	58	25	60	29
24	48	14	45	17	45	17	47	27	57	26	57	28
25	47	21	44	18	46	26	56	28	56	23	58	27
26	56	22	43	25	53	25	55	25	55	24	55	26
27	55	29	52	26	54	22	54	26	54	21	56	25
28	54	30	51	23	51	21	53	23	53	22	53	24
29	53		60	24	52	30	52	24	52	29	54	23
30	52		59	21	59	29	51	21	51	30	51	22
31	51		58		60		60	22		27		21

金

1984

昭和59年生★満40歳

日＼月	1	2	3	4	5	6	7	8	9	10	11	12
1	40	5	31	1	36	1	32	3	33	4	32	6
2	39	4	32	10	33	2	31	2	34	3	39	3
3	38	3	39	9	34	9	40	1	31	2	40	4
4	37	2	40	8	31	10	39	10	32	1	37	1
5	36	2	37	7	32	7	38	9	39	10	38	2
6	35	9	38	6	39	8	38	8	40	9	45	19
7	34	10	35	5	40	5	36	8	47	18	46	20
8	33	7	36	4	37	6	35	15	48	17	43	17
9	32	8	33	3	38	13	44	16	45	16	44	18
10	31	15	34	12	45	14	43	13	46	15	41	15
11	50	16	41	11	46	11	42	14	43	14	42	16
12	49	13	42	20	43	12	41	11	44	13	49	13
13	48	12	49	19	46	19	50	12	41	12	50	14
14	47	19	50	16	43	20	49	19	42	11	47	11
15	46	20	47	15	44	17	48	14	49	20	44	12
16	43	17	47	14	41	19	47	11	50	19	51	29
17	42	18	46	20	42	18	44	12	57	28	52	30
18	41	15	45	17	49	17	43	29	57	23	59	28
19	48	16	44	18	50	26	52	30	56	22	60	27
20	47	21	43	25	53	25	55	27	55	21	57	26
21	56	22	52	26	54	24	54	28	54	21	58	25
22	55	29	51	23	51	23	53	23	53	22	53	24
23	54	30	60	24	52	22	52	24	52	29	54	23
24	53	27	59	21	59	21	51	21	51	30	51	22
25	52	28	58	22	60	30	60	22	60	27	52	21
26	51	25	57	29	57	27	59	29	59	28	9	40
27	60	26	56	30	58	26	58	30	8	35	10	39
28	59	23	55	27	55	25	57	37	7	36	7	38
29	58	24	54	28	56	34	6	38	6	33	8	37
30	57		53	35	3	33	5	35	5	34	5	36
31	6		2		4		4	36		31		35

命数が…… 1~10 羅針盤座　11~20 インディアン座　21~30 鳳凰座

銀 1985 昭和60年生 ★ 満39歳

日＼月	1	2	3	4	5	6	7	8	9	10	11	12
1	34	9	38	6	39	8	37	8	40	9	45	19
2	33	8	35	5	40	5	36	7	47	18	46	20
3	32	7	36	4	37	6	35	16	48	17	43	17
4	31	15	33	3	38	13	44	15	45	16	44	18
5	50	16	38	12	45	14	43	14	46	15	41	15
6	49	13	41	11	46	11	42	13	43	14	42	16
7	48	14	42	20	43	12	41	11	44	13	49	13
8	47	11	49	19	44	19	50	12	41	12	50	14
9	46	12	50	18	41	20	49	19	42	11	47	11
10	45	19	47	17	42	17	48	20	49	20	48	12
11	44	20	48	16	49	18	47	17	50	19	55	29
12	43	15	45	15	50	15	46	18	57	28	56	30
13	42	16	46	14	49	16	45	25	58	27	53	27
14	41	23	43	13	50	23	54	26	55	26	54	28
15	58	24	44	30	57	24	53	27	56	25	57	25
16	57	21	51	29	58	21	52	28	53	24	58	26
17	56	22	51	28	55	23	59	25	54	23	55	23
18	53	29	60	24	56	22	58	26	51	28	56	23
19	52	28	59	21	53	21	57	23	51	27	53	22
20	51	25	58	22	60	30	60	24	60	26	54	21
21	60	26	57	29	57	29	59	21	59	28	1	40
22	59	23	56	30	58	28	58	30	8	35	10	39
23	58	24	55	27	55	27	57	37	7	36	7	38
24	57	31	54	28	56	36	6	38	6	33	8	37
25	6	32	53	35	3	35	5	35	5	34	5	36
26	5	39	2	36	4	32	4	36	4	31	6	35
27	4	40	1	33	1	31	3	33	3	32	3	34
28	3	37	10	34	2	40	2	34	2	39	4	33
29	2		9	31	9	39	1	31	1	40	1	32
30	1		8	32	10	38	10	32	10	37	2	31
31	10		7		7		9	39		38		50

金 1986 昭和61年生 ★ 満38歳

日＼月	1	2	3	4	5	6	7	8	9	10	11	12
1	49	14	41	11	46	11	42	13	43	14	42	16
2	48	13	42	20	43	12	41	12	44	13	49	13
3	47	12	49	19	44	19	50	11	41	12	50	14
4	46	12	50	18	41	20	49	20	42	11	47	11
5	45	19	41	17	42	17	48	19	49	20	48	12
6	44	20	48	16	49	18	47	18	50	19	55	29
7	43	17	45	15	50	15	46	17	57	28	56	30
8	42	18	46	14	47	16	45	25	58	27	53	27
9	41	25	43	13	48	23	54	26	55	26	54	28
10	60	26	44	22	55	24	53	23	56	25	51	25
11	59	23	51	21	56	21	52	24	53	24	52	26
12	58	22	52	30	53	22	51	21	54	23	59	23
13	57	29	59	29	54	29	60	22	51	22	60	24
14	56	30	60	28	53	30	59	29	52	21	57	21
15	55	27	57	25	54	27	58	30	59	30	58	22
16	52	28	58	24	51	28	57	21	60	29	1	39
17	51	25	56	23	52	28	54	22	7	38	2	40
18	60	26	55	27	59	27	53	39	8	33	9	38
19	57	31	54	28	60	36	2	40	6	32	10	37
20	6	32	53	35	7	35	5	37	5	31	7	36
21	5	39	2	36	4	34	4	38	4	31	8	35
22	4	40	1	33	1	33	3	35	3	32	5	34
23	3	37	10	34	2	32	2	34	2	39	4	33
24	2	38	9	31	9	31	1	31	1	40	1	32
25	1	35	8	32	10	40	10	32	10	37	2	31
26	10	36	7	39	7	39	9	39	9	38	19	50
27	9	33	6	40	8	36	8	40	18	45	20	49
28	8	34	5	37	5	35	7	47	17	46	17	48
29	7		4	38	6	44	16	48	16	43	18	47
30	16		3	45	13	43	15	45	15	44	15	46
31	15		12		14		14	46		41		45

31~40 時計座　41~50 カメレオン座　51~60 イルカ座

銀

1987

昭和62年生 ★ 満37歳

日＼月	1	2	3	4	5	6	7	8	9	10	11	12
1	44	19	48	16	49	18	47	18	50	19	55	29
2	43	18	45	15	50	15	46	17	57	28	56	30
3	42	17	46	14	47	16	45	26	58	27	53	27
4	41	25	43	13	48	23	54	25	55	26	54	28
5	60	26	48	22	55	24	53	24	56	25	51	25
6	59	23	51	21	56	21	52	23	53	24	52	26
7	58	24	52	30	53	22	52	22	54	23	59	23
8	57	21	59	29	54	29	60	22	51	22	60	24
9	56	22	60	28	51	30	59	29	52	21	57	21
10	55	29	57	27	52	27	58	30	59	30	58	22
11	54	30	58	26	59	28	57	27	60	29	5	39
12	53	25	55	25	60	25	56	28	7	38	6	40
13	52	26	56	24	57	26	55	35	8	37	3	37
14	51	33	53	23	60	33	4	36	5	36	4	38
15	10	34	54	40	7	34	3	33	6	35	1	35
16	7	31	1	39	8	31	2	38	3	34	8	36
17	6	32	1	38	5	33	1	35	4	33	5	33
18	5	39	10	34	6	32	8	36	1	32	6	34
19	2	38	9	31	3	31	7	33	1	37	3	32
20	1	35	8	32	4	40	6	34	10	36	4	31
21	10	36	7	39	7	39	9	31	9	35	11	50
22	9	33	6	40	8	38	8	32	18	45	12	49
23	8	34	5	37	5	37	7	47	17	46	17	48
24	7	41	4	38	6	46	16	48	16	43	18	47
25	16	42	3	45	13	45	15	45	15	44	15	46
26	15	49	12	46	14	44	14	46	14	41	16	45
27	14	50	11	43	11	41	13	43	13	42	13	44
28	13	47	20	44	12	50	12	44	12	49	14	43
29	12		19	41	19	49	11	41	11	50	11	42
30	11		18	42	20	48	20	42	20	47	12	41
31	20		17		17		19	49		48		60

金

1988

昭和63年生 ★ 満36歳

日＼月	1	2	3	4	5	6	7	8	9	10	11	12
1	59	24	52	30	53	22	51	22	54	23	59	23
2	58	23	59	29	54	29	60	21	51	22	60	24
3	57	22	60	28	51	30	59	30	52	21	57	21
4	56	22	57	27	52	27	58	29	59	30	58	22
5	55	29	58	26	59	28	57	28	60	29	5	39
6	54	30	55	25	60	25	55	27	7	38	6	40
7	53	27	56	24	57	26	55	35	8	37	3	37
8	52	28	53	23	58	33	4	36	5	36	4	38
9	51	35	54	32	5	34	3	33	6	35	1	35
10	10	36	1	31	6	31	2	34	3	34	2	36
11	9	33	2	40	3	32	1	31	4	33	9	33
12	8	32	9	39	4	39	10	32	1	32	10	34
13	7	39	10	38	3	40	9	39	2	31	7	31
14	6	40	7	35	4	37	8	40	9	40	8	32
15	5	37	8	34	1	38	7	31	10	39	11	49
16	2	38	6	33	2	38	6	32	17	48	12	50
17	1	35	5	37	9	37	3	49	18	47	19	47
18	10	36	4	38	10	46	12	50	16	42	20	47
19	7	41	3	45	17	45	11	47	15	41	17	46
20	16	42	12	46	14	44	14	48	14	50	18	45
21	15	49	11	43	11	43	13	45	13	42	15	44
22	14	50	20	44	12	42	12	44	12	49	14	43
23	13	47	19	41	19	41	11	41	11	50	11	42
24	12	48	18	42	20	50	20	42	20	47	12	41
25	11	45	17	49	17	49	19	49	19	48	29	60
26	20	46	16	50	18	46	18	50	28	55	30	59
27	19	43	15	47	15	45	17	57	27	56	27	58
28	18	44	14	48	16	54	26	58	26	53	28	57
29	17	51	13	55	23	53	25	55	25	54	25	56
30	26		22	56	24	52	24	56	24	51	26	55
31	25		21		21		23	53		52		54

命数が…… 1~10 羅針盤座　11~20 インディアン座　21~30 鳳凰座

銀 1989

平成元年生
昭和64年生

★満35歳

日＼月	1	2	3	4	5	6	7	8	9	10	11	12
1	53	28	55	25	60	25	56	27	7	38	6	40
2	52	27	56	24	57	26	55	36	8	37	3	37
3	51	36	53	23	58	33	4	35	5	36	4	38
4	10	36	54	32	5	34	3	34	6	35	1	35
5	9	33	1	31	6	31	2	33	3	34	2	36
6	8	34	2	40	3	32	1	32	4	33	9	33
7	7	31	9	39	4	39	10	32	1	32	10	34
8	6	32	10	38	1	40	9	39	2	31	7	31
9	5	39	7	37	2	37	8	40	9	40	8	32
10	4	40	8	36	9	38	7	37	10	39	15	49
11	3	37	5	35	10	35	6	38	17	48	16	50
12	2	36	6	34	7	36	5	45	18	47	13	47
13	1	43	3	33	10	43	14	46	15	46	14	48
14	20	44	4	42	17	44	13	43	16	45	11	45
15	17	41	11	49	18	41	12	48	13	44	18	46
16	16	42	11	48	15	42	11	45	14	43	15	43
17	15	49	20	47	16	42	18	46	11	42	16	44
18	12	50	19	41	13	41	17	43	12	47	13	42
19	11	45	18	42	14	50	16	44	20	46	14	41
20	20	46	17	49	17	49	19	41	19	45	21	60
21	19	43	16	50	18	48	18	42	28	55	22	59
22	18	44	15	47	15	47	17	57	27	56	27	58
23	17	51	14	48	16	56	26	58	26	53	28	57
24	26	52	13	55	23	55	25	55	25	54	25	56
25	25	59	22	56	24	54	24	56	24	51	26	55
26	24	60	21	53	21	53	23	53	23	52	23	54
27	23	57	30	54	22	60	22	54	22	59	24	53
28	22	58	29	51	29	59	21	51	21	60	21	52
29	21		28	52	30	58	30	52	30	57	22	51
30	30		27	59	27	57	29	59	29	58	39	10
31	29		26		28		28	60		5		9

金 1990

平成2年生

★満34歳

日＼月	1	2	3	4	5	6	7	8	9	10	11	12
1	8	33	2	40	3	32	1	32	4	33	9	33
2	7	32	9	39	4	39	10	31	1	32	10	34
3	6	31	10	38	1	40	9	40	2	31	7	31
4	5	39	7	37	2	37	8	39	9	40	8	32
5	4	40	2	36	9	38	7	38	10	39	15	49
6	3	37	5	35	10	35	6	37	17	48	16	50
7	2	38	6	34	7	36	5	46	18	47	13	47
8	1	45	3	33	8	43	14	46	15	46	14	48
9	20	46	4	42	15	44	13	43	16	45	11	45
10	19	43	11	41	16	41	12	44	13	44	12	46
11	18	44	12	50	13	42	11	41	14	43	19	43
12	17	49	19	49	14	49	20	42	11	42	20	44
13	16	50	20	48	11	50	19	49	12	41	17	41
14	15	47	17	47	14	47	18	50	19	50	18	42
15	12	48	18	44	11	48	17	47	20	49	25	59
16	11	45	15	43	12	45	16	42	27	58	22	60
17	20	46	15	42	19	47	13	59	28	57	29	57
18	17	53	14	48	20	56	22	60	25	52	30	57
19	26	52	13	55	27	55	21	57	25	51	27	56
20	25	59	22	56	28	54	24	58	24	60	28	55
21	24	60	21	53	21	53	23	55	23	52	25	54
22	23	57	30	54	22	52	22	56	22	59	26	53
23	22	58	29	51	29	51	21	51	21	60	21	52
24	21	55	28	52	30	60	30	52	30	57	22	51
25	30	56	27	59	27	59	29	59	29	58	39	10
26	29	53	26	60	28	58	28	60	38	5	40	9
27	28	54	25	57	25	55	27	7	37	6	37	8
28	27	1	24	58	26	4	36	8	36	3	38	7
29	36		23	5	33	3	35	5	35	4	35	6
30	35		32	6	34	2	34	6	34	1	36	5
31	34		31		31		33	3		2		4

31~40 時計座　41~50 カメレオン座　51~60 イルカ座

銀 1991

平成3年生 ★ 満33歳

日＼月	1	2	3	4	5	6	7	8	9	10	11	12
1	3	38	5	35	10	35	6	37	17	48	16	50
2	2	37	6	34	7	36	5	46	18	47	13	47
3	1	46	3	33	8	43	14	45	15	46	14	48
4	20	46	4	42	15	44	13	44	16	45	11	45
5	19	43	15	41	16	41	12	43	13	44	12	46
6	18	44	12	50	13	42	11	42	14	43	19	43
7	17	41	19	49	14	49	20	41	11	42	20	44
8	16	42	20	48	11	50	19	49	12	41	17	41
9	15	49	17	47	12	47	18	50	19	50	18	42
10	14	50	18	46	19	48	17	47	20	49	25	59
11	13	47	15	45	20	45	16	48	27	58	26	60
12	12	46	16	44	17	46	15	55	28	57	23	57
13	11	53	13	43	18	53	24	56	25	56	24	58
14	30	54	14	52	27	54	23	53	26	55	21	55
15	29	51	21	59	28	51	22	54	23	54	22	56
16	26	52	22	58	25	52	21	55	24	53	25	53
17	25	59	30	57	26	52	28	56	21	52	26	54
18	24	60	29	51	23	51	27	53	22	51	23	51
19	21	55	28	52	24	60	26	54	30	56	24	51
20	30	56	27	59	21	59	29	51	29	55	31	10
21	29	53	26	60	28	58	28	52	38	4	32	9
22	28	54	25	57	25	57	27	9	37	6	39	8
23	27	1	24	58	26	6	36	8	36	3	38	7
24	36	2	23	5	33	5	35	5	35	4	35	6
25	35	9	32	6	34	4	34	6	34	1	36	5
26	34	10	31	3	31	1	33	3	33	2	33	4
27	33	7	40	4	32	10	32	4	32	9	34	3
28	32	8	39	1	39	9	31	1	31	10	31	2
29	31		38	2	40	8	40	2	40	7	32	1
30	40		37	9	37	7	39	9	39	8	49	20
31	39		36		38		38	10		15		19

金 1992

平成4年生 ★ 満32歳

日＼月	1	2	3	4	5	6	7	8	9	10	11	12
1	18	43	19	49	14	49	20	41	11	42	20	44
2	17	42	20	48	11	50	19	50	12	41	17	41
3	16	41	17	47	12	47	18	49	19	50	18	42
4	15	49	18	46	19	48	17	48	20	49	25	59
5	14	50	15	45	20	45	16	47	27	58	26	60
6	13	47	16	44	17	46	16	56	28	57	23	57
7	12	48	13	43	18	53	24	56	25	56	24	58
8	11	55	14	52	25	54	23	53	26	55	21	55
9	30	56	21	51	26	51	22	54	23	54	22	56
10	29	53	22	60	23	52	21	51	24	53	29	53
11	28	54	29	59	24	59	30	52	21	52	30	54
12	27	59	30	58	21	60	29	59	22	51	27	51
13	26	60	27	57	24	57	28	60	29	60	28	52
14	25	57	28	54	21	58	27	57	30	59	35	9
15	24	58	25	53	22	55	26	52	37	8	32	10
16	21	55	25	52	29	57	25	9	38	7	39	7
17	30	56	24	58	30	6	32	10	35	6	40	8
18	29	3	23	5	37	5	31	7	35	1	37	6
19	36	2	32	6	38	4	40	8	34	10	38	5
20	35	9	31	3	31	3	33	5	33	9	35	4
21	34	10	40	4	32	2	32	6	32	9	36	3
22	33	7	39	1	39	1	31	1	31	10	31	2
23	32	8	38	2	40	10	40	2	40	7	32	1
24	31	5	37	9	37	9	39	9	39	8	49	20
25	40	6	36	10	38	8	38	10	48	15	50	19
26	39	3	35	7	35	5	37	17	47	16	47	18
27	38	4	34	8	36	14	46	18	46	13	48	17
28	37	11	33	15	43	13	45	15	45	14	45	16
29	46	12	42	16	44	12	44	16	44	11	46	15
30	45		41	13	41	11	43	13	43	12	43	14
31	44		50		42		42	14		19		13

命数が…… 1~10 羅針盤座　11~20 インディアン座　21~30 鳳凰座

銀 1993 平成5年生 ★ 満31歳

日＼月	1	2	3	4	5	6	7	8	9	10	11	12
1	12	47	16	44	17	46	15	56	28	57	23	57
2	11	56	13	43	18	53	24	55	25	56	24	58
3	30	55	14	52	25	54	23	54	26	55	21	55
4	29	53	21	51	26	51	22	53	23	54	22	56
5	28	54	22	60	23	52	21	52	24	53	29	53
6	27	51	29	59	24	59	30	51	21	52	30	54
7	26	52	30	58	21	60	30	59	22	51	27	51
8	25	59	27	57	22	57	28	60	29	60	28	52
9	24	60	28	56	29	58	27	57	30	59	35	9
10	23	57	25	55	30	55	26	58	37	8	36	10
11	22	58	26	54	27	56	25	5	38	7	33	7
12	21	3	23	53	28	3	34	6	35	6	34	8
13	40	4	24	2	37	4	33	3	36	5	31	5
14	39	1	31	1	38	1	32	4	33	4	32	6
15	36	2	32	8	35	2	31	5	34	3	35	3
16	35	9	40	7	36	9	40	6	31	2	36	4
17	34	10	39	6	33	1	39	3	32	1	33	1
18	31	7	38	2	34	10	36	4	39	6	34	1
19	40	6	37	9	31	9	35	1	39	5	41	20
20	39	3	36	10	38	8	34	2	48	14	42	19
21	38	4	35	7	35	7	37	19	47	16	49	18
22	37	11	34	8	36	16	46	18	46	13	48	17
23	46	12	33	15	43	15	45	15	45	14	45	16
24	45	19	42	16	44	14	44	16	44	11	46	15
25	44	20	41	13	41	13	43	13	43	12	43	14
26	43	17	50	14	42	12	42	14	42	19	44	13
27	42	18	49	11	49	19	41	11	41	20	41	12
28	41	15	48	12	50	18	50	12	50	17	42	11
29	50		47	19	47	17	49	19	49	18	59	30
30	49		46	20	48	16	48	20	58	25	60	29
31	48		45		45		47	27		26		28

金 1994 平成6年生 ★ 満30歳

日＼月	1	2	3	4	5	6	7	8	9	10	11	12
1	27	52	29	59	24	59	30	51	21	52	30	54
2	26	51	30	58	21	60	29	60	22	51	27	51
3	25	60	27	57	22	57	28	59	29	60	28	52
4	24	60	28	56	29	58	27	58	30	59	35	9
5	23	57	29	55	30	55	26	57	37	8	36	10
6	22	58	26	54	27	56	25	6	38	7	33	7
7	21	5	23	53	28	3	34	5	35	6	34	8
8	40	6	24	2	35	4	33	3	36	5	31	5
9	39	3	31	1	36	1	32	4	33	4	32	6
10	38	4	32	10	33	2	31	1	34	3	39	3
11	37	1	39	9	34	9	40	2	31	2	40	4
12	36	10	40	8	31	10	39	9	32	1	37	1
13	35	7	37	7	32	7	38	10	39	10	38	2
14	34	8	38	6	31	8	37	7	40	9	45	19
15	31	5	35	3	32	5	36	8	47	18	46	20
16	40	6	36	2	39	6	35	19	48	17	49	17
17	39	13	34	1	40	16	42	20	45	16	50	18
18	46	14	33	15	47	15	41	17	46	11	47	16
19	45	19	42	16	48	14	50	18	44	20	48	15
20	44	20	41	13	45	13	43	15	43	19	45	14
21	43	17	50	14	42	12	42	16	42	19	46	13
22	42	18	49	11	49	11	41	13	41	20	43	12
23	41	15	48	12	50	20	50	12	50	17	42	11
24	50	16	47	19	47	19	49	19	49	18	59	30
25	49	13	46	20	48	18	48	20	58	25	60	29
26	48	14	45	17	45	17	47	27	57	26	57	28
27	47	21	44	18	46	24	56	28	56	23	58	27
28	56	22	43	25	53	23	55	25	55	24	55	26
29	55		52	26	54	22	54	26	54	21	56	25
30	54		51	23	51	21	53	23	53	22	53	24
31	53		60		52		52	24		29		23

31~40 時計座　41~50 カメレオン座　51~60 イルカ座

銀

1995

平成7年生

★

満29歳

日＼月	1	2	3	4	5	6	7	8	9	10	11	12
1	22	57	26	54	27	56	25	6	38	7	33	7
2	21	6	23	53	28	3	34	5	35	6	34	8
3	40	5	24	2	35	4	33	4	36	5	31	5
4	39	3	31	1	36	1	32	3	33	4	32	6
5	38	4	32	10	33	2	31	2	34	3	39	3
6	37	1	39	9	34	9	40	1	31	2	40	4
7	36	2	40	8	31	10	39	10	32	1	37	1
8	35	9	37	7	32	7	38	10	39	10	38	2
9	34	10	38	6	39	8	37	7	40	9	45	19
10	33	7	35	5	40	5	36	8	47	18	46	20
11	32	8	36	4	37	6	35	15	48	17	43	17
12	31	13	33	3	38	13	44	16	45	16	44	18
13	50	14	34	12	45	14	43	13	46	15	41	15
14	49	11	41	11	48	11	42	14	43	14	42	16
15	48	12	42	18	45	12	41	11	44	13	49	13
16	45	19	49	17	46	19	50	16	41	12	46	14
17	44	20	49	16	43	11	47	13	42	11	43	11
18	43	17	48	12	44	20	46	14	49	20	44	11
19	50	16	47	19	41	19	45	11	49	15	51	30
20	49	13	46	20	42	18	48	12	58	24	52	29
21	48	14	45	17	45	17	47	29	57	23	59	28
22	47	21	44	18	46	26	56	30	56	23	60	27
23	56	22	43	25	53	25	55	25	55	24	55	26
24	55	29	52	26	54	24	54	26	54	21	56	25
25	54	30	51	23	51	23	53	23	53	22	53	24
26	53	27	60	24	52	22	52	24	52	29	54	23
27	52	28	59	21	59	29	51	21	51	30	51	22
28	51	25	58	22	60	28	60	22	60	27	52	21
29	60		57	29	57	27	59	29	59	28	9	40
30	59		56	30	58	26	58	30	8	35	10	39
31	58		55		55		57	37		36		38

金

1996

平成8年生

★

満28歳

日＼月	1	2	3	4	5	6	7	8	9	10	11	12
1	37	2	40	8	31	10	39	10	32	1	37	1
2	36	1	37	7	32	7	38	9	39	10	38	2
3	35	10	38	6	39	8	37	8	40	9	45	19
4	34	10	35	5	40	5	36	7	47	18	46	20
5	33	7	36	4	37	6	35	16	48	17	43	17
6	32	8	33	3	38	13	43	15	45	16	44	18
7	31	15	34	12	45	14	43	13	46	15	41	15
8	50	16	41	11	46	11	42	14	43	14	42	16
9	49	13	42	20	43	12	41	11	44	13	49	13
10	48	14	49	19	44	19	50	12	41	12	50	14
11	47	11	50	18	41	20	49	19	42	11	47	11
12	46	20	47	17	42	17	48	20	49	20	48	12
13	45	17	48	16	41	18	47	17	50	19	55	29
14	44	18	45	13	42	15	46	18	57	28	56	30
15	43	15	46	12	49	16	45	29	58	27	59	27
16	50	16	44	11	50	26	54	30	55	26	60	28
17	49	23	43	25	57	25	51	27	56	25	57	25
18	58	24	52	26	58	24	60	28	54	30	58	25
19	55	29	51	23	55	23	59	25	53	29	55	24
20	54	30	60	24	52	22	52	26	52	28	56	23
21	53	27	59	21	59	21	51	23	51	30	53	22
22	52	28	58	22	60	30	60	22	60	27	52	21
23	51	25	57	29	57	29	59	29	59	28	9	40
24	60	26	56	30	58	28	58	30	8	35	10	39
25	59	23	55	27	55	27	57	37	7	36	7	38
26	58	24	54	28	56	34	6	38	6	33	8	37
27	57	31	53	35	3	33	5	35	5	34	5	36
28	6	32	2	36	4	32	4	36	4	31	6	35
29	5	39	1	33	1	31	3	33	3	32	3	34
30	4		10	34	2	40	2	34	2	39	4	33
31	3		9		9		1	31		40		32

命数が…… 1~10 羅針盤座　11~20 インディアン座　21~30 鳳凰座

銀

1997

平成9年生 ★ 満27歳

日＼月	1	2	3	4	5	6	7	8	9	10	11	12
1	31	16	33	3	38	13	44	15	45	16	44	18
2	50	15	34	12	45	14	43	14	46	15	41	15
3	49	14	41	11	46	11	42	13	43	14	42	16
4	48	14	42	20	43	12	41	12	44	13	49	13
5	47	11	49	19	44	19	50	11	41	12	50	14
6	46	12	50	18	41	20	49	20	42	11	47	11
7	45	19	47	17	42	17	48	20	49	20	48	12
8	44	20	48	16	49	18	47	17	50	19	55	29
9	43	17	45	15	50	15	46	18	57	28	56	30
10	42	18	46	14	47	16	45	25	58	27	53	27
11	41	25	43	13	48	23	54	26	55	26	54	28
12	60	24	44	22	55	24	53	23	56	25	51	25
13	59	21	51	21	58	21	52	24	53	24	52	26
14	58	22	52	30	55	22	51	21	54	23	59	23
15	55	29	59	27	56	29	60	26	51	22	56	24
16	54	30	59	26	53	30	59	23	52	21	53	21
17	53	27	58	25	54	30	56	24	59	30	54	22
18	60	28	57	29	51	29	55	21	59	25	1	40
19	59	23	56	30	52	28	54	22	8	34	2	39
20	58	24	55	27	55	27	57	39	7	33	9	38
21	57	31	54	28	56	36	6	40	6	33	10	37
22	6	32	53	35	3	35	5	35	5	34	5	36
23	5	39	2	36	4	34	4	36	4	31	6	35
24	4	40	1	33	1	33	3	33	3	32	3	34
25	3	37	10	34	2	32	2	34	2	39	4	33
26	2	38	9	31	9	39	1	31	1	40	1	32
27	1	35	8	32	10	38	10	32	10	37	2	31
28	10	36	7	39	7	37	9	39	9	38	19	50
29	9		6	40	8	36	8	40	18	45	20	49
30	8		5	37	5	35	7	47	17	46	17	48
31	7		4		6		16	48		43		47

金

1998

平成10年生 ★ 満26歳

日＼月	1	2	3	4	5	6	7	8	9	10	11	12
1	46	11	50	18	41	20	49	20	42	11	47	11
2	45	20	47	17	42	17	48	19	49	20	48	12
3	44	19	48	16	49	18	47	18	50	19	55	29
4	43	17	45	15	50	15	46	17	57	28	56	30
5	42	18	50	14	47	16	45	26	58	27	53	27
6	41	25	43	13	48	23	54	25	55	26	54	28
7	60	26	44	22	55	24	53	24	56	25	51	25
8	59	23	51	21	56	21	52	24	53	24	52	26
9	58	24	52	30	53	22	51	21	54	23	59	23
10	57	21	59	29	54	29	60	22	51	22	60	24
11	56	22	60	28	51	30	59	29	52	21	57	21
12	55	27	57	27	52	27	58	30	59	30	58	22
13	54	28	58	26	59	28	57	27	60	29	5	39
14	53	25	55	25	52	25	56	28	7	38	6	40
15	60	26	56	22	59	26	55	35	8	37	3	37
16	59	33	53	21	60	33	4	40	5	36	10	38
17	8	34	53	40	7	35	1	37	6	35	7	35
18	5	31	2	36	8	34	10	38	3	40	8	35
19	4	40	1	33	5	33	9	35	3	39	5	34
20	3	37	10	34	6	32	2	36	2	38	6	33
21	2	38	9	31	9	31	1	33	1	40	3	32
22	1	35	8	32	10	40	10	34	10	37	4	31
23	10	36	7	39	7	39	9	39	9	38	19	50
24	9	33	6	40	8	38	8	40	18	45	20	49
25	8	34	5	37	5	37	7	47	17	46	17	48
26	7	41	4	38	6	46	16	48	16	43	18	47
27	16	42	3	45	13	43	15	45	15	44	15	46
28	15	49	12	46	14	42	14	46	14	41	16	45
29	14		11	43	11	41	13	43	13	42	13	44
30	13		20	44	12	50	12	44	12	49	14	43
31	12		19		19		11	41		50		42

31~40 時計座　41~50 カメレオン座　51~60 イルカ座

銀 1999

平成11年生 ★ 満25歳

日＼月	1	2	3	4	5	6	7	8	9	10	11	12
1	41	26	43	13	48	23	54	25	55	26	54	28
2	60	25	44	22	55	24	53	24	56	25	51	25
3	59	24	51	21	56	21	52	23	53	24	52	26
4	58	24	52	30	53	22	51	22	54	23	59	23
5	57	21	53	29	54	29	60	21	51	22	60	24
6	56	22	60	28	51	30	59	30	52	21	57	21
7	55	29	57	27	52	27	58	29	59	30	58	22
8	54	30	58	26	59	28	57	27	60	29	5	39
9	53	27	55	25	60	25	56	28	7	38	6	40
10	52	28	56	24	57	26	55	35	8	37	3	37
11	51	35	53	23	58	33	4	36	5	36	4	38
12	10	34	54	32	5	34	3	33	6	35	1	35
13	9	31	1	31	6	31	2	34	3	34	2	36
14	8	32	2	40	5	32	1	31	4	33	9	33
15	7	39	9	37	6	39	10	32	1	32	10	34
16	4	40	10	36	3	40	9	33	2	31	3	31
17	3	37	8	35	4	40	6	34	9	40	4	32
18	2	38	7	39	1	39	5	31	10	39	11	50
19	9	33	6	40	2	38	4	32	18	44	12	49
20	8	34	5	37	9	37	7	49	17	43	19	48
21	7	41	4	38	6	46	16	50	16	42	20	47
22	16	42	3	45	13	45	15	47	15	44	17	46
23	15	49	12	46	14	44	14	46	14	41	16	45
24	14	50	11	43	11	43	13	43	13	42	13	44
25	13	47	20	44	12	42	12	44	12	49	14	43
26	12	48	19	41	19	41	11	41	11	50	11	42
27	11	45	18	42	20	48	20	42	20	47	12	41
28	20	46	17	49	17	47	19	49	19	48	29	60
29	19		16	50	18	46	18	50	28	55	30	59
30	18		15	47	15	45	17	57	27	56	27	58
31	17		14		16		26	58		53		57

金 2000

平成12年生 ★ 満24歳

日＼月	1	2	3	4	5	6	7	8	9	10	11	12
1	56	21	57	27	52	27	58	29	59	30	58	22
2	55	30	58	26	59	28	57	28	60	29	5	39
3	54	29	55	25	60	25	56	27	7	38	6	40
4	53	27	56	24	57	26	55	36	8	37	3	37
5	52	28	53	23	58	33	4	35	5	36	4	38
6	51	35	54	32	5	34	4	34	6	35	1	35
7	10	36	1	31	6	31	2	34	3	34	2	36
8	9	33	2	40	3	32	1	31	4	33	9	33
9	8	34	9	39	4	39	10	32	1	32	10	34
10	7	31	10	38	1	40	9	39	2	31	7	31
11	6	32	7	37	2	37	8	40	9	40	8	32
12	5	37	8	36	9	38	7	37	10	39	15	49
13	4	38	5	35	2	35	6	38	17	48	16	50
14	3	35	6	32	9	36	5	45	18	47	13	47
15	2	36	3	31	10	43	14	50	15	46	20	48
16	9	43	3	50	17	45	13	47	16	45	17	45
17	18	44	12	46	18	44	20	48	13	44	18	46
18	17	41	11	43	15	43	19	45	13	49	15	44
19	14	50	20	44	16	42	18	46	12	48	16	43
20	13	47	19	41	19	41	11	43	11	47	13	42
21	12	48	18	42	20	50	20	44	20	47	14	41
22	11	45	17	49	17	49	19	49	19	48	29	60
23	20	46	16	50	18	48	18	50	28	55	30	59
24	19	43	15	47	15	47	17	57	27	56	27	58
25	18	44	14	48	16	56	26	58	26	53	28	57
26	17	51	13	55	23	53	25	55	25	54	25	56
27	26	52	22	56	24	52	24	56	24	51	26	55
28	25	59	21	53	21	51	23	53	23	52	23	54
29	24	60	30	54	22	60	22	54	22	59	24	53
30	23		29	51	29	59	21	51	21	60	21	52
31	22		28		30		30	52		57		51

命数が……　1~10 羅針盤座　11~20 インディアン座　21~30 鳳凰座

銀

2001

平成13年生 ★ 満23歳

日＼月	1	2	3	4	5	6	7	8	9	10	11	12
1	10	35	54	32	5	34	3	34	6	35	1	35
2	9	34	1	31	6	31	2	33	3	34	2	36
3	8	33	2	40	3	32	1	32	4	33	9	33
4	7	31	9	39	4	39	10	31	1	32	10	34
5	6	32	10	38	1	40	9	40	2	31	7	31
6	5	39	7	37	2	37	7	39	9	40	8	32
7	4	40	8	36	9	38	7	37	10	39	15	49
8	3	37	5	35	10	35	6	38	17	48	16	50
9	2	38	6	34	7	36	5	45	18	47	13	47
10	1	45	3	33	8	43	14	46	15	46	14	48
11	20	46	4	42	15	44	13	43	16	45	11	45
12	19	41	11	41	16	41	12	44	13	44	12	46
13	18	42	12	50	15	42	11	41	14	43	19	43
14	17	49	19	49	16	49	20	42	11	42	20	44
15	14	50	20	46	13	50	19	43	12	41	13	41
16	13	47	18	45	14	50	18	44	19	50	14	42
17	12	48	17	44	11	49	15	41	20	49	21	59
18	19	45	16	50	12	48	14	42	28	54	22	59
19	18	44	15	47	19	47	13	59	27	53	29	58
20	17	51	14	48	16	56	26	60	26	52	30	57
21	26	52	13	55	23	55	25	57	25	54	27	56
22	25	59	22	56	24	54	24	56	24	51	26	55
23	24	60	21	53	21	53	23	53	23	52	23	54
24	23	57	30	54	22	52	22	54	22	59	24	53
25	22	58	29	51	29	51	21	51	21	60	21	52
26	21	55	28	52	30	58	30	52	30	57	22	51
27	30	56	27	59	27	57	29	59	29	58	39	10
28	29	53	26	60	28	56	28	60	38	5	40	9
29	28		25	57	25	55	27	7	37	6	37	8
30	27		24	58	26	4	36	8	36	3	38	7
31	36		23		33		35	5		4		6

金

2002

平成14年生 ★ 満22歳

日＼月	1	2	3	4	5	6	7	8	9	10	11	12
1	5	40	7	37	2	37	8	39	9	40	8	32
2	4	39	8	36	9	38	7	38	10	39	15	49
3	3	38	5	35	10	35	6	37	17	48	16	50
4	2	38	6	34	7	36	5	46	18	47	13	47
5	1	45	7	33	8	43	14	45	15	46	14	48
6	20	46	4	42	15	44	13	44	16	45	11	45
7	19	43	11	41	16	41	12	43	13	44	12	46
8	18	44	12	50	13	42	11	41	14	43	19	43
9	17	41	19	49	14	49	20	42	11	42	20	44
10	16	42	20	48	11	50	19	49	12	41	17	41
11	15	49	17	47	12	47	18	50	19	50	18	42
12	14	48	18	46	19	48	17	47	20	49	25	59
13	13	45	15	45	20	45	16	48	27	58	26	60
14	12	46	16	44	19	46	15	55	28	57	23	57
15	19	53	13	41	20	53	24	56	25	56	30	58
16	28	54	14	60	27	54	23	57	26	55	27	55
17	27	51	22	59	28	54	30	58	23	54	28	56
18	24	52	21	53	25	53	29	55	24	59	25	54
19	23	57	30	54	26	52	28	56	22	58	26	53
20	22	58	29	51	23	51	21	53	21	57	23	52
21	21	55	28	52	30	60	30	54	30	57	24	51
22	30	56	27	59	27	59	29	51	29	58	39	10
23	29	53	26	60	28	58	28	60	38	5	40	9
24	28	54	25	57	25	57	27	7	37	6	37	8
25	27	1	24	58	26	6	36	8	36	3	38	7
26	36	2	23	5	33	5	35	5	35	4	35	6
27	35	9	32	6	34	2	34	6	34	1	36	5
28	34	10	31	3	31	1	33	3	33	2	33	4
29	33		40	4	32	10	32	4	32	9	34	3
30	32		39	1	39	9	31	1	31	10	31	2
31	31		38		40		40	2		7		1

31~40 時計座　41~50 カメレオン座　51~60 イルカ座

銀 2003

平成15年生 ★ 満21歳

日＼月	1	2	3	4	5	6	7	8	9	10	11	12
1	20	45	4	42	15	44	13	44	16	45	11	45
2	19	44	11	41	16	41	12	43	13	44	12	46
3	18	43	12	50	13	42	11	42	14	43	19	43
4	17	41	19	49	14	49	20	41	11	42	20	44
5	16	42	14	48	11	50	19	50	12	41	17	41
6	15	49	17	47	12	47	18	49	19	50	18	42
7	14	50	18	46	19	48	17	48	20	49	25	59
8	13	47	15	45	20	45	16	48	27	58	26	60
9	12	48	16	44	17	46	15	55	28	57	23	57
10	11	55	13	43	18	53	24	56	25	56	24	58
11	30	56	14	52	25	54	23	53	26	55	21	55
12	29	51	21	51	26	51	22	54	23	54	22	56
13	28	52	22	60	23	52	21	51	24	53	29	53
14	27	59	29	59	26	59	30	52	21	52	30	54
15	26	60	30	56	23	60	29	59	22	51	27	51
16	23	57	27	55	24	57	28	54	29	60	24	52
17	22	58	27	54	21	59	25	51	30	59	31	9
18	21	55	26	60	22	58	24	52	37	8	32	9
19	28	54	25	57	29	57	23	9	37	3	39	8
20	27	1	24	58	30	6	36	10	36	2	40	7
21	36	2	23	5	33	5	35	7	35	1	37	6
22	35	9	32	6	34	4	34	8	34	1	38	5
23	34	10	31	3	31	3	33	3	33	2	33	4
24	33	7	40	4	32	2	32	4	32	9	34	3
25	32	8	39	1	39	1	31	1	31	10	31	2
26	31	5	38	2	40	10	40	2	40	7	32	1
27	40	6	37	9	37	7	39	9	39	8	49	20
28	39	3	36	10	38	6	38	10	48	15	50	19
29	38		35	7	35	5	37	17	47	16	47	18
30	37		34	8	36	14	46	18	46	13	48	17
31	46		33		43		45	15		14		16

金 2004

平成16年生 ★ 満20歳

日＼月	1	2	3	4	5	6	7	8	9	10	11	12
1	15	50	18	46	19	48	17	48	20	49	25	59
2	14	49	15	45	20	45	16	47	27	58	26	60
3	13	48	16	44	17	46	15	56	28	57	23	57
4	12	48	13	43	18	53	24	55	25	56	24	58
5	11	55	14	52	25	54	23	54	26	55	21	55
6	30	56	21	51	26	51	21	53	23	54	22	56
7	29	53	22	60	23	52	21	51	24	53	29	53
8	28	54	29	59	24	59	30	52	21	52	30	54
9	27	51	30	58	21	60	29	59	22	51	27	51
10	26	52	27	57	22	57	28	60	29	60	28	52
11	25	59	28	56	29	58	27	57	30	59	35	9
12	24	58	25	55	30	55	26	58	37	8	36	10
13	23	55	26	54	29	56	25	5	38	7	33	7
14	22	56	23	51	30	3	34	6	35	6	34	8
15	21	3	24	10	37	4	33	7	36	5	37	5
16	38	4	32	9	38	4	32	8	33	4	38	6
17	37	1	31	3	35	3	39	5	34	3	35	3
18	36	2	40	4	36	2	38	6	32	8	36	3
19	33	7	39	1	33	1	37	3	31	7	33	2
20	32	8	38	2	40	10	40	4	40	6	34	1
21	31	5	37	9	37	9	39	1	39	8	41	20
22	40	6	36	10	38	8	38	10	48	15	50	19
23	39	3	35	7	35	7	37	17	47	16	47	18
24	38	4	34	8	36	16	46	18	46	13	48	17
25	37	11	33	15	43	15	45	15	45	14	45	16
26	46	12	42	16	44	12	44	16	44	11	46	15
27	45	19	41	13	41	11	43	13	43	12	43	14
28	44	20	50	14	42	20	42	14	42	19	44	13
29	43	17	49	11	49	19	41	11	41	20	41	12
30	42		48	12	50	18	50	12	50	17	42	11
31	41		47		47		49	19		18		30

命数が…… 1~10 羅針盤座　11~20 インディアン座　21~30 鳳凰座

銀

2005

平成17年生 ★ 満19歳

日＼月	1	2	3	4	5	6	7	8	9	10	11	12
1	29	54	21	51	26	51	22	53	23	54	22	56
2	28	53	22	60	23	52	21	52	24	53	29	53
3	27	52	29	59	24	59	30	51	21	52	30	54
4	26	52	30	58	21	60	29	60	22	51	27	51
5	25	59	27	57	22	57	28	59	29	60	28	52
6	24	60	28	56	29	58	28	58	30	59	35	9
7	23	57	25	55	30	55	26	58	37	8	36	10
8	22	58	26	54	27	56	25	5	38	7	33	7
9	21	5	23	53	28	3	34	6	35	6	34	8
10	40	6	24	2	35	4	33	3	36	5	31	5
11	39	3	31	1	36	1	32	4	33	4	32	6
12	38	2	32	10	33	2	31	1	34	3	39	3
13	37	9	39	9	36	9	40	2	31	2	40	4
14	36	10	40	8	33	10	39	9	32	1	37	1
15	33	7	37	5	34	7	38	4	39	10	34	2
16	32	8	37	4	31	9	37	1	40	9	41	19
17	31	5	36	3	32	8	34	2	47	18	42	20
18	38	6	35	7	39	7	33	19	47	13	49	18
19	37	11	34	8	40	16	42	20	46	12	50	17
20	46	12	33	15	43	15	45	17	45	11	47	16
21	45	19	42	16	44	14	44	18	44	11	48	15
22	44	20	41	13	41	13	43	13	43	12	43	14
23	43	17	50	14	42	12	42	14	42	19	44	13
24	42	18	49	11	49	11	41	11	41	20	41	12
25	41	15	48	12	50	20	50	12	50	17	42	11
26	50	16	47	19	47	17	49	19	49	18	59	30
27	49	13	46	20	48	16	48	20	58	25	60	29
28	48	14	45	17	45	15	47	27	57	26	57	28
29	47		44	18	46	24	56	28	56	23	58	27
30	56		43	25	53	23	55	25	55	24	55	26
31	55		52		54		54	26		21		25

金

2006

平成18年生 ★ 満18歳

日＼月	1	2	3	4	5	6	7	8	9	10	11	12
1	24	59	28	56	29	58	27	58	30	59	35	9
2	23	58	25	55	30	55	26	57	37	8	36	10
3	22	57	26	54	27	56	25	6	38	7	33	7
4	21	5	23	53	28	3	34	5	35	6	34	8
5	40	6	28	2	35	4	33	4	36	5	31	5
6	39	3	31	1	36	1	32	3	33	4	32	6
7	38	4	32	10	33	2	31	2	34	3	39	3
8	37	1	39	9	34	9	40	2	31	2	40	4
9	36	2	40	8	31	10	39	9	32	1	37	1
10	35	9	37	7	32	7	38	10	39	10	38	2
11	34	10	38	6	39	8	37	7	40	9	45	19
12	33	5	35	5	40	5	36	8	47	18	46	20
13	32	6	36	4	37	6	35	15	48	17	43	17
14	31	13	33	3	40	13	44	16	45	16	44	18
15	48	14	34	20	47	14	43	13	46	15	47	15
16	47	11	41	19	48	11	42	18	43	14	48	16
17	46	12	41	18	45	13	49	15	44	13	45	13
18	43	19	50	14	46	12	48	16	41	18	46	13
19	42	18	49	11	43	11	47	13	41	17	43	12
20	41	15	48	12	44	20	50	14	50	16	44	11
21	50	16	47	19	47	19	49	11	49	18	51	30
22	49	13	46	20	48	18	48	12	58	25	60	29
23	48	14	45	17	45	17	47	27	57	26	57	28
24	47	21	44	18	46	26	56	28	56	23	58	27
25	56	22	43	25	53	25	55	25	55	24	55	26
26	55	29	52	26	54	24	54	26	54	21	56	25
27	54	30	51	23	51	21	53	23	53	22	53	24
28	53	27	60	24	52	30	52	24	52	29	54	23
29	52		59	21	59	29	51	21	51	30	51	22
30	51		58	22	60	28	60	22	60	27	52	21
31	60		57		57		59	29		28		40

31~40 時計座　41~50 カメレオン座　51~60 イルカ座

銀 2007

平成19年生 ★ 満17歳

日＼月	1	2	3	4	5	6	7	8	9	10	11	12
1	39	4	31	1	36	1	32	3	33	4	32	6
2	38	3	32	10	33	2	31	2	34	3	39	3
3	37	2	39	9	34	9	40	1	31	2	40	4
4	36	2	40	8	31	10	39	10	32	1	37	1
5	35	9	37	7	32	7	38	9	39	10	38	2
6	34	10	38	6	39	8	37	8	40	9	45	19
7	33	7	35	5	40	5	36	7	47	18	46	20
8	32	8	36	4	37	6	35	15	48	17	43	17
9	31	15	33	3	38	13	44	16	45	16	44	18
10	50	16	34	12	45	14	43	13	46	15	41	15
11	49	13	41	11	46	11	42	14	43	14	42	16
12	48	12	42	20	43	12	41	11	44	13	49	13
13	47	19	49	19	44	19	50	12	41	12	50	14
14	46	20	50	18	43	20	49	19	42	11	47	11
15	45	17	47	15	44	17	48	20	49	20	48	12
16	42	18	48	14	41	18	47	11	50	19	51	29
17	41	15	46	13	42	18	44	12	57	28	52	30
18	50	16	45	17	49	17	43	29	58	27	59	28
19	47	21	44	18	50	26	52	30	56	22	60	27
20	56	22	43	25	57	25	55	27	55	21	57	26
21	55	29	52	26	54	24	54	28	54	30	58	25
22	54	30	51	23	51	23	53	25	53	22	55	24
23	53	27	60	24	52	22	52	24	52	29	54	23
24	52	28	59	21	59	21	51	21	51	30	51	22
25	51	25	58	22	60	30	60	22	60	27	52	21
26	60	26	57	29	57	29	59	29	59	28	9	40
27	59	23	56	30	58	26	58	30	8	35	10	39
28	58	24	55	27	55	25	57	37	7	36	7	38
29	57		54	28	56	34	6	38	6	33	8	37
30	6		53	35	3	33	5	35	5	34	5	36
31	5		2		4		4	36		31		35

金 2008

平成20年生 ★ 満16歳

日＼月	1	2	3	4	5	6	7	8	9	10	11	12
1	34	9	35	5	40	5	36	7	47	18	46	20
2	33	8	36	4	37	6	35	16	48	17	43	17
3	32	7	33	3	38	13	44	15	45	16	44	18
4	31	15	34	12	45	14	43	14	46	15	41	15
5	50	16	41	11	46	11	42	13	43	14	42	16
6	49	13	42	20	43	12	42	12	44	13	49	13
7	48	14	49	19	44	19	50	12	41	12	50	14
8	47	11	50	18	41	20	49	19	42	11	47	11
9	46	12	47	17	42	17	48	20	49	20	48	12
10	45	19	48	16	49	18	47	17	50	19	55	29
11	44	20	45	15	50	15	46	18	57	28	56	30
12	43	15	46	14	47	16	45	25	58	27	53	27
13	42	16	43	13	50	23	54	26	55	26	54	28
14	41	23	44	30	57	24	53	23	56	25	51	25
15	60	24	51	29	58	21	52	28	53	24	58	26
16	57	21	51	28	55	23	51	25	54	23	55	23
17	56	22	60	24	56	22	58	26	51	22	56	24
18	55	29	59	21	53	21	57	23	51	27	53	22
19	52	28	58	22	54	30	56	24	60	26	54	21
20	51	25	57	29	57	29	59	21	59	25	1	40
21	60	26	56	30	58	28	58	22	8	35	2	39
22	59	23	55	27	55	27	57	37	7	36	7	38
23	58	24	54	28	56	36	6	38	6	33	8	37
24	57	31	53	35	3	35	5	35	5	34	5	36
25	6	32	2	36	4	34	4	36	4	31	6	35
26	5	39	1	33	1	31	3	33	3	32	3	34
27	4	40	10	34	2	40	2	34	2	39	4	33
28	3	37	9	31	9	39	1	31	1	40	1	32
29	2	38	8	32	10	38	10	32	10	37	2	31
30	1		7	39	7	37	9	39	9	38	19	50
31	10		6		8		8	40		45		49

命数が……　1~10 羅針盤座　11~20 インディアン座　21~30 鳳凰座

銀 2009 平成21年生★満15歳

日＼月	1	2	3	4	5	6	7	8	9	10	11	12
1	48	13	42	20	43	12	41	12	44	13	49	13
2	47	12	49	19	44	19	50	11	41	12	50	14
3	46	11	50	18	41	20	49	20	42	11	47	11
4	45	19	47	17	42	17	48	19	49	20	48	12
5	44	20	48	16	49	18	47	18	50	19	55	29
6	43	17	45	15	50	15	46	17	57	28	56	30
7	42	18	46	14	47	16	45	25	58	27	53	27
8	41	25	43	13	48	23	54	26	55	26	54	28
9	60	26	44	22	55	24	53	23	56	25	51	25
10	59	23	51	21	56	21	52	24	53	24	52	26
11	58	24	52	30	53	22	51	21	54	23	59	23
12	57	29	59	29	54	29	60	22	51	22	60	24
13	56	30	60	28	53	30	59	29	52	21	57	21
14	55	27	57	27	54	27	58	30	59	30	58	22
15	52	28	58	24	51	28	57	21	60	29	1	39
16	51	25	56	23	52	28	56	22	7	38	2	40
17	60	26	55	22	59	27	53	39	8	37	9	37
18	57	33	54	28	60	36	2	40	6	32	10	37
19	6	32	53	35	7	35	1	37	5	31	7	36
20	5	39	2	36	4	34	4	38	4	40	8	35
21	4	40	1	33	1	33	3	35	3	32	5	34
22	3	37	10	34	2	32	2	34	2	39	4	33
23	2	38	9	31	9	31	1	31	1	40	1	32
24	1	35	8	32	10	40	10	32	10	37	2	31
25	10	36	7	39	7	39	9	39	9	38	19	50
26	9	33	6	40	8	36	8	40	18	45	20	49
27	8	34	5	37	5	35	7	47	17	46	17	48
28	7	41	4	38	6	44	16	48	16	43	18	47
29	16		3	45	13	43	15	45	15	44	15	46
30	15		12	46	14	42	14	46	14	41	16	45
31	14		11		11		13	43		42		44

金 2010 平成22年生★満14歳

日＼月	1	2	3	4	5	6	7	8	9	10	11	12
1	43	18	45	15	50	15	46	17	57	28	56	30
2	42	17	46	14	47	16	45	26	58	27	53	27
3	41	26	43	13	48	23	54	25	55	26	54	28
4	60	26	44	22	55	24	53	24	56	25	51	25
5	59	23	55	21	56	21	52	23	53	24	52	26
6	58	24	52	30	53	22	51	22	54	23	59	23
7	57	21	59	29	54	29	60	22	51	22	60	24
8	56	22	60	28	51	30	59	29	52	21	57	21
9	55	29	57	27	52	27	58	30	59	30	58	22
10	54	30	58	26	59	28	57	27	60	29	5	39
11	53	27	55	25	60	25	56	28	7	38	6	40
12	52	26	56	24	57	26	55	35	8	37	3	37
13	51	33	53	23	60	33	4	36	5	36	4	38
14	10	34	54	32	7	34	3	33	6	35	1	35
15	7	31	1	39	8	31	2	38	3	34	8	36
16	6	32	2	38	5	32	1	35	4	33	5	33
17	5	39	10	37	6	32	8	36	1	32	6	34
18	2	40	9	31	3	31	7	33	2	37	3	32
19	1	35	8	32	4	40	6	34	10	36	4	31
20	10	36	7	39	7	39	9	31	9	35	11	50
21	9	33	6	40	8	38	8	32	18	45	12	49
22	8	34	5	37	5	37	7	47	17	46	17	48
23	7	41	4	38	6	46	16	48	16	43	18	47
24	16	42	3	45	13	45	15	45	15	44	15	46
25	15	49	12	46	14	44	14	46	14	41	16	45
26	14	50	11	43	11	43	13	43	13	42	13	44
27	13	47	20	44	12	50	12	44	12	49	14	43
28	12	48	19	41	19	49	11	41	11	50	11	42
29	11		18	42	20	48	20	42	20	47	12	41
30	20		17	49	17	47	19	49	19	48	29	60
31	19		16		18		18	50		55		59

31~40 時計座　41~50 カメレオン座　51~60 イルカ座

銀 2011

平成23年生★満13歳

日＼月	1	2	3	4	5	6	7	8	9	10	11	12
1	58	23	52	30	53	22	51	22	54	23	59	23
2	57	22	59	29	54	29	60	21	51	22	60	24
3	56	21	60	28	51	30	59	30	52	21	57	21
4	55	29	57	27	52	27	58	29	59	30	58	22
5	54	30	52	26	59	28	57	28	60	29	5	39
6	53	27	55	25	60	25	56	27	7	38	6	40
7	52	28	56	24	57	26	55	36	8	37	3	37
8	51	35	53	23	58	33	4	36	5	36	4	38
9	10	36	54	32	5	34	3	33	6	35	1	35
10	9	33	1	31	6	31	2	34	3	34	2	36
11	8	34	2	40	3	32	1	31	4	33	9	33
12	7	39	9	39	4	39	10	32	1	32	10	34
13	6	40	10	38	1	40	9	39	2	31	7	31
14	5	37	7	37	4	37	8	40	9	40	8	32
15	4	38	8	34	1	38	7	37	10	39	15	49
16	1	35	5	33	2	35	6	32	17	48	12	50
17	10	36	5	32	9	37	3	49	18	47	19	47
18	9	43	4	38	10	46	12	50	15	46	20	47
19	16	42	3	45	17	45	11	47	15	41	17	46
20	15	49	12	46	18	44	14	48	14	50	18	45
21	14	50	11	43	11	43	13	45	13	49	15	44
22	13	47	20	44	12	42	12	46	12	49	16	43
23	12	48	19	41	19	41	11	41	11	50	11	42
24	11	45	18	42	20	50	20	42	20	47	12	41
25	20	46	17	49	17	49	19	49	19	48	29	60
26	19	43	16	50	18	48	18	50	28	55	30	59
27	18	44	15	47	15	45	17	57	27	56	27	58
28	17	51	14	48	16	54	26	58	26	53	28	57
29	26		13	55	23	53	25	55	25	54	25	56
30	25		22	56	24	52	24	56	24	51	26	55
31	24		21		21		23	53		52		54

金 2012

平成24年生★満12歳

日＼月	1	2	3	4	5	6	7	8	9	10	11	12
1	53	28	56	24	57	26	55	36	8	37	3	37
2	52	27	53	23	58	33	4	35	5	36	4	38
3	51	36	54	32	5	34	3	34	6	35	1	35
4	10	36	1	31	6	31	2	33	3	34	2	36
5	9	33	2	40	3	32	1	32	4	33	9	33
6	8	34	9	39	4	39	9	31	1	32	10	34
7	7	31	10	38	1	40	9	39	2	31	7	31
8	6	32	7	37	2	37	8	40	9	40	8	32
9	5	39	8	36	9	38	7	37	10	39	15	49
10	4	40	5	35	10	35	6	38	17	48	16	50
11	3	37	6	34	7	36	5	45	18	47	13	47
12	2	36	3	33	8	43	14	46	15	46	14	48
13	1	43	4	42	17	44	13	43	16	45	11	45
14	20	44	11	49	18	41	12	44	13	44	12	46
15	19	41	12	48	15	42	11	45	14	43	15	43
16	16	42	20	47	16	42	20	46	11	42	16	44
17	15	49	19	41	13	41	17	43	12	41	13	41
18	14	50	18	42	14	50	16	44	20	46	14	41
19	11	45	17	49	11	49	15	41	19	45	21	60
20	20	46	16	50	18	48	18	42	28	54	22	59
21	19	43	15	47	15	47	17	59	27	56	29	58
22	18	44	14	48	16	56	26	58	26	53	28	57
23	17	51	13	55	23	55	25	55	25	54	25	56
24	26	52	22	56	24	54	24	56	24	51	26	55
25	25	59	21	53	21	53	23	53	23	52	23	54
26	24	60	30	54	22	60	22	54	22	59	24	53
27	23	57	29	51	29	59	21	51	21	60	21	52
28	22	58	28	52	30	58	30	52	30	57	22	51
29	21	55	27	59	27	57	29	59	29	58	39	10
30	30		26	60	28	56	28	60	38	5	40	9
31	29		25		25		27	7		6		8

命数が…… 1~10 羅針盤座 11~20 インディアン座 21~30 鳳凰座

銀 2013 平成25年生 ★ 満11歳

日＼月	1	2	3	4	5	6	7	8	9	10	11	12
1	7	32	9	39	4	39	10	31	1	32	10	34
2	6	31	10	38	1	40	9	40	2	31	7	31
3	5	40	7	37	2	37	8	39	9	40	8	32
4	4	40	8	36	9	38	7	38	10	39	15	49
5	3	37	5	35	10	35	6	37	17	48	16	50
6	2	38	6	34	7	36	6	46	18	47	13	47
7	1	45	3	33	8	43	14	46	15	46	14	48
8	20	46	4	42	15	44	13	43	16	45	11	45
9	19	43	11	41	16	41	12	44	13	44	12	46
10	18	44	12	50	13	42	11	41	14	43	19	43
11	17	41	19	49	14	49	20	42	11	42	20	44
12	16	50	20	48	11	50	19	49	12	41	17	41
13	15	47	17	47	14	47	18	50	19	50	18	42
14	14	48	18	46	11	48	17	47	20	49	25	59
15	11	45	15	43	12	45	16	42	27	58	22	60
16	20	46	15	42	19	47	15	59	28	57	29	57
17	19	53	14	41	20	56	22	60	25	56	30	58
18	26	54	13	55	27	55	21	57	25	51	27	56
19	25	59	22	56	28	54	30	58	24	60	28	55
20	24	60	21	53	21	53	23	55	23	59	25	54
21	23	57	30	54	22	52	22	56	22	59	26	53
22	22	58	29	51	29	51	21	51	21	60	21	52
23	21	55	28	52	30	60	30	52	30	57	22	51
24	30	56	27	59	27	59	29	59	29	58	39	10
25	29	53	26	60	28	58	28	60	38	5	40	9
26	28	54	25	57	25	55	27	7	37	6	37	8
27	27	1	24	58	26	4	36	8	36	3	38	7
28	36	2	23	5	33	3	35	5	35	4	35	6
29	35		32	6	34	2	34	6	34	1	36	5
30	34		31	3	31	1	33	3	33	2	33	4
31	33		40		32		32	4		9		3

金 2014 平成26年生 ★ 満10歳

日＼月	1	2	3	4	5	6	7	8	9	10	11	12
1	2	37	6	34	7	36	5	46	18	47	13	47
2	1	46	3	33	8	43	14	45	15	46	14	48
3	20	45	4	42	15	44	13	44	16	45	11	45
4	19	43	11	41	16	41	12	43	13	44	12	46
5	18	44	12	50	13	42	11	42	14	43	19	43
6	17	41	19	49	14	49	20	41	11	42	20	44
7	16	42	20	48	11	50	19	49	12	41	17	41
8	15	49	17	47	12	47	18	50	19	50	18	42
9	14	50	18	46	19	48	17	47	20	49	25	59
10	13	47	15	45	20	45	16	48	27	58	26	60
11	12	48	16	44	17	46	15	55	28	57	23	57
12	11	53	13	43	18	53	24	56	25	56	24	58
13	30	54	14	52	27	54	23	53	26	55	21	55
14	29	51	21	51	28	51	22	54	23	54	22	56
15	26	52	22	58	25	52	21	55	24	53	25	53
16	25	59	29	57	26	59	30	56	21	52	26	54
17	24	60	29	56	23	51	27	53	22	51	23	51
18	21	57	28	52	24	60	26	54	29	56	24	51
19	30	56	27	59	21	59	25	51	29	55	31	10
20	29	53	26	60	28	58	28	52	38	4	32	9
21	28	54	25	57	25	57	27	9	37	6	39	8
22	27	1	24	58	26	6	36	8	36	3	38	7
23	36	2	23	5	33	5	35	5	35	4	35	6
24	35	9	32	6	34	4	34	6	34	1	36	5
25	34	10	31	3	31	3	33	3	33	2	33	4
26	33	7	40	4	32	2	32	4	32	9	34	3
27	32	8	39	1	39	9	31	1	31	10	31	2
28	31	5	38	2	40	8	40	2	40	7	32	1
29	40		37	9	37	7	39	9	39	8	49	20
30	39		36	10	38	6	38	10	48	15	50	19
31	38		35		35		37	17		16		18

31~40 時計座　41~50 カメレオン座　51~60 イルカ座

銀 2015 平成27年生 ★ 満9歳

日＼月	1	2	3	4	5	6	7	8	9	10	11	12
1	17	42	19	49	14	49	20	41	11	42	20	44
2	16	41	20	48	11	50	19	50	12	41	17	41
3	15	50	17	47	12	47	18	49	19	50	18	42
4	14	50	18	46	19	48	17	48	20	49	25	59
5	13	47	15	45	20	45	16	47	27	58	26	60
6	12	48	16	44	17	46	15	56	28	57	23	57
7	11	55	13	43	18	53	24	55	25	56	24	58
8	30	56	14	52	25	54	23	53	26	55	21	55
9	29	53	21	51	26	51	22	54	23	54	22	56
10	28	54	22	60	23	52	21	51	24	53	29	53
11	27	51	29	59	24	59	30	52	21	52	30	54
12	26	60	30	58	21	60	29	59	22	51	27	51
13	25	57	27	57	22	57	28	60	29	60	28	52
14	24	58	28	56	21	58	27	57	30	59	35	9
15	23	55	25	53	22	55	26	58	37	8	36	10
16	30	56	26	52	29	56	25	9	38	7	39	7
17	29	3	24	51	30	6	32	10	35	6	40	8
18	38	4	23	5	37	5	31	7	36	1	37	6
19	35	9	32	6	38	4	40	8	34	10	38	5
20	34	10	31	3	35	3	33	5	33	9	35	4
21	33	7	40	4	32	2	32	6	32	9	36	3
22	32	8	39	1	39	1	31	3	31	10	33	2
23	31	5	38	2	40	10	40	2	40	7	32	1
24	40	6	37	9	37	9	39	9	39	8	49	20
25	39	3	36	10	38	8	38	10	48	15	50	19
26	38	4	35	7	35	7	37	17	47	16	47	18
27	37	11	34	8	36	14	46	18	46	13	48	17
28	46	12	33	15	43	13	45	15	45	14	45	16
29	45		42	16	44	12	44	16	44	11	46	15
30	44		41	13	41	11	43	13	43	12	43	14
31	43		50		42		42	14		19		13

金 2016 平成28年生 ★ 満8歳

日＼月	1	2	3	4	5	6	7	8	9	10	11	12
1	12	47	13	43	18	53	24	55	25	56	24	58
2	11	56	14	52	25	54	23	54	26	55	21	55
3	30	55	21	51	26	51	22	53	23	54	22	56
4	29	53	22	60	23	52	21	52	24	53	29	53
5	28	54	29	59	24	59	30	51	21	52	30	54
6	27	51	30	58	21	60	30	60	22	51	27	51
7	26	52	27	57	22	57	28	60	29	60	28	52
8	25	59	28	56	29	58	27	57	30	59	35	9
9	24	60	25	55	30	55	26	58	37	8	36	10
10	23	57	26	54	27	56	25	5	38	7	33	7
11	22	58	23	53	28	3	34	6	35	6	34	8
12	21	3	24	2	35	4	33	3	36	5	31	5
13	40	4	31	1	38	1	32	4	33	4	32	6
14	39	1	32	8	35	2	31	1	34	3	39	3
15	38	2	39	7	36	9	40	6	31	2	36	4
16	35	9	39	6	33	1	39	3	32	1	33	1
17	34	10	38	2	34	10	36	4	39	10	34	2
18	33	7	37	9	31	9	35	1	39	5	41	20
19	40	6	36	10	32	8	34	2	48	14	42	19
20	39	3	35	7	35	7	37	19	47	13	49	18
21	38	4	34	8	36	16	46	20	46	13	50	17
22	37	11	33	15	43	15	45	15	45	14	45	16
23	46	12	42	16	44	14	44	16	44	11	46	15
24	45	19	41	13	41	13	43	13	43	12	43	14
25	44	20	50	14	42	12	42	14	42	19	44	13
26	43	17	49	11	49	19	41	11	41	20	41	12
27	42	18	48	12	50	18	50	12	50	17	42	11
28	41	15	47	19	47	17	49	19	49	18	59	30
29	50	16	46	20	48	16	48	20	58	25	60	29
30	49		45	17	45	15	47	27	57	26	57	28
31	48		44		46		56	28		23		27

命数が…… 1~10 羅針盤座　11~20 インディアン座　21~30 鳳凰座

銀

2017

平成29年生★満7歳

日＼月	1	2	3	4	5	6	7	8	9	10	11	12
1	26	51	30	58	21	60	29	60	22	51	27	51
2	25	60	27	57	22	57	28	59	29	60	28	52
3	24	59	28	56	29	58	27	58	30	59	35	9
4	23	57	25	55	30	55	26	57	37	8	36	10
5	22	58	26	54	27	56	25	6	38	7	33	7
6	21	5	23	53	28	3	33	5	35	6	34	8
7	40	6	24	2	35	4	33	3	36	5	31	5
8	39	3	31	1	36	1	32	4	33	4	32	6
9	38	4	32	10	33	2	31	1	34	3	39	3
10	37	1	39	9	34	9	40	2	31	2	40	4
11	36	2	40	8	31	10	39	9	32	1	37	1
12	35	7	37	7	32	7	38	10	39	10	38	2
13	34	8	38	6	31	8	37	7	40	9	45	19
14	33	5	35	3	32	5	36	8	47	18	46	20
15	40	6	36	2	39	6	35	19	48	17	49	17
16	39	13	34	1	40	16	44	20	45	16	50	18
17	48	14	33	15	47	15	41	17	46	15	47	15
18	45	11	42	16	48	14	50	18	44	20	48	15
19	44	20	41	13	45	13	49	15	43	19	45	14
20	43	17	50	14	42	12	42	16	42	18	46	13
21	42	18	49	11	49	11	41	13	41	20	43	12
22	41	15	48	12	50	20	50	12	50	17	42	11
23	50	16	47	19	47	19	49	19	49	18	59	30
24	49	13	46	20	48	18	48	20	58	25	60	29
25	48	14	45	17	45	17	47	27	57	26	57	28
26	47	21	44	18	46	24	56	28	56	23	58	27
27	56	22	43	25	53	23	55	25	55	24	55	26
28	55	29	52	26	54	22	54	26	54	21	56	25
29	54		51	23	51	21	53	23	53	22	53	24
30	53		60	24	52	30	52	24	52	29	54	23
31	52		59		59		51	21		30		22

金

2018

平成30年生★満6歳

日＼月	1	2	3	4	5	6	7	8	9	10	11	12
1	21	6	23	53	28	3	34	5	35	6	34	8
2	40	5	24	2	35	4	33	4	36	5	31	5
3	39	4	31	1	36	1	32	3	33	4	32	6
4	38	4	32	10	33	2	31	2	34	3	39	3
5	37	1	33	9	34	9	40	1	31	2	40	4
6	36	2	40	8	31	10	39	10	32	1	37	1
7	35	9	37	7	32	7	38	10	39	10	38	2
8	34	10	38	6	39	8	37	7	40	9	45	19
9	33	7	35	5	40	5	36	8	47	18	46	20
10	32	8	36	4	37	6	35	15	48	17	43	17
11	31	15	33	3	38	13	44	16	45	16	44	18
12	50	14	34	12	45	14	43	13	46	15	41	15
13	49	11	41	11	48	11	42	14	43	14	42	16
14	48	12	42	20	45	12	41	11	44	13	49	13
15	45	19	49	17	46	19	50	16	41	12	46	14
16	44	20	50	16	43	20	49	13	42	11	43	11
17	43	17	48	15	44	20	46	14	49	20	44	12
18	50	18	47	19	41	19	45	11	50	15	51	30
19	49	13	46	20	42	18	44	12	58	24	52	29
20	48	14	45	17	45	17	47	29	57	23	59	28
21	47	21	44	18	46	26	56	30	56	23	60	27
22	56	22	43	25	53	25	55	25	55	24	55	26
23	55	29	52	26	54	24	54	26	54	21	56	25
24	54	30	51	23	51	23	53	23	53	22	53	24
25	53	27	60	24	52	22	52	24	52	29	54	23
26	52	28	59	21	59	21	51	21	51	30	51	22
27	51	25	58	22	60	28	60	22	60	27	52	21
28	60	26	57	29	57	27	59	29	59	28	9	40
29	59		56	30	58	26	58	30	8	35	10	39
30	58		55	27	55	25	57	37	7	36	7	38
31	57		54		56		6	38		33		37

31~40 時計座　41~50 カメレオン座　51~60 イルカ座

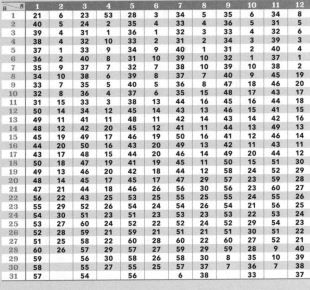

銀 2019

平成31年生　令和元年生

★満5歳

日＼月	1	2	3	4	5	6	7	8	9	10	11	12
1	36	1	40	8	31	10	39	10	32	1	37	1
2	35	10	37	7	32	7	38	9	39	10	38	2
3	34	9	38	6	39	8	37	8	40	9	45	19
4	33	7	35	5	40	5	36	7	47	18	46	20
5	32	8	40	4	37	6	35	16	48	17	43	17
6	31	15	33	3	38	13	44	15	45	16	44	18
7	50	16	34	12	45	14	43	14	46	15	41	15
8	49	13	41	11	46	11	42	14	43	14	42	16
9	48	14	42	20	43	12	41	11	44	13	49	13
10	47	11	49	19	44	19	50	12	41	12	50	14
11	46	12	50	18	41	20	49	19	42	11	47	11
12	45	17	47	17	42	17	48	20	49	20	48	12
13	44	18	48	16	49	18	47	17	50	19	55	29
14	43	15	45	15	42	15	46	18	57	28	56	30
15	42	16	46	12	49	16	45	25	58	27	53	27
16	49	23	43	11	50	23	54	30	55	26	60	28
17	58	24	43	30	57	25	51	27	56	25	57	25
18	57	21	52	26	58	24	60	28	53	30	58	25
19	54	30	51	23	55	23	59	25	53	29	55	24
20	53	27	60	24	56	22	52	26	52	28	56	23
21	52	28	59	21	59	21	51	23	51	30	53	22
22	51	25	58	22	60	30	60	24	60	27	54	21
23	60	26	57	29	57	29	59	29	59	28	9	40
24	59	23	56	30	58	28	58	30	8	35	10	39
25	58	24	55	27	55	27	57	37	7	36	7	38
26	57	31	54	28	56	36	6	38	6	33	8	37
27	6	32	53	35	3	33	5	35	5	34	5	36
28	5	39	2	36	4	32	4	36	4	31	6	35
29	4		1	33	1	31	3	33	3	32	3	34
30	3		10	34	2	40	2	34	2	39	4	33
31	2		9		9		1	31		40		32

金 2020

令和2年生

★満4歳

日＼月	1	2	3	4	5	6	7	8	9	10	11	12
1	31	16	34	12	45	14	43	14	46	15	41	15
2	50	15	41	11	46	11	42	13	43	14	42	16
3	49	14	42	20	43	12	41	12	44	13	49	13
4	48	14	49	19	44	19	50	11	41	12	50	14
5	47	11	50	18	41	20	49	20	42	11	47	11
6	46	12	47	17	42	17	47	19	49	20	48	12
7	45	19	48	16	49	18	47	17	50	19	55	29
8	44	20	45	15	50	15	46	18	57	28	56	30
9	43	17	46	14	47	16	45	25	58	27	53	27
10	42	18	43	13	48	23	54	26	55	26	54	28
11	41	25	44	22	55	24	53	23	56	25	51	25
12	60	24	51	21	56	21	52	24	53	24	52	26
13	59	21	52	30	55	22	51	21	54	23	59	23
14	58	22	59	27	56	29	60	22	51	22	60	24
15	57	29	60	26	53	30	59	23	52	21	53	21
16	54	30	58	25	54	30	58	24	59	30	54	22
17	53	27	57	29	51	29	55	21	60	29	1	39
18	52	28	56	30	52	28	54	22	8	34	2	39
19	59	23	55	27	59	27	53	39	7	33	9	38
20	58	24	54	28	56	36	6	40	6	32	10	37
21	57	31	53	35	3	35	5	37	5	34	7	36
22	6	32	2	36	4	34	4	36	4	31	6	35
23	5	39	1	33	1	33	3	33	3	32	3	34
24	4	40	10	34	2	32	2	34	2	39	4	33
25	3	37	9	31	9	31	1	31	1	40	1	32
26	2	38	8	32	10	38	10	32	10	37	2	31
27	1	35	7	39	7	37	9	39	9	38	19	50
28	10	36	6	40	8	36	8	40	18	45	20	49
29	9	33	5	37	5	35	7	47	17	46	17	48
30	8		4	38	6	44	16	48	16	43	18	47
31	7		3		13		15	45		44		46

命数が……　1~10 羅針盤座　11~20 インディアン座　21~30 鳳凰座

銀

2021

令和3年生★満3歳

日＼月	1	2	3	4	5	6	7	8	9	10	11	12
1	45	20	47	17	42	17	48	19	49	20	48	12
2	44	19	48	16	49	18	47	18	50	19	55	29
3	43	17	45	15	50	15	46	17	57	28	56	30
4	42	18	46	14	47	16	45	26	58	27	53	27
5	41	25	43	13	48	23	54	25	55	26	54	28
6	60	26	44	22	55	24	53	24	56	25	51	25
7	59	23	51	21	56	21	52	24	53	24	52	26
8	58	24	52	30	53	22	51	21	54	23	59	23
9	57	21	59	29	54	29	60	22	51	22	60	24
10	56	22	60	28	51	30	59	29	52	21	57	21
11	55	27	57	27	52	27	58	30	59	30	58	22
12	54	28	58	26	59	28	57	27	60	29	5	39
13	53	25	55	25	52	25	56	28	7	38	6	40
14	52	26	56	22	59	26	55	35	8	37	3	37
15	59	33	53	21	60	33	4	40	5	36	10	38
16	8	34	53	40	7	35	3	37	6	35	7	35
17	7	31	2	36	8	34	10	38	3	34	8	36
18	4	40	1	33	5	33	9	35	3	39	5	34
19	3	37	10	34	6	32	8	36	2	38	6	33
20	2	38	9	31	9	31	1	33	1	37	3	32
21	1	35	8	32	10	40	10	34	10	37	4	31
22	10	36	7	39	7	39	9	39	9	38	19	50
23	9	33	6	40	8	38	8	40	18	45	20	49
24	8	34	5	37	5	37	7	47	17	46	17	48
25	7	41	4	38	6	44	16	48	16	43	18	47
26	16	42	3	45	13	43	15	45	15	44	15	46
27	15	49	12	46	14	42	14	46	14	41	16	45
28	14	50	11	43	11	41	13	43	13	42	13	44
29	13		20	44	12	50	12	44	12	49	14	43
30	12		19	41	19	49	11	41	11	50	11	42
31	11		18		20		20	42		47		41

金

2022

令和4年生★満2歳

日＼月	1	2	3	4	5	6	7	8	9	10	11	12
1	60	25	44	22	55	24	53	24	56	25	51	25
2	59	24	51	21	56	21	52	23	53	24	52	26
3	58	23	52	30	53	22	51	22	54	23	59	23
4	57	21	59	29	54	29	60	21	51	22	60	24
5	56	22	60	28	51	30	59	30	52	21	57	21
6	55	29	57	27	52	27	58	29	59	30	58	22
7	54	30	58	26	59	28	57	27	60	29	5	39
8	53	27	55	25	60	25	56	28	7	38	6	40
9	52	28	56	24	57	26	55	35	8	37	3	37
10	51	35	53	23	58	33	4	36	5	36	4	38
11	10	36	54	32	5	34	3	33	6	35	1	35
12	9	31	1	31	6	31	2	34	3	34	2	36
13	8	32	2	40	5	32	1	31	4	33	9	33
14	7	39	9	39	6	39	10	32	1	32	10	34
15	4	40	10	36	3	40	9	33	2	31	3	31
16	3	37	8	35	4	37	8	34	9	40	4	32
17	2	38	7	34	1	39	5	31	10	39	11	49
18	9	35	6	40	2	38	4	32	17	44	12	49
19	8	34	5	37	9	37	3	49	17	43	19	48
20	7	41	4	38	6	46	16	50	16	42	20	47
21	16	42	3	45	13	45	15	47	15	44	17	46
22	15	49	12	46	14	44	14	46	14	41	16	45
23	14	50	11	43	11	43	13	43	13	42	13	44
24	13	47	20	44	12	42	12	44	12	49	14	43
25	12	48	19	41	19	41	11	41	11	50	11	42
26	11	45	18	42	20	48	20	42	20	47	12	41
27	20	46	17	49	17	47	19	49	19	48	29	60
28	19	43	16	50	18	46	18	50	28	55	30	59
29	18		15	47	15	45	17	57	27	56	27	58
30	17		14	48	16	54	26	58	26	53	28	57
31	26		13		23		25	55		54		56

銀 2023

令和5年生 ★ 満1歳

日＼月	1	2	3	4	5	6	7	8	9	10	11	12
1	55	30	57	27	52	27	58	29	59	30	58	22
2	54	29	58	26	59	28	57	28	60	29	5	39
3	53	28	55	25	60	25	56	27	7	38	6	40
4	52	28	56	24	57	26	55	36	8	37	3	37
5	51	35	53	23	58	33	4	35	5	36	4	38
6	10	36	54	32	5	34	3	34	6	35	1	35
7	9	33	1	31	6	31	2	33	3	34	2	36
8	8	34	2	40	3	32	1	31	4	33	9	33
9	7	31	9	39	4	39	10	32	1	32	10	34
10	6	32	10	38	1	40	9	39	2	31	7	31
11	5	39	7	37	2	37	8	40	9	40	8	32
12	4	38	8	36	9	38	7	37	10	39	15	49
13	3	35	5	35	10	35	6	38	17	48	16	50
14	2	36	6	34	9	36	5	45	18	47	13	47
15	9	43	3	31	10	43	14	46	15	46	14	48
16	18	44	4	50	17	44	13	47	16	45	17	45
17	17	41	12	49	18	44	20	48	13	44	18	46
18	14	42	11	43	15	43	19	45	14	49	15	44
19	13	47	20	44	16	42	18	46	12	48	16	43
20	12	48	19	41	13	41	11	43	11	47	13	42
21	11	45	18	42	20	50	20	44	20	47	14	41
22	20	46	17	49	17	49	19	41	19	48	21	60
23	19	43	16	50	18	48	18	50	28	55	30	59
24	18	44	15	47	15	47	17	57	27	56	27	58
25	17	51	14	48	16	56	26	58	26	53	28	57
26	26	52	13	55	23	53	25	55	25	54	25	56
27	25	59	22	56	24	52	24	56	24	51	26	55
28	24	60	21	53	21	51	23	53	23	52	23	54
29	23		30	54	22	60	22	54	22	59	24	53
30	22		29	51	29	59	21	51	21	60	21	52
31	21		28		30		30	52		57		51

金 2024

令和6年生 ★ 満0歳

日＼月	1	2	3	4	5	6	7	8	9	10	11	12
1	10	35	1	31	6	31	2	33	3	34	2	36
2	9	34	2	40	3	32	1	32	4	33	9	33
3	8	33	9	39	4	39	10	31	1	32	10	34
4	7	31	10	38	1	40	9	40	2	31	7	31
5	6	32	7	37	2	37	8	39	9	40	8	32
6	5	39	8	36	9	38	7	38	10	39	15	49
7	4	40	5	35	10	35	6	38	17	48	16	50
8	3	37	6	34	7	36	5	45	18	47	13	47
9	2	38	3	33	8	43	14	46	15	46	14	48
10	1	45	4	42	15	44	13	43	16	45	11	45
11	20	46	11	41	16	41	12	44	13	44	12	46
12	19	41	12	50	13	42	11	41	14	43	19	43
13	18	42	19	49	16	49	20	42	11	42	20	44
14	17	49	20	46	13	50	19	49	12	41	17	41
15	16	50	17	45	14	47	18	44	19	50	14	42
16	13	47	17	44	11	49	15	41	20	49	21	59
17	12	48	16	50	12	48	14	42	27	58	22	60
18	11	45	15	47	19	47	13	59	27	53	29	58
19	18	44	14	48	20	56	26	60	26	52	30	57
20	17	51	13	55	23	55	25	57	25	51	27	56
21	26	52	22	56	24	54	24	58	24	51	28	55
22	25	59	21	53	21	53	23	53	23	52	23	54
23	24	60	30	54	22	52	22	54	22	59	24	53
24	23	57	29	51	29	51	21	51	21	60	21	52
25	22	58	28	52	30	58	30	52	30	57	22	51
26	21	55	27	59	27	57	29	59	29	58	39	10
27	30	56	26	60	28	56	28	60	38	5	40	9
28	29	53	25	57	25	55	27	7	37	6	37	8
29	28	54	24	58	26	4	36	8	36	3	38	7
30	27		23	5	33	3	35	5	35	4	35	6
31	36		32		34		34	6		1		5

裏の命数表

「五星三心占い」では、「裏の時期」(P.15で詳しく解説)に、
自分の「裏の欲望(才能)」が出てくると考えています。
次のページで「裏の命数」を割り出しましょう。
あなたの裏側は、裏の命数の「基本性格」(P.175~)を読むことで、
詳しく知ることができます。

あなたの裏側は?

裏の時期になると

タイプ

羅針盤座 ↔ 時計座

インディアン座 ↔ カメレオン座

鳳凰座 ↔ イルカ座

タイプと金・銀の入れ替わり

と

命数の下ひとケタの入れ替わり

が

同時に起こる

命数の下ひとケタ

陽		陰
1	↔	2
3	↔	4
5	↔	6
7	↔	8
9	↔	0

詳しい調べ方は、次のページをチェック!

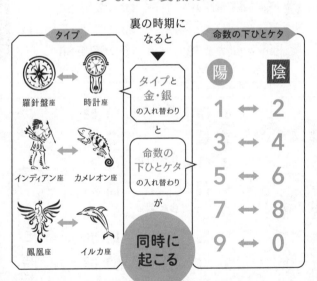

裏の命数表

【裏の命数】とは……裏の時期に出てくるあなたの性質をつかさどる命数です。

裏の命数の導き方

▶**STEP 1**

金 → 銀 になる

銀 → 金 になる

▶**STEP 2**

「裏の命数」は、「自分の命数」の矢印の先にある数字です

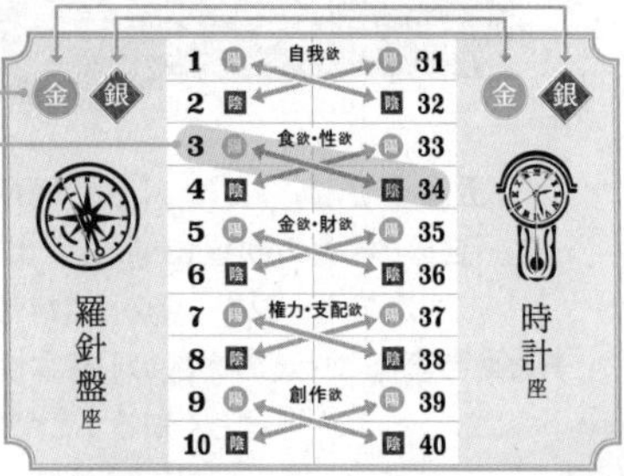

例

あなたの命数		裏の命数
金 の羅針盤座 **3**	→	銀 の時計座 **34**
銀 のカメレオン座 **42**	→	金 のインディアン座 **11**
金 のイルカ座 **59**	→	銀 の鳳凰座 **30**

羅針盤座（金・銀）				時計座（金・銀）
1	陽	自我欲	陽	31
2	陰		陰	32
3	陽	食欲・性欲	陽	33
4	陰		陰	34
5	陽	金欲・財欲	陽	35
6	陰		陰	36
7	陽	権力・支配欲	陽	37
8	陰		陰	38
9	陽	創作欲	陽	39
10	陰		陰	40

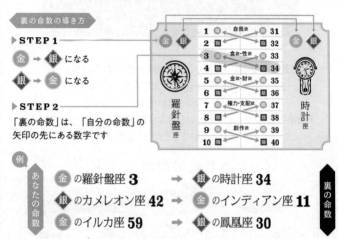

金 銀

インディアン座

11	陽	自我欲	陽	41
12	陰		陰	42
13	陽	食欲・性欲	陽	43
14	陰		陰	44
15	陽	金欲・財欲	陽	45
16	陰		陰	46
17	陽	権力・支配欲	陽	47
18	陰		陰	48
19	陽	創作欲	陽	49
20	陰		陰	50

金 銀

カメレオン座

金 銀

鳳凰座

21	陽	自我欲	陽	51
22	陰		陰	52
23	陽	食欲・性欲	陽	53
24	陰		陰	54
25	陽	金欲・財欲	陽	55
26	陰		陰	56
27	陽	権力・支配欲	陽	57
28	陰		陰	58
29	陽	創作欲	陽	59
30	陰		陰	60

金 銀

イルカ座

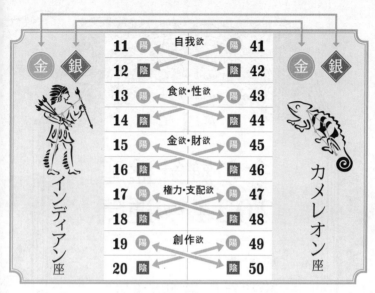

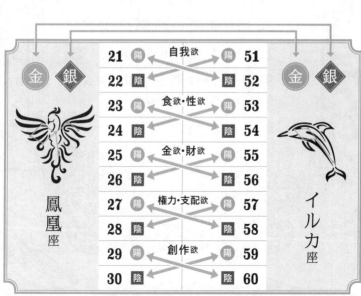

GOLD PYXIS

第1部

金の羅針盤座 2024年の運気

2024年をよりよく過ごすために
折に触れて読み返してみてください。

金の羅針盤座の基本性格

礼儀正しく真面目で正義感のある上品な人

もっている星

★礼儀正しい星　★真面目な星　★発想力がある星
★品格のある星　★プライドが高い星　★ネガティブな星
★被害妄想しがちな星　★人は苦手な星

総合運

人の手の上で方角を指し示す道具の名を冠した「羅針盤座」。その羅針盤を持つ人によって運命が大きく変わります。親や先輩、上司など指導者が優秀ならば自然とよい道へ進めますが、間違った指示を受けてしまうと道に迷うことがあるでしょう。そもそも**真面目で人から言われたことを守れるタイプ。礼儀正しく上品で、プライドの高いしっかり者**です。正しい考えや生き方にこだわりすぎるため、対人関係においては正義感を振りかざし、正論ばかり述べてしまうところも。その結果、人間関係が面倒になったり苦手になったりする種を自分からまくことが多いでしょう。一方で、自分自身がしっかりしていないシーンにおいても、相手には完璧さを求めてしまう場合も。円滑なコミュニケーションのためには、“人にはそれぞれ事情がある”ことを忘れずに接していくことが大事になるでしょう。

また、慎重な性格のあまりネガティブに考えすぎたり、被害妄想に陥ったりするなど、物事を重く受け止めすぎてしまうきらいがあります。**人生において自然と運を味方につけるためには、なるべくポジティブな言葉を口にしたほうがいい**でしょう。他人にはあまり見せない一面では、人と関わろうという思いがあり、面倒見がよくやさしいという長所があるのですが、余計なお世話になってしまうことも多々あります。相手が何を求めているのか、何が必要なのかを確かめてから行動を起こすようにしましょう。

品格があり頭のいい人ですが、相手にも真面目さや気品を求めすぎてしまうところがあります。完璧は望まないと言いながら、理想が自然と高くなるでしょう。また、自ら積極的にアタックしないことも問題で、几帳面で物事の順序を守ろうとすることも重なり、相手との距離が縮まりにくい傾向があります。**口角を上げることを意識して、日々笑顔で愛想よく過ごすことが大事。**ジョークや軽口を真に受けず、楽しんで受けとるように心がければ、いい恋にめぐり合うのは難しいことではありません。注意すべきは情からはじまる交際で、「かわいそう」「面倒を見てあげる」は無駄な苦労になるだけです。

結婚願望はありますが、**仕事に火がつくと結婚のチャンスを逃すことも多い**でしょう。自分のルールや生活リズムを家族に押しつけすぎて窮屈さを与えてしまうこともあるので、話し合いや譲り合いで落としどころを見つけましょう。

真面目に社内の規則を守り、挨拶やお礼もちゃんとできて、どんな仕事もキッチリていねいに行うタイプです。周囲からの信頼も厚いのですが、度がすぎる真面目さは職場を気まずくする場合もあるので注意。**サポート的な仕事やものづくりの分野が向いています。**上司や先輩からの的確な指示があると活躍できるので、若いころに多くの仕事をしてみることが重要。「好きなこと以外はやりたくない」と雑用を避けていると、いつまでもチャンスにめぐり合えません。

金運は、見栄での出費や独特な感性での買い物をしがちですが、しっかりした性格なだけに、意識すればお金を貯められます。**発想力や自分の好きなことを極めて、人の役に立つよう意識すると、自然とお金を手にする**ことができるでしょう。

2023年 下半期の運気

リフレッシュの年

総合運
12月からは努力してきた人ほど報われる。体調管理は万全に

「リフレッシュの年」の下半期は体調に要注意。とくに9月の「乱気の月」、10月の「裏運気の月」は、心身ともに疲れ、ちょっとしたことで体調を崩してしまうことや、病気が発覚することがありそうです。ストレスも抱えやすいので、**本音を聞いてくれる友人を大切にし、こまめに話を聞いてもらう**といいでしょう。

7～8月から異変を感じている人は、すぐに病院で検査してもらうことが重要です。恥ずかしがったり、仕事が忙しいなどと理由をつけて先延ばしにしていると、2024年の「解放の年」の運気にうまく乗れなくなってしまいます。それどころか、**体調の回復だけに運を使ってしまう場合もある**ので、十分注意しておきましょう。

12月は、これまで苦労や努力してきた人ほど報われ、**人生が急展開するほどのチャンスがめぐってくる**こともあります。出会いも増えるので、遠慮せずに行動し、自分をしっかりアピールしていきましょう。

恋愛&結婚運
デート前はしっかり疲れをとって。12月の誘いには顔を出すのが吉

予想外の忙しさになることや求められることが増えるため、恋のチャンスを逃しやすい時期。気づいたら年末になっていたり、**疲れから人との関わりが薄れてしまうこと**がありそうです。せっかく新しい出会いがあっても、疲れた顔や元気のない感じが相手に伝わり、魅力的だと思ってもらえない場合

開運のつぶやき　大きな幸運の前には、小さな幸運が転がっているもの

も。出会いがありそうな日やデートの前日は、しっかり8時間以上寝て疲れをとるようにしましょう。デートを短時間で切り上げるのも手です。

12月には、知り合いからの紹介で今後の運命が大きく変わるような出会いがありそう。**急な誘いでも断らずに少しでも顔を出しておくと、いい縁をつなげられる**でしょう。

結婚運は、2022年の段階で盛り上がっていてすでに婚約しているカップルなら、12月に親への挨拶をすることになったり、2024年には婚姻届を出す話を進められそうです。理想を追い求めすぎず、**この1年あなたにやさしく接してくれた相手であれば、結婚を決めるといい**でしょう。

仕事運　限界まで頑張らず、体を大切に。ときにはサボってでも休むこと

言われたことは最後まで真面目に取り組むあなたに、ドンドン仕事が舞い込んでくる時期。無理だと思ったときは、限界を感じる前にハッキリ断るようにしましょう。ときには**サボってもいいので、体を休ませることが大切**です。とくに9～10月は、体力も精神力も限界に達する可能性があり、離職や転職を本気で考えたくなるかもしれません。追い込まれるまで頑張らなくて済む方法を考えながら働きましょう。責任感があるのはいいですが、体のほうが大事なことを忘れないように。

12月になると、ひと山越えた感じがしそうです。急に流れが変わり、あなたの実力や才能、**これまでの努力を認めてくれる人も現れる**でしょう。面倒な仕事やプレッシャーのかかる業務から離れられ、苦手な上司が異動する情報が入る場合もありそうです。

年内の休日はなるべく予定を入れずしっかり体を休ませ、無理なく2024年を迎えるようにしましょう。

開運のつぶやき　そのままでいい。無理をしないで、自分も他人も認めるといい

金運&買い物運

大きな買い物は避け、美容や健康、ストレス発散への出費にとどめて

この1年は忙しく苦しい状況が続いているかもしれませんが、「利用されている」とマイナスに思わず、「自分には利用される価値がある」と思いましょう。**自分のよさや能力をしっかり分析することで、今後の収入アップにつながるヒントが見つかる**はずです。

買い物運は、年内は大きな買い物をしたり、高価なものや長く使うものを購入するのは避けましょう。**9～11月は、ストレス発散や美容、健康のためにお金を使うとよさそう**です。温泉に行ってゆっくりしたり、おいしいものを食べて贅沢な時間を過ごしてみましょう。少しいい美容院や、肌の調子を整えることに出費するのもオススメです。

投資は焦らず、お金の勉強をしたり少額をNISAにあてる程度にしておき、本格的に投資先や投資額を増やすのは、2024年まで待つように。

美容&健康運

心身ともに不調になりやすい時期。たくさん笑うよう心がけて

ここ数年でもっとも体調を崩しやすい時期。とくにこれまで**大きな病気やケガ、入院や手術をしたことがない人は、要注意**です。7～8月に少しでも体調に異変を感じていたなら、早めに病院で検査を受けましょう。診断に疑問を感じるときは、セカンドオピニオンを受けることも大切です。

9月の「乱気の月」は、もっとも体調に注意が必要です。仕事は無理に詰め込まず、ゆとりをもっておきましょう。10月も同様に**限界を感じるまで頑張らない**こと。体はよくても精神的な疲れが出ることもあるので、休日は少し贅沢な旅行をしたり、エステやスパに行ってゆっくり過ごしましょう。

美容運は、肌の調子が悪くなってしまいそう。スキンケアを念入りにするだけでなく、ストレス発散のために軽い運動をしたり、お笑いライブやコメディー映画を観てたくさん笑いましょう。**陽気な友人と話すのもオススメ。**

GOLD PYXIS

金の羅針盤座

2024年
解放の年
の運気

1年を通して心がけておくべき
「2024年の開運3か条」と、
2024年の運気を総合運、
恋愛運、金運などに分けて
お伝えします。

ラッキーカラー

ライトブルー
イエロー

ラッキーフード

お好み焼き
トマトジュース

ラッキースポット

高層ビル
百貨店

2035年までの運気グラフ

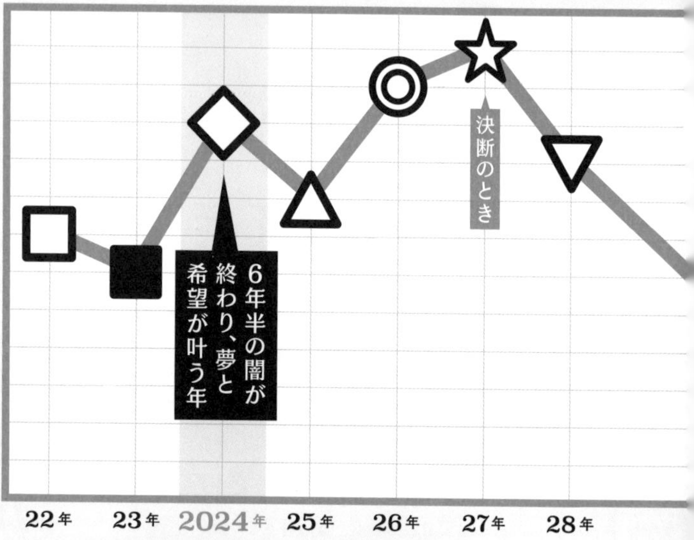

金の羅針盤座は
◇解放の年

年の運気記号の説明

☆開運の年

過去の努力や積み重ねが評価される最高の年。積極的な行動が大事。新たなスタートを切ると幸運が続きます。

◎幸運の年

前半は、忙しくも充実した時間が増え、経験を活かすことで幸運をつかめる年。後半は新たな挑戦が必要です。

◇解放の年

プレッシャーや嫌なこと、相性の悪い人やものから解放されて気が楽になり、才能や魅力が輝きはじめる年。

○チャレンジの年（1年目）

「新しい」と感じることに挑戦して、体験や経験を増やすことが大事な年。過去の出来事に縛られないこと。

まずは大きな視点で、今年の「立ち位置」を確認しましょう。
長期的な見通しをもって、毎月毎日の行動を決めていくことが大切です。

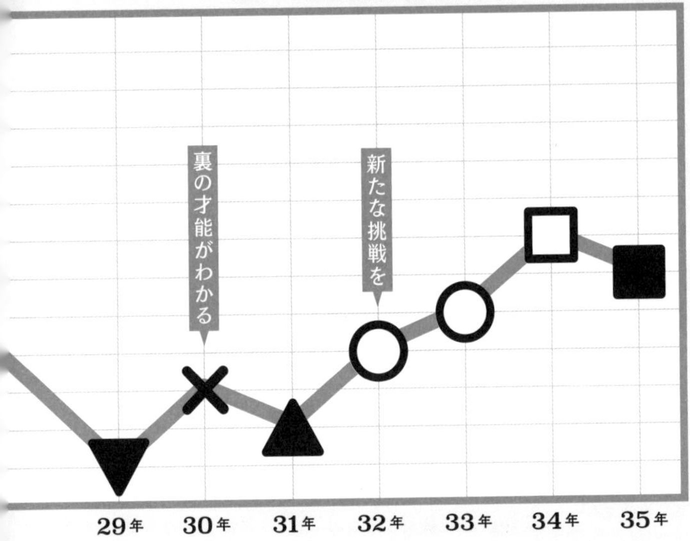

○チャレンジの年（2年目）

さらに人脈を増やし、行動範囲を広げるといい年。ここでの失敗は単なる経験。まだまだ取り返せます。

△準備の年

遊ぶことで運気の流れがよくなる年。些細なミスが増えるので、何事も準備を怠らないことが大事。

■リフレッシュの年

求められることが増え、慌ただしくなる年。体を休ませたり、ゆっくりしたりする時間をつくることが大切。

×裏運気の年

自分の思いとは真逆に出る年。予想外なことや学ぶべきことが多く、成長できるきっかけをつかめます。

□健康管理の年

前半は、覚悟を決めて行動し、今後の目標を定める必要がある年。後半は、健康に注意が必要です。

▽ブレーキの年

「前半は攻め、後半は守り」と運気が変わる年。前半は行動力と決断力が大事。後半は貯金と現状維持を。

▲整理の年

前半は、人間関係や不要なものの整理が必要。後半は、チャレンジして人脈を広げることが大事です。

▼乱気の年

決断には不向きな年。流されながら、求められることに応えることが大事。体調を崩しやすいため要注意。

2024年の運気

解放の年

2024年の開運3か条

- 人脈と視野を広げる
- ポジティブな発言を意識する
- 料理やものづくりをする

総合運

あなたの魅力と才能が開花し、評価され、注目もされる年。6年半〜7年間の闇が終わり、ウソのように流れがよくなり、**噛み合っていなかった物事もあなたの思い通りに進みはじめる**でしょう。チャンスに恵まれないなかでも、仕事や勉強、将来役立つと思えることを地道に努力してきた人や、ここ2〜3年、忙しいなかでもプレッシャーのかかることを任されていた人も、重荷を下ろせて楽しい日々を送れるようになりはじめます。

とくに「金の羅針盤座」は曲がったことが嫌いで、自分の常識を信じて貫き通すため、人間関係でも苦労が多かったはず。2024年の「解放の年」は、**苦手だと思っていた人と離れられる運気**でもあるので、人付き合いが不器用なあなたにとって気持ちが楽になる方向に進んでいきそうです。

また、新たな人脈もできやすく、**今年はじめて出会った人とは不思議と互いの気持ちを理解し合えたり、長い付き合いになったりと、いい距離感**で付き合えるでしょう。

あなたが輝く運気の到来！ 最短3年で大きな夢も叶う

「解放の年」は、いままでの経験を活かすことができるため、目標や夢に大きく近づけたり、実際にそれらを手に入れることもできる運気です。遠慮せずに自分がこれまで培ってきた力のすべてを出し切ってみると、驚くような結果につながったりいい人脈もできてくるので、**「これは人生のご褒美だ」と素直に受け止める**といいでしょう。

一方で、努力不足や勉強不足を感じていたり、さらに向上したいと思うなら、今年からもっと大きな目標を掲げ、新たなスタートを切ることが大切。その**夢や希望は、最短3年で叶えることができる**ので、自分の個性や才能をしっかり分析し、目指してみるといいでしょう。

ただ、大きなチャンスや幸せ自体を疑ってしまったり、ネガティブなほうに受け止めてしまうとせっかくのいい運気をうまく活かせなくなってしまうので要注意。**小さな幸せにも満足し、何事もプラスに受け止めてみると、自然といい流れに乗れる**ようにもなるでしょう。

2024年はあなたが輝くときなので、新しい出会いも多く、自然と恋のチャンスも増えてきます。そこで苦手意識をもって接していると、いつまでも前に進めないので、小さなことは気にせず、**「今年は運気がいいから、いい人が集まってくる」と信じ、交友範囲を広げてみる**といいでしょう。

4月からの上昇気運に注目！ 遠慮せず自分の意見を言おう

運気のよさを実感できるのは**「解放の年」の「解放の月」である4月**になりそう。1～3月は、前年の「リフレッシュの年」の影響を受け、体が重たく感じたり、慎重に行動してしまい、一気に前には進めなそうです。また、プレッシャーのかかる仕事が押し寄せ、緊張感の抜けない状態が続いてしまいそう。**2月下旬～3月は無理せず、休日はしっかり体を休ませ、疲れをためない工夫**をしてください。鼻炎や花粉症で苦しむこともありそうなので、予防や対策はしっかりしておきましょう。

4月は、人間関係の整理ができそうです。「嫌い、苦手」と思っていた人から自然と離れられたり、急な人事異動やポジション替えなど、「風向きが変わった?」と思うような出来事が起きるかも。これまでの頑張りを評価され、責任を負うような仕事を任される場合もありますが、「プレッシャーがかかる」とネガティブにとらえず、**「いい経験になる」と前向きに引き受ける**と、本来の能力を活かせて、自分の実力がアップしていることも確認できるでしょう。このいい流れは8月中旬まで続くので、遠慮せず自分の意見や考えを出し、技術や情報を周囲に教えていきましょう。

1年が終わるころには、気持ちも状況も大きく変わっている

注意が必要なのは、9月の「乱気の月」、10月の「裏運気の月」。**情に流されて面倒事を引き受けてしまいそう**です。相談に乗るのはいいですが、お金の貸し借りは断ること。貸すなら返ってこなくていいと思うか、発想を転換し、何か手伝いで返してもらうようにしましょう。

また、**この時期に情ではじまった恋は振り回されるケースが多いので**気をつけてください。あなたの魅力や才能がアップする1年だけに、発言力や影響力もアップします。正義感があり真面目なぶん、自分が**正しいと思うとストレートに言いすぎたり、論破したり、ときにはマウントをとるような表現をしてしまう**ことがあるので、言葉遣いには注意が必要です。

12月には新たなことを任されたり、2024年の1月のころとは気持ちも状況も変わり、ドンドン前に進む感じになっているでしょう。新たな趣味をつくるにも習い事をはじめるにもいいタイミングです。料理教室や茶道、楽器を習いに行ってみるといい出会いにもつながりそう。**ゴルフをはじめてみると仕事に役立ったり、のちの運命の人に出会える**可能性も。言われた通りにできる生真面目な能力を活かしてみると一気に上達するので、独学で練習するよりレッスンプロをつけるのがオススメです。

「解放の年」のいい運気を乗りこなすために必要なこと

2024年の「解放の年」からは、**運を味方につけられる年が続きます。**今年はそのスタートの年ですが、運気のいい時期は、棚からぼた餅が落

開運のつぶやき ｜ 他人の生き方や考え方を肯定するから、自分の進むべき道が見えてくる

ちてくるのではなく、**「これまで積み重ねてきた努力の答えが出る」**だけなので、何も努力していない人やサボっていた人には厳しい結果が出たり、つらい指摘を受けることもあります。

「金の羅針盤座」は、真面目に努力するタイプではありますが、言われないと動かなかったり、自分の常識内での努力しかしない、好きなことだけ頑張る人でもあるので、**足りないところが表に出てしまうこともある**でしょう。完璧な人などいないので、自分の得意なことをしっかり行い、できないことはほかの人に頭を下げてお任せすればいいだけですが、「金の羅針盤座」はプライドが高く、素直にお願いできないことが原因で、運気の流れやチャンスをつかめない場合もあります。どんな人でも必ず役に立っているのを忘れずに、今年は**すべての人を尊敬・尊重する気持ちをもちましょう。**「自分だけが正しい」と思い込んでいると、他人を小馬鹿にしたり見下してしまうもの。正しさにこだわらず、頭を下げるべきところでは下げ、どうすればみんなで楽しくいられるかをもっと考えて行動しましょう。

また、**失言にも要注意。**言い方ひとつで人間関係を悪くもしてしまうので、挨拶やお礼はもちろん、どんな人とも仲よくなろうとする気持ちを忘れないように。**人の扱いが上手な人の真似をして、後輩や部下の面倒をもっと見る**ようにしましょう。「あなたはこうすべき」と決めつけると相手は息苦しくなってしまうので、それぞれの個性や才能を分析し、相手に合わせた言葉を選ぶようにしてみましょう。なによりも自分の常識に相手をハメようとせず、その人の考え方や価値観をもっと認めて、感謝とねぎらいの言葉を伝えるようにしてください。

不要なプライドは捨て、人の価値観をいったん受け入れる

「解放の年」は肩の力が抜ける年でもあるので、**こだわりは緩め素直に甘える**ことを覚えてみたり、なんでも白黒ハッキリさせるのではなく**グレーを楽しむ**ようにしましょう。

また「金の羅針盤座」の悪い癖のひとつに、突然すべての人間関係が嫌になって、手放したり縁を切ってしまうという面があります。「解放の年」

の運気の流れに乗るには、**すべての縁を切るのではなく、不要なプライドをドンドン捨てること。**お願いしたり間違えたときに謝るのは恥ずかしいことでもなんでもなく、当たり前のこと。ネガティブに考えて、自分も相手も不必要に悪者にしてはいけません。そして、自分だけの頑張りでここまできたなどと思わずに、**関わってくれた人や教えてくれた人への感謝を忘れない**ようにしましょう。

大切なのは生きるためのプライドだけなので、それ以外の無駄なプライドはドンドン捨てるように。**正しいとか正しくないとかにこだわらない**で、人にはそれぞれ事情があり、いろいろな考え方があるからこそ世の中はうまく回っているんだと思ってみるといいでしょう。

また、いい加減な人を嫌うところがありますが、**あいまいでいいこともある**もの。他人のあいまいさが許せないのは、自分にも同じようなところがあるからだと思い、中途半端でいい加減なところも許してみるといいでしょう。自分の価値観だけで判断しないで、**人から薦められた本や映画、ドラマ、漫画などに積極的に触れてみる**と、これまで知らなかった世界にハマったり、新たに好きなことを見つけられそうです。

「ポジティブになれれば最強！」と信じて、なんでも楽しむ

物事が順調に進みはじめ、苦労が終わる「解放の年」は、**「自信が確信に変わった」と思えるくらい、自分のイメージした道に進める**ようになります。人生が少しでもうまくいきはじめたと感じたときには、感謝の気持ちを忘れずに。もしうまくいかず壁にぶつかったとしても、他人の責任にせず、100％自分が悪いと思って、やるべきことやそこで学ぶべきことを見つけるようにしましょう。

「金の羅針盤座」は、**ポジティブな発言や発想をするだけで人生がドンドン好転する最強の星**の持ち主です。準備の段階ではときにネガティブな発想も必要ですが、動きはじめたらプラスに考え、すべてこれでよかったと思うようにすると、人生がいい流れに乗っていきます。愚痴や不満、不安や心配事をどんなに言っても何も変わりませんが、ポジティブに変換する

開運のつぶやき　「なんで？」と聞く前に、「なんでだろう？」と自分で考えることが大切

会話を楽しんでみると変わります。注目される運気だからこそ、**プラスの言葉を発し、前向きな言葉や話を自ら探しましょう。**

また、いろいろな誤解が解ける運気でもあります。「金の羅針盤座」は、真面目で正義感がありますが、空気の読めないところがあり、正しい生き方をしているつもりが、ズレたところがあるタイプ。正しいことを言ったつもりでも、「そのタイミングで言う?」と相手を不愉快にさせたり、正論をぶつけて気まずい空気になったり、しかもその空気に気づいていない場合も。今年は、ストレートに言いすぎて気まずくなった人とも、「悪気はなかったんだね」と打ち解けられることが増えるので、**苦手な人だと思い込まずに笑顔で挨拶をし、相手を認めてほめる**ようにしましょう。

なによりも今年のチャンスに臆病になったり遠慮したりしないこと。相性の悪い人や出会ったタイミングの悪かった人と縁が切れる運気でもあるので**「去る者追わず、来る者拒まず」の精神**で、来るチャンスのほうはドンドン受け止めていくといいでしょう。

力を温存したり「まだ本気を出すときではない」などと言わずに、あなたを信じてくれる人の期待に応える気持ちで**一生懸命になってみると、運も人も味方してくれ、自分でも驚くような流れに乗れる**でしょう。2024年は、あなたの魅力と才能が認められはじめる年。意外なことを求められる場合もありますが、勝手に断らないで、いまできることを楽しみましょう。

2024年「解放の年」の行動ポイント

- 「いい人が集まる」と信じて交友範囲を広げてみる
- 小さな幸せにも満足し、何事もプラスに受け止める
- 関わってくれた人への感謝を忘れない
- 無駄なプライドはドンドン捨てる
- なんでも「白黒ハッキリ」ではなく「グレー」も楽しむ

恋愛運

2024年の「解放の年」は、**あなたの魅力が輝く運気。**人の注目を集める時期で、**「モテ期のはじまり」**といえるでしょう。ただ、恋愛運がそれほどよくなかったここ数年の間に、人間関係を面倒に感じ「もう恋愛はいいや」と諦めたり、恋愛自体をネガティブにとらえ「いまは仕事が大事」などと考えていると、せっかくの「解放の年」の素敵な出会いや恋のチャンスを逃してしまいます。

「金の羅針盤座」は美意識と品があるため、出会った人からは「高嶺の花」と思われる傾向も。それで距離が縮まらないこともありますが、今年は、**お近づきになろうとする人や告白してくる人が増え、デートに誘われる数も例年より多くなる**でしょう。

また、あなたが想像している以上に**素敵な人や才能のある人、お金持ち、起業して成功している人などに出会う確率も高い年**です。これまでとは流れが変わり、互いに成長できるような人との出会いもあるので、このチャンスを逃さないようにしましょう。

4月から本格的なモテ期がスタート。チャンスは2028年まで続く

1～2月は、新しい出会いや人の集まりに誘われることが増える時期です。ここで**流行を意識したイメチェンをして明るい服装や髪型にしておく**と、遊びに誘われる機会が増えそうです。

そして**4月の「解放の月」から本格的なモテ期**がスタート。新しく出会う人のなかに、あなたに一目惚れしてくれる人やマメに誘ってくれる人が現れはじめるので、出会いを増やしていくことをオススメします。この流れは2028年の8月中旬まで続くでしょう。

また、**「運命の人」に出会える確率も高まっています。**数年後に「2024年にはじめて会いましたよね」と言い合うような人と結ばれる可能性もありそうです。すでに気になる相手がいるなら、飲み会や食事会などの集まりに誘ってみると、とんとん拍子でいい関係に進むかも。6～7月も恋愛運はいいですが、同時に仕事も忙しくなるのがやや問題。身近にいる人や、

開運のつぶやき　謙虚で愛のある人が、もっとも幸せになるもの

この時期に出会ったピンとくる人を、つねにチェックしておきましょう。

いい縁がつながる「解放の年」。妥協もいい方向に転ぶ年

　モテ期でも注意しなければならないのが、**情に流されて恋をしやすい5月と9月〜11月中旬**の時期。5月は、突然生き方が変わったかのような行動に走ってしまったり、欲望に流されやすいタイミングです。判断ミスもしやすいので気をつけてください。

　9月〜11月中旬は、裏の「時計座」の運気が強くなり、かわいそうな人や夢に向かって頑張っている人から**相談を受け、話を聞いているうちに恋心に火がついてしまうようなケース**がありそうです。「金の羅針盤座」は、本来なら相手の学歴や勤めている会社、収入などを気にするタイプですが、この期間に出会った人には、逆にそれらを求めないことがあります。のちにそれが苦労の原因になることがあるので、冷静に判断しましょう。

　1年を通して恋のチャンスが多い運気です。仕事や趣味に夢中になりすぎたり、過去の恋愛で痛い目に遭い**「もう傷つきたくないから」**などと、**勝手にネガティブに考える癖はやめましょう。**「今年は運気がいいから、素敵な人が現れるかも」と少しでも前向きに考え、明るい未来を想像しながら、身の回りの人や新たに出会う人を観察してみるといいでしょう。

　一方で、ある程度の妥協も必要です。**「妥協するからこそ素敵な出会いにつながる」**こともあるのを忘れず、「妥協＝悪いこと」と決めつけないようにしましょう。しばらく恋愛をサボってしまった人にも、いい縁がつながる「解放の年」。**マイナスなことばかり考えず、運気の流れに乗って恋を楽しむ**気持ちで笑顔を心がけると、素敵な人に出会えるでしょう。

—— 行動ポイント ——

- 「モテ期のはじまり」のチャンスを逃さない
- 「運命の人」を探してみる
- ときには妥協も必要と心得ておく

開運のつぶやき ｜ 出会いのチャンスは勇気でつくれる。あとは努力と愛嬌

結婚運

婚約や結婚、同棲をはじめるには最高の運気です。すでに恋人と1年以上の交際期間があり、将来を考えられると感じているなら、上半期中に結婚の流れになる可能性も。また、**突然プロポーズされる**ような運気でもあります。そうなった場合はあなたから前向きに話を進め、互いの親への挨拶や披露宴、新婚旅行などの段取りを決めるといいでしょう。

ただし、見栄を張った披露宴にしようとすると、相手が引いてしまうことがあるので注意が必要です。**恋人の希望や意見も最後まで否定せずに聞くこと**が大切。頭ごなしに反対したり、ストレートな言い方で相手を責めたりすると、「そんなに言うなら、もっと素敵な人をほかで探して」と、縁を切られてしまうことも。また自分のプライドを守りすぎると、「こんなに謝れない人と結婚して大丈夫かな？」と相手も疑問をもちはじめ、前に進めなくなることが。小さなケンカであっても、**「自分も悪かった」と思ったら、あなたから謝る**ようにしましょう。

プライドの高さを封印し、あなたの運気で話を進めて

結婚や婚約にオススメの月は、4月の「解放の月」、6月の「幸運の月」、7月の「開運の月」、12月の「チャレンジの月」です。これらは、1年のなかで「金の羅針盤座」の運気のいい月なので、**恋人と互いの運気のいい日を調べ、覚えやすい日やいい思い出のある日を選ぶ**といいでしょう。もし相手の運気が微妙な月日しかなかったとしても、2024年はあなたの運気がいいので、あなたの運気を基準にして婚姻届を出せば、問題はうまく回避できるでしょう。相手が「金・銀の鳳凰座」「金のインディアン座」であれば、これらの月以外でも、気にせず話を進めて大丈夫です。

まだ恋人はいないけれど年内の結婚を望むなら、恋愛するのではなく、「結婚相手を見つけるのが目的」だと覚悟を決めて、**お見合い、結婚相談所、信頼できる人の紹介から探す**といいでしょう。結婚が目的なのに、恋愛相手を探すようなノリや感覚で相手を見ていてはダメです。そして、4月までに自分磨きやイメチェンをしましょう。「金の羅針盤座」は上品なの

開運のつぶやき　愛されることばかりを望まないで、愛するよろこびをもっと知ってみるといい

はいいですが、隙がないと思われやすいので、**シンプルな服装と明るい雰囲気**を心がけること。髪型はキリッとした感じがよく、おでこは出すといいでしょう。

運気を味方につけるなら、**「4月か7月～8月中旬の間に出会う人」に的をしぼってみる**のがオススメです。あなたの魅力がアップしているときなので、相手の気持ちもつかみやすいでしょう。ただ、「自分からは誘えない」などとプライドの高さが出てしまうとチャンスを逃します。もっと素直に好意を伝え、気軽に遊びに誘うなどして、相手にきっかけを与えましょう。

7年の闇が終わったタイミングで結婚の覚悟を決める

また、本気になると些細なことまでチェックが厳しくなってしまうのが「金の羅針盤座」です。どんな人にも**ルーズなところはあるとわきまえて、「なくて七癖あって四十八癖」**の言葉を思い出しましょう。

「仕事が忙しくなってきたから結婚はまだしない」などと言い訳したり、「子どもが生まれたら不安」と経験していないことで勝手に不安になっていては、前に進めません。時間だけがたって状況はドンドン不利になり、結婚が遠のいてしまいます。「結婚がすべてではない」と考えるのもいいですが、本気で「仕事だけの人生」と決める前に、「自分が生まれてきたことへの感謝を次につなげる」というよろこびも考えてみましょう。

7年間の闇が終わり、あなたが幸せになる番がきました。そのひとつが**「結婚を選ぶタイミングがきた」**ということだと前向きにとらえましょう。苦労や困難ばかりにとらわれず、明るい未来に希望をもち、頑張る自分をもっと楽しみましょう。

行動ポイント

- 運気のいいあなた主導で進める
- 小さなケンカでも、悪いと思ったらきちんと謝る
- 相手を探すなら4月、7月～8月中旬に的をしぼる

開運のつぶやき 自ら前に進むと、いい出会いがあるかもしれない

2〜3年前から忙しさが続き、周囲からも認められることが増え、大変ながらもいいポジションに就いていた人が多いと思います。その**苦労がやっと終わり、2024年は不要な仕事やプレッシャーのかかるポジションや人から離れられる**ようになるでしょう。

また、仕事を任せられる部下や後輩もでき、**リーダー的なポジションに就くことや、教育係を担う**こともありそうです。もともと「金の羅針盤座」は人間関係に不器用でネガティブなところがありますが、人の上に立ってみると、キッチリした性格なので周囲は合わせやすく、手順やマニュアルなどをていねいに伝えるため、**「人を伸ばす」という才能もある人たち**です。ただ、完璧主義なタイプで、100点満点の内容でないとほめたり認めたりしない厳しいところがあります。たとえ70点でも、そこまで達成できたことをほめて、努力をねぎらう思いやりの気持ちを伝えるようにしましょう。

さらに、**今年からのコミュニケーションは運命を大きく分ける**ことになるので、面倒でもいろいろな人と関わるようにするといいでしょう。

運気のいい時期に壁にぶつかったら、軌道修正のサイン

大きな変化は4月、もしくは6月〜8月中旬に起きそうです。これまで真面目に取り組んでいた人ほど、アイデアを活かせたり、あなた独自の仕事のスタイルで**特別なポジションを獲得したりと、周囲の人から認めてもらえそう**です。ただし、そこで調子に乗って正論を主張しすぎたり、思い通りにならない人を小馬鹿にしてストレートに言いすぎたりしないよう気をつけて。**成長のスピードや才能の種類は人それぞれ違う**ことを肝に銘じておくようにしましょう。

2024年は仕事運のいい年ですが、「金の羅針盤座」に不向きな仕事に就いていたり、仕事の楽しさやりがいを感じられない職場にいる場合は、能力や才能が認められないことも。むしろ壁にぶつかり、「不向きですよ」と教えられるようなことが起こります。その答えの出るタイミングが4月、6月です。この時期につらい体験をするようなことがあったら、本来やりた

開運のつぶやき　大切なのは、社会的な成功ではなく、自分と多くの人が幸せになること

いと思っていた仕事を求めて転職するといいでしょう。**芸術系、ものづくり系、道具を駆使する仕事、IT系などがオススメ**です。

一方で、サービス業は「金の羅針盤座」にとって不向きな仕事。どんな仕事も人との関わりはありますが、人と接点が多い仕事は避けたほうがよさそうです。

すぐの転職が難しい場合は、2026～2027年に実行できるよう準備を進めるか、本業以外に副業をはじめる、仕事よりも趣味を大切にするなど、いまの状況についての考え方を少し変えてみるといいでしょう。

努力していい結果が出たとしても、謙虚さをなくさずに

仕事で調子のよさを感じられる年ですが、「いい結果が出たのは、自分のやり方や考え方が正しかったから」と思い上がるのではなく、**これまで関わってくれた人や周囲の人たちのおかげと心得る**ことが大切です。

うまくいったのも成功したのも「すべて自分の実力だ」と勘違いし、調子に乗ってエラそうなことを言ったり大きな発言をすると、嫌われたり思わぬ敵をつくったりして、協力者がいなくなってしまう場合も。**どんなときも感謝と謙虚な気持ちを忘れない**ようにしてください。そして、ともに頑張ってくれた人をいたわりながら、キッチリ仕事をしましょう。

真面目に取り組む姿勢を崩さず、努力を続けることで、周囲のよい見本になれるといいでしょう。

行動ポイント

- 完璧を求めず、70点でも認める
- 不向きな仕事なら、転職を考える
- 調子に乗って大きな発言をしない

金運＆
買い物運

　3〜4年間、努力し積み重ねてきた人ほど、収入がアップする年。あなたにしかできないような**専門技術や特殊スキルをもっていたり手に職をつけている人は、急激に収入が増える**可能性もあるでしょう。

　数年前から投資をはじめている人は、2024年は大儲けできるかもしれません。利益をさらに投資に回せば、2〜3年後か、それ以上の長期にわたって増やせる可能性も高いので、ようすを見ておくといいでしょう。

　ただ、基本がネガティブな人なので、「投資で損したら」と考えてしまい、情報を調べても行動に移していない人も多そうです。**少額からでもNISAやiDeCoをはじめてみるといい時期**なので、まだの人は詳しい人に教えてもらいましょう。銘柄などがわからないときは、教えてもらった通りに選んでみたり、信用できるサイトで調べてみてもいいでしょう。

次にくると思う「新たな流行の波」を見つけよう

　本業が給料アップを望めるような仕事ではなく、それが不満な場合、2024年は**思い切って転職するのもアリ**です。ただし、今年の夏のボーナスなどを見てから、総合的に判断するのがよさそうです。

　一方で今年は、デザインやものづくりなどの副業をはじめてみるとうまくいくタイミングでもあります。趣味を活かして何かつくってみるのもオススメ。**なかでも料理をはじめてみると、思った以上にハマって楽しい時間を過ごせそう**です。いずれ料理教室や、パンやお菓子教室などを開くことを目標にしてみると、さらに楽しみながらできるでしょう。

　2024年は、**気になる資格や技術を学びはじめる**にもよく、その場合、1月〜2月中旬に判断するといい流れに乗れそうです。遅くなってしまったら、7月の「開運の月」に決断するのを目標にしましょう。それまでは、今後役立ちそうな資格を調べたり、「いまスキルアップしておくべきだな」と思うことを探して、準備しておきましょう。

　まだ流行ってはいないけれど、「これから波がくるのでは？」と思えることを見つけたり、そんなウワサを聞いたりしたら、すぐにはじめてみてくださ

開運のつぶやき　｜　小さなことでもしっかりよろこべると、運気はよくなるもの

い。「金の羅針盤座」は**「新たなルールをつくる星」をもっているので、あなたが流行をつくる仕掛人になる可能性**もあります。これから人気YouTuberを目指すより、次に流行りそうなものを探すほうがいいでしょう。

見栄を張らず、お金は「人をよろこばせた対価」と思う

基本的に、何をするにもキッチリしていますが、本心は怠け者で、一度リズムが崩れるとダラダラしたりサボってしまうタイプ。お金に関しても、本来はキッチリ管理していて貯金や積み立てをしっかりしているほうですが、**見栄っ張りなので見栄での出費が癖になっていると少し危険**です。

2024年は、あなたに注目が集まる運気。解放感があり、お金をドンドン使いたくなってしまう時期でもあります。しかし、ここで**自分の見栄を張るためだけにお金を使うのはもったいない行為**なのでやめましょう。

また、運気が乱れる9～10月は、たとえ少額でもお金の貸し借りはしないこと。情に流されて大切なお金をだましとられたり、**貸しても返ってこないトラブルが起こりやすく「嘆いても、あとの祭り」**となりがちです。

お金がすべてではありませんが、2024年は、これまでの努力が「収入」という数字でわかりやすく見えてくる年です。納得がいかないときは、頑張る方向性が間違っていたか、そもそも努力不足だったと言えるでしょう。

お金は、**価値ある正しい努力をして人をよろこばせた結果の対価**として得られるもの。「時間を売って、嫌なことをしたからもらえるもの」と、マイナスの考え方を自分に植え付けないように。あなたは、**ポジティブな発言と発想をすることでお金に恵まれる最強の星の持ち主**です。周囲にも前向きな発言をし、味方も収入も増やしていきましょう。

行動ポイント

- 数年後を見据えた投資をはじめてみる
- 料理など、ものづくりの趣味を楽しむ
- 見栄を張ったお金の使い方はしない

開運のつぶやき　本気でお金持ちになりたいなら、もっとお金を好きになって、勉強するといい

タフさが戻ってくる年。体は丈夫なほうですが、2022年の下半期〜2023年は疲れを感じやすくパワーダウン気味でした。2024年は**2月下旬〜3月に休養をとってリセットすると、4月から絶好調**で動けるでしょう。3月までは軽いストレッチや筋トレなどで体の調子を整えておくといいでしょう。

5月は調子に乗りすぎてのドジなケガに注意。 休みの日に遊びすぎて疲れてしまい、ミスが増えて叱られることもありそう。9月の「乱気の月」と10月の「裏運気の月」には肌の調子が悪くなり、謎の湿疹や口内炎、ニキビなどに悩むことも。ストレスを発散し、食事のバランスを整えておくと、11月下旬以降には回復してきて気にならなくなりそうです。

体を動かすならゴルフがオススメ。 生真面目で言われたことをキッチリやるタイプなので、レッスンプロをつけて本格的な練習をすると思った以上に上達します。仕事にも役立ち、健康にもなり、もしかするとお金持ちとの出会いもあるかもしれず、一石二鳥どころか三鳥、四鳥になるケースも。ジムに通うならパーソナルトレーナーをつけると効率よく鍛えられるでしょう。

茶道、華道、日舞、バレエ、楽器など、所作や動きが美しくなる習い事も美意識を高められるのでオススメです。4月からはじめると、思ったよりも長く続けられ、いい仲間や先生にも出会えそうです。

自分にコンプレックスがあり、「いまさら磨いても」と卑屈になったり、勝手に諦めてしまうのも「金の羅針盤座」に多いパターン。美意識は高いほうなので、今年から少し贅沢なエステなどに行くといいでしょう。髪型もメイクも服もキリッとしたイメージにするとあなたの魅力がさらにアップ。そして、**少しオーバーなくらいに笑ってみると、素直でまっすぐな性格が魅力的に伝わり、周囲からも憧れの存在になる**でしょう。

金の羅針盤座　2024年の運気　美容＆健康運　解放の年

=== 行 動 ポ イ ン ト ===

- 2月下旬〜3月はしっかり休養をとる
- レッスンプロにゴルフを習う
- 髪型、メイク、服装はキリッとさせる

開運のつぶやき　不満を語る人の多くは希望がない。努力する人は、希望や夢を必ずもっている

家庭&親子運

発言力が強まる「解放の年」は、家族だからとハッキリ言いすぎず、相手がよろこんで動いてしまうような言葉を選びましょう。**「まぁいいや」「なんとかなる」を口癖にする**とみんなの気持ちも楽になり、いい関係を築けるでしょう。自分がキッチリするのはいいですが、人にまで押しつけないこと。

夫婦で**海の見えるレストランで食事をしたり、高層ビルの夜景を見ながらディナーをするなど、少し贅沢を楽しんでみる**のもオススメ。これまでのあなたが、思い通りにならないと相手の責任にしたり、言い返されてケンカになると「ぜんぶ私が悪いんでしょ」と逆ギレすることが多かったなら、今年はその癖をやめること。相性が悪い人だと突然の離婚もあり得ます。

親との関係も、伝統のある旅館やホテル、老舗レストランに誘ってみたり、高級でなくても**一流のサービスを受けられる場所に一緒に行くとよろこんでもらえそう。**親の話を楽しく聞き、「正論をぶつけてこなくなったな」と思わせられると、親はあなたの成長を認めてくれるはず。また、手先が器用なので、**手づくりプレゼントを贈ってみるのもオススメ**です。

子どもとの関係は、あなたのキッチリさを教えるのはいいですが、「なぜしっかりやらないのか」「どうしてきちんとできないのか」と子どもを責めたり、完璧を目指しすぎるところがあるので、今年は10点や20点の出来でもやったことをほめ、**「成長を待てるのが愛」**だと考え方を変えましょう。できているところを見て、もっとできると期待すると、互いに気持ちが楽になりいい親子関係になるでしょう。

「100点以外は0点と同じ」などと白黒つけすぎると、ネガティブなほうに意識が向いてしまうもの。**「自分にやさしく、他人にはもっとやさしく」**を心がけ、あいまいでもルーズでもグレーでも、いいところはあると思いましょう。

行動ポイント

- 「まぁいいや」「なんとかなる」を口癖に
- 一流のサービスを体験しに行く
- できているところをほめる

開運のつぶやき　楽しそうな顔をすれば、楽しいことが自然と起きる

年代別アドバイス

10代のあなたへ　夢に向かって動き出すとき。新しい体験を楽しんで

あなたを理解してくれる友達や、素敵な恋人ができる運気。何事も遠慮せず積極的に行動するためにも、勇気や度胸をもつことが大切です。マイナスなことは考えないで、新たな体験や経験、出会いが増えることをもっと素直に楽しんでみましょう。2024年は将来の夢や希望に向かって少しでも動きはじめると、いずれ叶うことになる大切な時期なので、自分の好きなことを見つけたら、ドンドン行動に移しましょう。

20代のあなたへ　大きなモテ期の到来！自分磨きや恋を楽しもう

人生初の大きなモテ期のはじまり。周囲からの注目を集めたり理想的な人と交際できる運気が、2024年から5年間も続くため、自分磨きをしておきましょう。恋をもっと楽しむことで、仕事や勉強にも集中できるでしょう。服装や髪型は、大人っぽさや品のよさを出してみるといいので、いろいろと試してみて。新たに習い事などをはじめてみても、素敵な出会いにつながりそうです。日ごろからポジティブな発言を増やすよう、意識して過ごすといいでしょう。

30代のあなたへ　自分から目立ちにいくと注目を浴びて仲間もできる

気持ちが晴れそうな年。不必要な人間関係や嫌いな人と離れられて、気が楽になるでしょう。何事もポジティブに考えて発言することで、恋も仕事もいい方向に進んでいきそうです。2024年は注目を浴びる運気なので、自分を磨き目立つポジションをあえてねらってみてもいいでしょう。楽しめるだけでなく、交友関係も変わってきて、いい仲間もできそうです。気になる習い事をはじめてみると新たな趣味になることも。

人生のステージによって、運気のとらえ方も変わってきます。
年代別に異なる起こりやすいこと、気をつけることを頭に入れておきましょう。

40代のあなたへ　「なんとかなる」と思って正しさよりも楽しさを優先して

何事も肩の力を抜きリラックスして取り組むことで、いい流れに乗れる年。「正しい」よりも「楽しい」を優先して過ごすといいでしょう。あいまいなことや適当なこと、いい加減なことも否定するのではなく、「なんとかなるかな」と思っておくように。実際、多くのことは本当になんとかなり、あなたが心配するような出来事はそんなに起きないものです。リーダー的なポジションを任されたときは、張り切って取り組んでみると、いい結果が出たり大事な仲間ができるでしょう。

50代のあなたへ　許すことで楽になる。あいまいさをおもしろがろう

自分にも他人にも完璧を求めないようにすると、リラックスできて人付き合いも楽になるでしょう。いろいろなことを許すことは、あなた自身が楽になる方法のひとつだと思ってみて。正しいことを押しつけられると快く思わない人もいるので、もっとあいまいさをおもしろがってみるといいでしょう。また、行きつけのお店をつくるなどして交友関係を広げ、これまでとは違う人との関わりを楽しんでみましょう。

60代以上のあなたへ　新たな趣味や運動をはじめると人生が楽しくなってくる

苦労していたことや心配事に区切りがついて、気持ちが楽になる年。フットワークを軽くして、新たな趣味に挑戦したり若い人との交流を楽しんでみるといいでしょう。これまで許せなかったことを「許したことにする」と決めてみるなど、キッチリするよりゆったりを楽しむくらいのほうがよさそうです。長く続けられそうな運動をはじめたり、気楽に顔を出せる行きつけのお店をつくってみると、人生が楽しくなってくるでしょう。

GOLD PYXIS
金の羅針盤座

毎月毎日の
運気カレンダー

2023年9月～
2024年12月

占いを道具として使うには、

毎月の運気グラフ(P.94)で

月ごとの運気の流れを確認し、

運気カレンダー(P.96〜)で

日々の計画を立てることが重要です。

毎月の運気グラフ

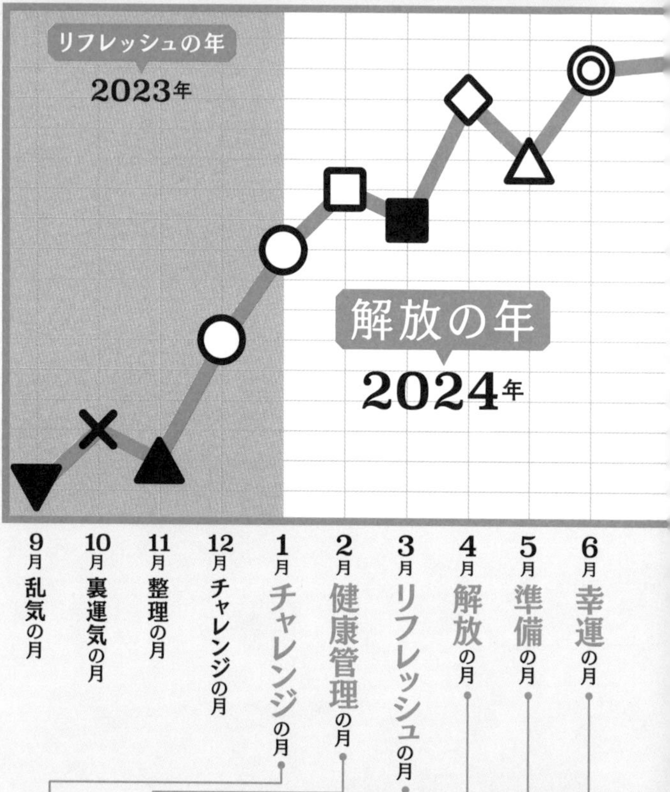

月の運気の概要

- ○ 面倒な人間関係や悩みが解決に向かいはじめる月
- □ よい占い結果は「当てにいく」ことが大事
- ■ 体調管理を欠かさなければ、下旬にチャンスをつかめることも
- ◇ 努力が実を結ぶ時期。信じる道を突き進もう
- △ 人生を楽しむためにいろいろな経験を増やすことが大事
- ◎ 「粘り強さ」と「諦めない気持ち」が幸運を引き寄せる

※このページの記号の説明は、「月の運気」を示しています。P.72「年の運気記号の説明」とは、若干異なります

1年を通して、毎月の運気がどう変わるかを確認しておきましょう。
事前に知っておくことで、運気に沿った準備や心構えができます。

※「毎月の運気グラフ」は、その年の運気の影響を受けるため同じ記号でもグラフ上の高さは変わります

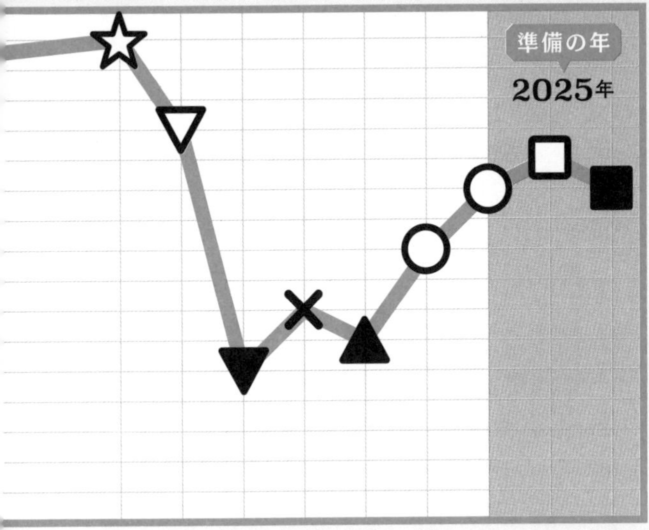

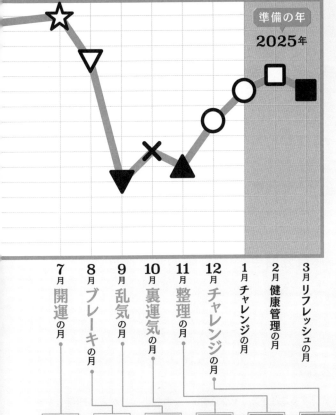

7月 開運の月
8月 ブレーキの月
9月 乱気の月
10月 裏運気の月
11月 整理の月
12月 チャレンジの月
1月 チャレンジの月
2月 健康管理の月
3月 リフレッシュの月

☆ 「行動」が幸運のカギ。遠慮せず大いに欲張って

▽ プライドよりも協調を。下旬は振り回されるかも

▼ 人の本質が見える時期。価値観の違いを分析しておこう

× 思いがけないことを楽しみ「価値観の違い」をおもしろがって

▲ 面倒な人や嫌なことの縁が切れ、気持ちの整理もつきそう

○ 人生を楽しむカギは「好奇心」。フットワークを軽くしよう

9月

▼乱気の月

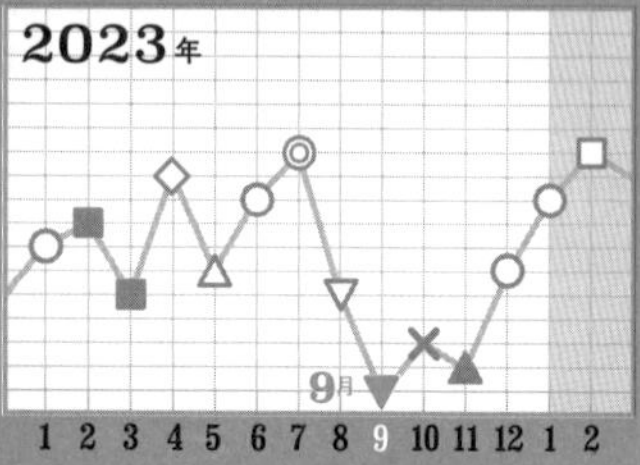

今月の開運3か条

- 他人に過度な期待をしない
- 健康的な食事を心がけ、睡眠は8時間以上とる
- 自分磨きをして、話のネタを探す

総合運

「想定外のガッカリ」もある月。許す心と感謝の気持ちを

ガッカリすることがありそうですが、それはあなたが人に期待しすぎたり、求めすぎているだけ。相手にも事情があるので、「想定していたことができない場合もある」と思っておきましょう。現状に飽きたり不満をためる前に、支えてくれた人や育ててくれた人、成長を見守ってくれた人に感謝するようにしましょう。空回りしたり思い通りに進まないことがあっても、ヘコむ必要はありません。もっと工夫して知恵を身につけるようにするといいでしょう。

開運のつぶやき　失敗の連続でも、失敗できたこと、立ち上がって挑戦したことに意味がある

恋愛&結婚運

自分の魅力を上げる時期。人の魅力も見つけて伝えてみて

今月は、恋の進展を求めるよりも、自分磨きや、人としての魅力を上げる努力をする時期だと思っておきましょう。もともと人に興味がないタイプですが、いろいろな人の長所を探してみるとよさそう。魅力を見つけたら相手に伝えてみるなど、自ら会話のきっかけをつくるようにしましょう。相手の言葉をマイナスに受け止めず、プラスに変換したり「打たれ強くなるための鍛錬」ととらえるといいでしょう。結婚運は、変化のないときなので期待しないように。

仕事運

サポートに回るといい月。少し遠回りすることも大事

すぐに結果を出そうとすると、焦って空回りし、やる気をなくす原因になってしまいそう。今月は周囲のサポートをし、手伝いや雑用に専念するといいでしょう。少し遠回りするくらいの気持ちをもつことが大切です。大きなチャンスを逃したり、相手の口約束に振り回されたりしそうですが、ガッカリしないで「このくらいで済んでよかった」と前向きに考えるといいでしょう。無理して頑張りすぎると、心身ともにヘトヘトになってしまうのでほどほどに。

金運&買い物運

映画や舞台鑑賞がオススメ

買い物でストレス発散をしてもいいですが、長く使うものは避けて、安いものや食品を中心に買うといいでしょう。デパ地下で気になるものや、ふだんなら選ばないようなフルーツやスイーツを購入してみるのもオススメです。また、映画や舞台鑑賞に出費すると、頑張っている人からパワーをもらえそう。お笑いライブに行ってみるのもいいでしょう。投資などは期待が外れやすく、ストレスの原因にもなるので、今月は深入りしないように。

美容&健康運

人間ドックを受けてみて

体調を大きく崩したり、体に異変を感じることがある時期。ようすをうかがっていないで、すぐに病院に行って検査を受けましょう。ただし、この時期は診断ミスも起こりやすいので、気になる場合はセカンドオピニオンを受けるように。しばらく人間ドックに行っていない場合は、申し込んでおくといいでしょう。美意識を高める気持ちは大切ですが、今月は、健康なら少しくらいふっくらしても問題ありません。栄養をしっかりとるように心がけましょう。

開運のつぶやき 人間は、何事も半分できたら十分

9月

▼乱気の月

1（金）	×	自分で思っている以上に疲れがたまっていたり、体調の異変を感じやすい日。今日は無理をしないこと。周囲から体調について指摘されたら、早めに病院で検査を受けるといいでしょう。
2（土）	▲	食事や生活のバランスが悪くなっていないか、考えてみるといい日。ビタミン不足を感じるなら、野菜やフルーツを食べるようにしましょう。最近、疲れやすくなった場合は、軽い運動をはじめてみましょう。
3（日）	＝	涼しい場所でのんびり日ごろの疲れをとったり、落ち着くカフェでゆっくり本を読んだりと、少し贅沢な時間を過ごしてみるといいでしょう。気になっていたレストランで食事をするにもいい日です。
4（月）	＝	新しいことに目を向けるといい日。新商品のお菓子やパンを選んでみると、何か発見がありそう。定番ばかりにならないで、変化をもっと楽しむといいでしょう。自分の人生をもっと楽しく演出してみて。
5（火）	■	否定的な人に会ったり、流れを止められそうな日。無理に逆らうと、疲れたり無駄な時間を過ごすハメになるので、流れに合わせてみるといいでしょう。夕食の食べすぎには気をつけて。
6（水）	■	頑張りが空回りしたり、集中力が途切れてミスが増えてしまいそうな日。調子が悪いと感じるときは、無理をせず仕事を最小限に抑えて、休憩をしっかりとるようにしましょう。
7（木）	◇	調子のよさを感じたり、気持ちが少し楽になる日。苦手な人やプレッシャーをかけてくる人とも距離があきそう。自由な時間ができたら、スマホいじりなどで無駄遣いせず、自分の成長や勉強のために使いましょう。
8（金）	△	真面目に取り組んでいても、緊張感がなくなりそうな日。ボーッとしたり珍しいミスをしやすいので気をつけましょう。炭酸水を飲むと、気が引き締まりそうです。
9（土）	＝	やさしい親友や家族と過ごすのはいいですが、あなたを振り回すワガママな知り合いには注意が必要です。「急用ができて」とウソをついてでも、愚痴や不満の多い人とは距離をおくといいでしょう。
10（日）	＝	本当に必要なものにお金を使っているのか、見直してみるといい日。余計な出費がストレスになっている場合もあります。無駄なサブスクを解約するなどして、固定費を下げるようにしましょう。
11（月）	▽	日中は、楽しく仕事ができそう。ランチでも同僚と前向きな話ができるでしょう。ただし、夕方あたりからは気分にムラが出てしまいそうです。平常心が保てないときは、好きな音楽を聴いて心を落ち着かせましょう。
12（火）	▼	小さなことが気になってしまいそうな日。自分のことならいいですが、他人の不正やサボりにもイライラしそう。自分ではどうすることもできないことは、気にしないようにしましょう。
13（水）	×	面倒なことが続きそうですが、「裏運気の日」は「自分を鍛えるいい経験ができる」と思って、覚悟しておきましょう。ただし、体力的な無理は避けたほうがよさそうです。
14（木）	▲	周りの意見をしっかり聞いてみるといい日。反対されたり、突っ込まれることが多いなら、一度やり方を変えてみるといいでしょう。自分では気がつかないことを教えてくれる人への感謝は忘れないように。
15（金）	＝	苦手な人や嫌いな人に注目するのではなく、やさしく親切にしてくれる人のために頑張ってみるといいでしょう。憧れることのできない人に影響されて、相手と同じような人間にならないように。

開運のつぶやき　葛藤するから人は成長して前に進む

16（土）	＝	新装開店のお店や、最近できたお店に行ってみるといい日。小さなお店であったとしても夢に向かって頑張っている店員さんに会うと、パワーをもらえて、あなたもやる気になれそうです。
17（日）	■	今日は、温泉やスパ、マッサージに行くといい日。知り合いでヨガやダンスをやっている人がいるなら、教えてもらうのもオススメ。ストレス発散のために、カラオケではしゃぐのもいいでしょう。
18（月）	■	謎の肌荒れやニキビ、口内炎など、周囲の人にはわかりにくい体調の変化がありそうです。あまり気にしすぎず、フルーツを多めに食べたり、たくさん笑って気分転換する時間をつくりましょう。
19（火）	◇	素敵な人の真似をするといい日。「笑顔で挨拶をする」「人の名前をすぐに覚える」など、素敵な人は細かいところまで気を配っているもの。すべては真似できなくても、少しでも近づけるように見習うといいでしょう。
20（水）	△	ドジな1日になりそう。段差で転んだり、忘れ物や小さなミスをすることがあるかも。周囲から「珍しいね」と言われても、恥ずかしい思いをするからこそ成長できることもあるので、前向きにとらえましょう。
21（木）	＝	できない約束はしないように。とくに、付き合いが長い相手ほど注意が必要です。お願いされたり頼りにされるのはいいですが、「これは難しいかな」と感じるなら、あいまいな対応で流さず、ハッキリ断りましょう。
22（金）	＝	数字や時間にもっとこだわるといい日。「この仕事は1時間以内で終わらせる」など、自分のなかでルールを決めてみるといいでしょう。自分の仕事を時給で換算しないで、お給料は、「感謝の対価」だと思いましょう。
23（土）	▽	買い物や用事はできるだけ午前中に済ませておきましょう。午後からはゆっくり過ごすのがオススメです。予定を詰め込まないで、のんびりする時間をつくったり、おいしいものを食べに行くといいでしょう。
24（日）	▼	探しても見つからないものがありそう。急いでいるときに「どこにしまった?」と焦ることもありそうです。そうならないように、今後は日々掃除や片付けをしておきましょう。今日は、無駄な時間を過ごして疲れてしまうかも。
25（月）	×	急な仕事でオロオロしそうな日。慌てないで、堂々と対応することが大切です。自分で判断できないときは、ほかの人に相談したり、相手の気持ちをくみとって判断するといいでしょう。
26（火）	▲	身近なものが壊れそうな日。お気に入りの食器やコップを割ったり、スマホを落として傷つけてしまうようなことがあるので、ていねいに行動するように心がけましょう。
27（水）	＝	仕事に役立つ勉強をしたり、スキルアップを目指すといいでしょう。いきなり難しいことに挑戦しないで、まずは基本的なところからゆっくりスタートするといいでしょう。何事も基本が大切です。
28（木）	＝	好きなこと以外には腰が重いタイプですが、今日はフットワークが軽くなりそう。前向きな話や楽しい話もできそうです。すがすがしい気分になれるような話を、自らしてみましょう。
29（金）	■	流れに任せることを楽しむといい日。目標達成に向けて無理に進めるよりも、日々を楽しく、おもしろく過ごすことを目的にしてみましょう。そのほうが目的を簡単に達成できて、気分もよくなるでしょう。
30（土）	■	頑張りすぎていた人は、体調を崩してしまいそうな日。今日の予定はキャンセルして、家でゆっくりしたり、昼寝をしたりするといいでしょう。元気な人も、調子に乗りすぎて体調を悪くしないように気をつけましょう。

☆開運の日　◎幸運の日　◇解放の日　○チャレンジの日　□健康管理の日　△準備の日
▽ブレーキの日　■リフレッシュの日　▲整理の日　×裏運気の日　▼乱気の日　＝運気の影響がない日

10月

×裏運気の月

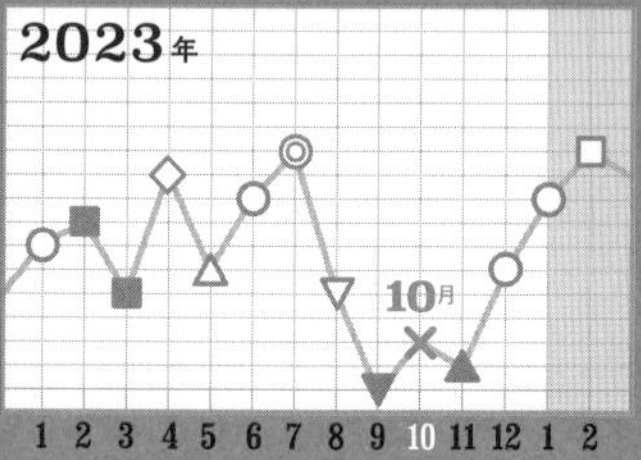

今月の開運3か条

- 正しくても正論でも、言葉は選ぶ
- 仮眠をとる
- 笑顔を心がける

総合運

感情的になると人間関係にヒビが。休みの計画を先に立てよう

心身ともに疲れがたまってしまう時期。些細なことでイライラしたり、冷静な判断ができないときは、疲れている証拠なのでしっかり休みましょう。今月は、先に休みの計画を立てて、ゆっくりする日やくつろぐ時間を決めておくといいでしょう。決して我慢や無理はしないこと。感情的になると人間関係が崩れてきて、さらに面倒なことになりそうです。寝不足だったり、少しでも機嫌が悪いと思うなら、人との距離をおきましょう。

開運のつぶやき　力も知識も実力もないなら、いまから身につければいいだけ

恋愛&結婚運

雑な態度はNG。相手のことを考えた言葉選びが大事

好きな人の前で不機嫌な態度をとったり、言葉や行動が雑になってしまうことがあるので注意しましょう。本当のことでも、なんでも口にしていいわけではないので、相手のことを考えて言葉を選ぶように。ネガティブな発言が原因で、恋のチャンスを失ってしまう場合もあるので気をつけましょう。新しい出会い運は、意外な人とデートができそうですが、そのあとが続かないかも。結婚運は、結婚をして幸せそうな人を観察してみるといいでしょう。

仕事運

疲れからのミスに要注意。時間に余裕をもたせておくこと

心配していたことが現実になってしまったり、予想外のトラブルが発生しやすい時期。無駄な残業や、周囲のミスのシワ寄せがくることもあり、心身ともにヘトヘトになってしまうかも。疲れからのミスも増えやすいので、周囲に迷惑をかけないよう、コンディションを整えることが大切です。ギリギリのスケジュールで進めないで、確認のための時間をとっておいたり、何か起きても対応できるようゆとりをもっておきましょう。

金運&買い物運

出費の「ちりつも」にご用心

節約のつもりで安いものを選んでも、そうした小さな出費が重なって、結果的に支出が増えてしまいそう。見栄を張ってお祝いを包みすぎたり、後輩や部下にご馳走しすぎてしまうこともあるでしょう。それでも、人を笑顔にするための出費は気にしないように。スマホやパソコンが突然壊れて買い替えたり、仕事道具の調子が悪くなって修理費がかかることも。投資には不向きな運気なので、ようすを見つつ、勉強の時期にするといいでしょう。

美容&健康運

こまめにうがい手洗いを

油断していると、体調を崩し風邪をひくことや、謎の肌荒れが出ることも多い時期。食事のバランスを整えたり、軽い運動を忘れないようにしましょう。うがい手洗いをこまめにしながらも、手が荒れやすくなるので保湿も忘れないように。お得な美容法を試すのもいいですが、ケチケチしすぎると逆に肌を傷めたり、お金だけかかって効果を実感できない場合もあるでしょう。「安いものはそれなりだ」と思っておきましょう。

開運のつぶやき | 理由や事情も知らないで、他人を簡単に嫌うことはない

10月

×裏運気の月

1（日）	◇	アップダウンの激しい日。遊びに誘われてよろこんでいたら急にキャンセルになったり、おいしい料理を食べられたのに、店員の態度にガッカリするようなことが起きそうです。
2（月）	△	空気の読めない発言をしやすい日。あなたはなんとも思っていなくても、周囲からは「変な人」と思われる可能性が高いかも。言葉に出す前に「人からどう思われるのか」をよく考えてから発言しましょう。
3（火）	＝	悪い癖が出たり、苦手な状況になってしまいそうな日。反省をしっかり活かしている人は問題ありませんが、成長が足りない人は、苦労や面倒を感じることがあるでしょう。
4（水）	＝	物事の数字や時間、日付などをしっかり確認するようにしましょう。大損するような契約をしたり、納期に間に合わない仕事などを安易に引き受けてしまうことがありそうです。最終確認も忘れないように。
5（木）	▽	日中は、いい流れで仕事ができそうです。気持ちのいい生活を送るためには、自ら笑顔で挨拶をすることが大切。「相手が無視するから」などと、人のせいにして、自分も同じような人間にならないように気をつけましょう。
6（金）	▼	人間関係で苦労しやすい日。「考え方の違う人がいるから、世の中はうまく回っている」と思うといいでしょう。自分の思いが伝わらなくてもガッカリしないように。
7（土）	×	休むなら、しっかり体を休ませたほうがいい日。ダラダラとスマホや動画を眺めて、時間を無駄にしてしまわないように。本を読むなど、自分の人生に少しでもプラスになるような行動をしましょう。
8（日）	▲	身の回りを片付けるのはいいですが、手順が悪いと、逆に散らかってしまいそう。判断があいまいだと、部屋が捨てられないものであふれてしまいます。思い出があるものでも、「いまの自分には不要」と思ったら処分しましょう。
9（月）	＝	気になるお店に行ったり、本屋さんでおもしろそうな本を買って読んでみるといい日。好奇心が人生を楽しくしてくれるでしょう。小さな勇気を出すことと、ケチケチしないことが大切です。
10（火）	＝	理論や情報をどんなに集めても、実行しなければ意味がないもの。まずは動いてから、「集めた知識をうまく活かすにはどうすればいいか」を考えてみて。素直に行動する大切さを忘れないようにしましょう。
11（水）	■	今日と明日は疲れやすくなったり、判断力や集中力が低下しやすいので気をつけましょう。食事は腹八分目にして、少し汗を流すくらいの運動をしておくといいでしょう。
12（木）	■	目の疲れや肩こり、腰痛などが出やすい日。朝から軽くストレッチをしたり、体をほぐしておくといいでしょう。今日は、遅くならないうちに帰宅してゆっくり湯船に浸かり、早めに寝るようにしましょう。
13（金）	◇	前向きな言葉を発することで気持ちが楽になり、動き出せるようになる日。ネガティブなことを言う人に振り回されないようにしましょう。あなたの頑張りは必ず実を結び、評価してくれる人も現れるでしょう。
14（土）	△	軽い口約束でも、守れない約束はハッキリ断りましょう。なんとなくOKすると、あとで面倒なことになったり、苦しむ原因になってしまいます。付き合う気のない人から好意を寄せられているなら、しっかり「無理」と言いましょう。
15（日）	＝	悩みや不安があるなら、前向きな友人や、いつも笑わせてくれる人に連絡をしてみるといいでしょう。「そんなことで悩んでいるの?」と笑い飛ばしてくれるはず。解決策や、考え方を変えるヒントをいろいろとくれそうです。

開運のつぶやき　失敗は経験で、今後に活かそうと思えば、大事な通過点になる

16（月）	＝	言われたことはキッチリできるタイプなので、指示をしっかり受けるといいでしょう。上司や先輩に「何かお手伝いしましょうか」と聞いてみるのもいいでしょう。積極的な行動が、のちの運命を変えていきます。
17（火）	▽	自分の正義を通そうとしないで、周囲に合わせておくといい日。自分の考えとは違う方向に進むからこそ、いい流れになる場合もあるもの。「思い通りにいくことが、正しいこととは限らない」と覚えておきましょう。
18（水）	▼	厳しい言葉の裏には、「あなたに成長してほしい」という気持ちが隠れているもの。とくに今日は、前向きに受け止めましょう。機嫌が悪い人と関わってしまったときは、「自分の精神力を鍛えてくれているな」とプラスに変換してみて。
19（木）	×	「自分の気持ちを察してほしい」と思うのは、あなただけでなく相手も同じ。伝えないと互いにわからないものなので、気持ちや考えは些細なことでも言葉にしましょう。
20（金）	▲	うっかりでケガをしたり、肌荒れで悩んでしまいそうな日。体調に異変を感じるときは、無理をしないように。お笑い番組や芸人さんのネタを見て笑うと、体が少し楽になりそうです。些細なことでも笑ってみましょう。
21（土）	＝	少しでも変化を楽しんでみるといい日。新商品のドリンクやお菓子を買ったり、季節限定のメニューを選んでみましょう。話のネタや、いい体験ができそうです。
22（日）	＝	友人に合わせて遊んでみるといい日。乗り気でなくても、相手に合わせてみると、思った以上に楽しい時間を過ごせそう。新しい趣味を見つけることもできそうです。おもしろい出会いもあるかも。
23（月）	■	組織や全体のことをもっと考えて判断するといい日。目先のことや損得だけで決めないようにしましょう。関わっている人や、その先にいる人のことなどを、いろいろと想像してみることが大事です。
24（火）	■	心身ともに疲れやすい日。今日は無理をしないように。面倒な仕事を押しつけられることもあるので、覚悟しておきましょう。体に異変を感じた場合は、早めに病院で検査を受けるか、人間ドックの予約をしましょう。
25（水）	◇	協力してくれる人に感謝を忘れないようにしましょう。スムーズに仕事ができるのは、あなたを支えてくれる人や、周囲の人のおかげだということを覚えておいて。
26（木）	△	珍しいミスをしやすい日。寝坊や遅刻をしたり、約束を忘れることがありそう。思った以上に集中力が低下しやすいので、1日の予定をしっかり確認しておくことが大切です。
27（金）	＝	朝からテンションの上がる曲を聴いてみるといい日。学生時代、頑張っていたときや素敵な恋をしていたときに、よく聴いていた音楽をかけてみるといいでしょう。楽しかったことを思い出してみましょう。
28（土）	＝	おいしいものを食べに行ったり、体験や経験にお金を使うといい日。美術館や、期間限定のイベントなどを観に行くといいでしょう。出費は増えますが、そのぶん得られることがありそうです。
29（日）	▽	午前中のうちに買い物や用事を済ませておきましょう。少し贅沢なランチをしたり、ホームパーティーをするのもオススメです。夜は早めに寝て、明日に備えるように。
30（月）	▼	寝不足になったり、疲れが残っている感じがしそう。10分でもストレッチをすると頭がスッキリするでしょう。今日は、強引な人に振り回されることもありますが、あえて振り回されることを楽しんでみるといいでしょう。
31（火）	×	疑問に思ったことを調べたり質問するのはいいですが、いろいろな角度からの考え方があることも忘れないようにしましょう。自分と同じ意見や、都合のいい情報だけを集めないこと。

☆開運の日　◎幸運の日　◇解放の日　○チャレンジの日　□健康管理の日　△準備の日
▽ブレーキの日　■リフレッシュの日　▲整理の日　×裏運気の日　▼乱気の日　＝運気の影響がない日

11月

▲整理の月

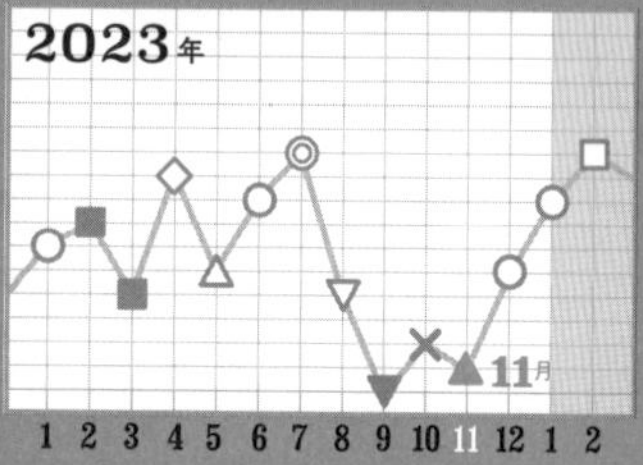

今月の開運3か条

- 好きな音楽を聴く
- 不要なものは処分する
- 笑わせてくれる人に会う

総合運

取捨選択が大切になるタイミング。不要なものは手放すように

現状を変えたくなったり、投げ出したくなりそうな時期。「取捨選択が大切になるタイミング」なので、不要なものは素直に手放しましょう。ただし、たんに重荷に感じるポジションを手放すのではなく、考え方を変えて取り組んだほうがいい場合も。無理な目標は立てず、自分の目的が何かあらためて考えてみること。時間を無駄にしているものやデータの処分も大事です。あなたを振り回す人と離れる覚悟をしたり、ときにはプライドを捨てる必要もありそう。

開運のつぶやき　人生は場数で決まる。場数を踏めるような人間性が大事

恋愛&結婚運

あいまいな関係に終止符を。デートするなら来月に

恋に区切りがつきやすい時期。あいまいな関係は、ハッキリさせましょう。ただし、告白するならタイミングが大切です。中旬までは失恋しやすいため、「気持ちを伝えれば、相手はよろこぶはず」と安易に考えないように。下旬には、いい関係になれるチャンスが増えてくるので、来月のデートの約束をしておくといいでしょう。新しい出会い運は縁が薄いため、無理しないこと。結婚運は、空回りしやすい時期。話をするのは来月以降にしましょう。

仕事運

中旬まではゆっくり対応。下旬には「よい兆し」も

中旬までは仕事を辞めたくなったり、やる気がなかなか出ない状況になりそうです。無理をするよりも、求められていることにゆっくり応えていきましょう。追い込みすぎると、突然離職に走ったり、転職願望が強くなりそうです。下旬になれば気持ちが楽になり、頑張り方がわかってくるでしょう。会社の方針や職場の環境にも変化が訪れ、無駄な仕事が減っていくことも。嫌な人間関係からも離れられる兆しが見えてくるでしょう。

金運&買い物運

ストレスからの無駄遣いに注意

ストレス発散で買い物をすると、散財したり、無駄なものが増えてしまいます。今月は、いらないものや使わないものをできるだけ処分して、身の回りをスッキリさせましょう。自分がどれだけ無駄な買い物をし、使わないものを持っていたのかを自覚でき、今後のお金の使い方を考え直すことができるはずです。投資などの資産運用は、思わぬ落とし穴があるので、今月は軽はずみに行わないように。

美容&健康運

メンタルケアと保湿が大事

心が非常にブレやすくなるので、ストレスの発散やメンタルのケアが必要な時期。やる気が出ないときはダラダラしてもかまいませんが、できれば笑わせてくれる人の話を聞いたり、親友に会うようにするといいでしょう。片思いの人に会えると、気持ちも楽になりそうです。下旬になると心も体も整ってくるので、調子がよければ散歩や軽い運動をするといいでしょう。美容面では、肌の保湿がとくに大切になる時期です。スキンケアは念入りに。

11月

▲整理の月

1（水）	▲	気持ちの切り替えが大切な日。失敗や失恋をいつまでも引きずっていないで「過ぎて去ったから過去」と、気持ちを切り替えましょう。夜は、新しいことにチャレンジすると楽しくなりそうです。
2（木）	＝	人と距離をおいてしまうタイプですが、「人と話すのが好き」と言ってみると、いろいろな縁がつながってくるでしょう。臆病になったり、物事をネガティブにとらえないようにしましょう。
3（金）	＝	ハッキリ言ってくれる人への感謝は大事ですが、言われたことを真面目に受け止めすぎないようにしましょう。何かと言いすぎる人には、おもしろい言葉で返してみたり、突っ込んでみるといいでしょう。
4（土）	■	自分の勘を信じて、身の回りの整理整頓をしましょう。不要なものは周囲に置かないようにし、時間の無駄になるアプリなどを消去すると、気分もスッキリするでしょう。
5（日）	■	時間に追われて疲れてしまいそうな日。何事も早めにスタートし、ゆとりをもって行動しましょう。慌てるとケガをしたり、大失敗の原因にもなりかねません。
6（月）	◇	あなたの魅力が輝く日。頼りにされることをマイナスに受け止めないで、最善をつくしてみるといいでしょう。あなたの頑張っている姿を見て、好意をもってくれる人が現れたり、いい縁につながる場合もありそうです。
7（火）	△	小さなミスを連発しやすい日。些細なことなら問題はありませんが、文字の打ち間違いや書き間違いなどで無駄な時間を使って、疲れてしまいそう。何事も、ていねいに進めるように心がけておきましょう。
8（水）	＝	何事にも粘りが必要な日。簡単に諦めずに「もう少し頑張ってみよう」と思って取り組むと、壁をひとつ越えられるでしょう。苦手なことや不慣れなこともクリアできそうです。
9（木）	＝	うまくいかない理由をしっかり探ることが大事。失敗した人を叱ったり、イライラする前に、何が原因なのかを突き詰めましょう。同じような失敗がなくなると、いい流れで仕事や生活ができるようになるでしょう。
10（金）	▽	行動を優先するといい日。気になったことがあるなら、余計なことを考える前にまずは動き出しましょう。周囲への手助けや協力も同じように自ら動いて。困った人を助けるのに理由はいりません。
11（土）	▼	人に振り回されて疲れてしまいそうな日。多かれ少なかれ、余計な一言を言う人はいるもの。無駄に影響されたり、振り回されないようにすることが大切です。
12（日）	×	判断ミスをしやすい日。言動が裏目に出やすい運気なので、よかれと思ったことでも慎重に判断し、冷静に対応しましょう。自分の考えだけが正しいのではなく、相手も正しいということを忘れずに。
13（月）	▲	やる気が出ないときほど、身の回りのことを片付けてみて。まず手を動かしてみると、自然とやる気がわいてくるでしょう。今日は、気になった場所をドンドンきれいにしましょう。
14（火）	＝	今日は、新しいことや不慣れなことを任されてしまいそう。気を引き締めておくと、多少の苦労も難なく乗り越えられそうです。いい経験ができて、あなたの成長にもつながるでしょう。
15（水）	＝	はじめて会う人といい関係になれたり、リラックスして話ができそうな日。いい情報を入手できることもあるので、自ら話しかけて、挨拶をするといいでしょう。

開運のつぶやき　他人を見て、嫌いだなと思う部分は、どこか己と似ているところだったりする

16（木）	□	「幼稚だな」と思えるものは、ドンドン処分するといい日。子ども向けのキャラクターグッズや、昔の漫画など、冷静に考えたらいい大人が持たなそうなものは、見えないところにしまっておきましょう。
17（金）	■	他人を見て「ラクしているな」と思うときは、自分もラクをしようとしているか、一生懸命に取り組んでいない証拠。どんな仕事でも苦労や困難があり、成功する人は必ず陰で努力しているものだと忘れないように。
18（土）	◇	急に遊びに誘われることがある日。遠慮しないで思い切って行動すると、楽しい1日になりそうです。不安や心配事も忘れるくらい、何事も笑顔で楽しむといいでしょう。いい出会いもありそうです。
19（日）	△	遊び心が大切な日。行ってみたかった場所に訪れたり、ライブやイベントに参加してみるといいでしょう。気になったお店にはドンドン入ってみるなど、素直に好奇心に従って行動してみて。
20（月）	○	実力を発揮しはじめる日。これまでやる気がわかなかったり、目的を見失っていた人ほど、今日からは力が出てきて、集中力も高まるでしょう。自分のことも周囲のことも信じて一生懸命取り組むと、楽しくなってくるでしょう。
21（火）	○	財布やカバンのなかをきれいに整理整頓して、不要なものを持たないようにしましょう。小銭は貯金箱に入れたり、使わないカードは家に置いておくこと。「荷物は必要最小限」を心がけましょう。
22（水）	▽	日中は、頭の回転がよくなり、勘も冴えそうです。少しくらい失敗してもいいので、思い切って行動したり、発言してみましょう。夜は急な誘いで、意外な人と食事や飲みに行くことになるかも。
23（木）	▼	期待外れな出来事がありそうな日。他人には過度に期待しないことが大切です。何事もほどほどにし、自分の想像とは違うことが起きても、楽しむようにしましょう。
24（金）	×	周りの意見に振り回されて、疲れてしまいそうな日。ただし、いろいろな考え方があるものなので、自分と違う考え方をする人を嫌わないようにしましょう。うまく聞き流したり、上手に合わせておくことも大事です。
25（土）	▲	大掃除をするといい日。よく考えると何年も使っていないものがあるなら、一気に処分しましょう。履いていない靴や着ていない服などは、欲しい人にあげたり、ネットで売ってみるといいでしょう。
26（日）	○	はじめて行く場所で、いい体験や貴重な経験ができそうな日。気になっていたものの、まだ足を運んでいないところはたくさんあるはず。頑張れば行けるような距離なら、思い切って出かけてみましょう。
27（月）	○	生活リズムを刷新するといい日。起きる時間や家を出る時間などを、10分でも変えてみると、見える景色も気持ちも変わりそうです。寝る時間を少し早めにしてみるのもいいでしょう。
28（火）	□	何事も、白黒ハッキリさせることばかりがいいわけではありません。「グレーの色合い」を楽しむ姿勢も忘れないようにしましょう。いい意見が複数あるなら、混ぜてみることで、大切な発見につながることもあるでしょう。
29（水）	■	寝不足や疲労を感じるときは、目の周りをマッサージしたり、目を閉じる時間をつくるといいでしょう。ランチは食べすぎず腹八分目にして、間食や飲酒も、今日は控えておきましょう。
30（木）	◇	スムーズに物事を進められたり、思った以上に周囲とうまく協力できそうな日。時間にゆとりがあるなら、ほかの人を手伝ってみましょう。のちにあなたも助けてもらえるようになるでしょう。

12月

○ チャレンジの月

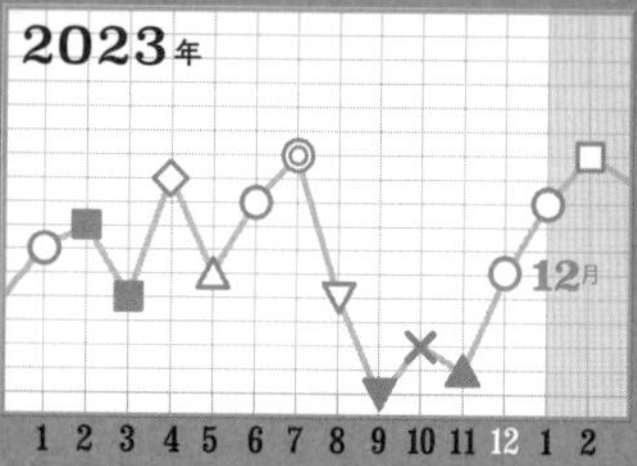

今月の開運3か条

- 気になったことには、すぐチャレンジする
- 新しい出会いを求めて動く
- 「上品と思えるもの」を購入する

総合運

考えを実行に移すとき。思いついたら即行動を

思い切った行動に走るには最高のタイミング。先月や今月に思いついたことがあるなら、勇気を出して実行に移すことが大切です。イメチェンや部屋の模様替えくらいでもかまいませんが、できれば引っ越しなど、生活環境を思い切り変えてみるといいでしょう。ただし転職は、2024年夏以降に考えたほうがいいので、不満があってもいまはまだ踏みとどまること。今月の新しい出会いで、運命が大きく変わる可能性があるため、人の輪を広げておきましょう。

開運のつぶやき 「面倒くさい」。そう思ったらまずはやってみること

恋愛&結婚運

「運命の相手」を見つけられそう。積極的に動いてみて

出会いを求めて積極的に行動することで、運命の相手や、あなたに見合う人を見つけられる時期。習い事をはじめたり、結婚相談所に登録してみるといいでしょう。周囲に相手を紹介してくれそうな人がいるなら、お願いしてみるのもオススメ。また、今月出会った人からの紹介も期待できそうです。先輩や上司とも仲よくなっておくといいでしょう。結婚運は、今月は話が進みやすいので、「プロポーズの予約」をしたり、真剣に話をしてみましょう。

仕事運

転職したくなっても2024年の夏までは焦らずに

忙しい時期に入りますが、もっとも苦しい状況は抜けています。転職や離職を考えるより、「ひと山越えて成長できた」と思って、来年夏まではいまの職場で頑張ってみる覚悟が大切。不向きな仕事であればそのあたりで縁が切れて、次の仕事の縁が見えてくるでしょう。仕事への取り組み方を変えたり、新しいやり方や、部署異動などの変化を受け入れられると、やる気もわいてきそうです。一緒に働いている人との交流も積極的に楽しんでみましょう。

金運&買い物運

いつもと違う服を選んでみて

新しいお店でこれまでとは違う感じの服を購入すると、いい気分転換になるうえ、あなた本来の魅力がアップしそうです。少し遠出をしてでも、気になるお店や街に行ってみると素敵なものを見つけられるでしょう。品のあるものを選ぶと自然と運気も上がるので、「上品に見えるかどうか」を意識して買うといいでしょう。投資などの資産運用は、今月から本格的に動いてみるといい運気。インデックスファンドやETFなどに注目してみても。

美容&健康運

エステに行って気分転換を

気になるエステや、小顔や美肌効果がありそうなサロンなどに行ってみるといいので、周囲の詳しい人に教えてもらいましょう。「1年間頑張ったご褒美」と思って楽しむと、心も体もリフレッシュできそうです。美容室を変えたり、上品で大人っぽい髪型にするのもいいでしょう。ネイルサロンでシンプルなネイルを試してみると気分もよくなりそうです。健康面では、朝や入浴後に少しでもストレッチをする習慣を身につけましょう。

開運のつぶやき　他人の幸せや成功をよろこべる人に、幸せと成功がやってくるもの

12月

○チャレンジの月

1（金）	△	小さなミスをしやすい日。すぐに気がつけば問題ないですが、ボーッとしていると叱られたり、やり直しに時間がかかって周囲に迷惑をかけてしまうことも。1日気を引き締めておきましょう。
2（土）	○	友人や、久しぶりに会う人と楽しい話ができそうな日。頑張っている人や前向きな人と話をすると、自然とパワーがもらえそうです。芝居を観に行くのもいいでしょう。
3（日）	◎	買い物をするにはいい日ですが、買いすぎには注意しましょう。ついつい余計なものや値段の高いものに手を出してしまいそうです。予算や買うものを決めてから出かけましょう。
4（月）	▽	午前中は、いい判断ができそう。気になった点を指摘すると感謝されることも。ただし夕方からは、午前中と同じ感じで言っても「余計なお世話」と受け取られてしまいそうです。タイミングや言い方に気をつけましょう。
5（火）	▼	苦手なタイプや噛み合わない人と一緒になりそうな日。自分の常識を押しつけたり、己の物差しだけで相手をはからないようにしましょう。「相手の正義」も理解するよう努めましょう。
6（水）	×	油断していると、体調を崩したり風邪をひいてしまいそうな日。のんびりする時間をつくって、温かいものを飲むといいでしょう。今日は、ゆっくりと湯船に浸かったり、しょうが入りの飲み物や食べ物を選ぶとよさそう。
7（木）	▲	マイナスのイメージがあるものは処分するといい日。スマホに残っている昔の写真は、少しでも嫌な思い出があるなら消去しましょう。なんとなく置きっぱなしにしているものも片付けておきましょう。
8（金）	○	気になる情報を得られる日。視野を広くして、これまで接したことのないタイプの人の話もじっくり聞いてみるといいでしょう。少しでも興味をもった習い事があれば、金額などを調べてみましょう。
9（土）	○	気になる場所に思い切って出かけたり、何かを体験してみたりするといい日。なんとなく避けていたイベントやライブ、体験教室などに足を運んでみるのもオススメ。いまのあなたに必要な話が聞けて、前向きになれそうです。
10（日）	□	引っ越しを考えているなら、今日不動産会社に行ってみると、いい物件が見つかりそう。模様替えや家具の買い替えを考えるにもいい日なので、いろいろと見比べておきましょう。
11（月）	■	多少思い通りにならないくらいでイライラしたり、ヘコまないように。マイナスな気分は疲れの原因になるだけ。些細なことを気にしないようにする図太さを身につけましょう。
12（火）	◇	順調に物事が進むときほど、周囲への感謝を忘れないようにしましょう。いろいろな人のおかげで、いまの自分があることを覚えておいて。「自分だけが頑張っている」と思うことほど不幸なことはないでしょう。
13（水）	△	冗談や過去の失敗談などで人を笑わせるといい日。周囲から「意外だな」と思われてもいいので、今日は自分の隙を見せることが大事です。突っ込まれることを楽しんでみて。
14（木）	◎	伝統や文化など、昔から続いている物事から学べることがある日。先人の知恵や名言を調べてみると、やる気になれることもあるでしょう。受け継がれている技術の素晴らしさにも感動できそう。
15（金）	☆	重要な仕事や、「荷が重い」と感じるような役割を任されそうな日。真剣に取り組んでみると、結果につながったり、いい経験ができそうです。自分でも「頑張った」と思えたときには、ご褒美に買い物をするといいでしょう。

開運のつぶやき　失敗するのはふつうのことで、恥ずかしいことでもなんでもない

16（土）	▽	午前中は、的確な判断ができたり、頭の回転もよくなりそう。あなたをプラスに導いてくれる人にも会えるかも。友人や知人、気になる相手に連絡してみましょう。
17（日）	▼	人に会うのはいいですが、余計なことを言われ心を乱されてしまうかも。何事にもリスクはつきものなので、「プラス面とマイナス面があって当然」と思っておきましょう。
18（月）	×	ソリの合わない人と一緒になってしまいそうな日。「嫌い」と思い込むと、余計に相手の嫌な部分が見えてしまうので気をつけましょう。「この人にも家族や親友がいる」と想像してみるといいでしょう。
19（火）	▲	苦手な仕事や難しいと思うことは後回しにして、すぐに終わりそうなことから手をつけるといいでしょう。集中力を保てたまま、いい勢いで進められ、苦手な仕事もクリアできそうです。
20（水）	○	変化を楽しんでみるといい日。ふだんなら興味のない世界の話題でも、しっかり話を聞くと、突然気になり出すことがありそう。臆病になったり、遠慮したりしないで、誘われる前に自ら参加を希望してみるといいでしょう。
21（木）	○	フットワークを軽くすることで、大事な出会いをつかめたり、いい経験ができそうな日。面倒だからと断ると、チャンスを逃してしまいます。ノリのよさをうまく発揮するといいでしょう。
22（金）	□	気になる人に連絡したり、年末年始の計画を立てるにはいい日。職場の人や仕事関係者と、忘年会や新年会の話をしてみるといいでしょう。幹事を引き受けてみると、ためになる経験ができそうです。
23（土）	■	楽しく過ごすのはいいですが、ペースを間違えて途中でヘトヘトになったり、疲れから不機嫌な態度をとってしまいそう。疲れを感じる前に休むようにしましょう。
24（日）	◇	素敵なクリスマスイブを過ごせそう。好きな人や友人、家族と楽しい話ができたり、予想外のうれしいプレゼントをもらうこともあるでしょう。うれしいときはしっかりよろこぶと、さらによろこばせてもらえそうです。
25（月）	△	サンタの格好をするなど、クリスマスのノリをしっかり楽しんでみて。「メリークリスマス!」と言いながらお菓子を渡してみると、みんなからよろこばれて、いい空気になりそう。少しくらい恥ずかしくても、勢いで乗り越えましょう。
26（火）	◎	友人や仲間に連絡をして、飲み会やホームパーティーの計画を立てておくといいでしょう。職場でも、この1年間お世話になった人へのお礼や感謝のメールを忘れないように。
27（水）	☆	買い物をするにはいい日。年末年始に必要なものをまとめ買いするといいでしょう。ただし、出費が多くなりやすいので、値段をしっかり見て予算内に収めるようにすること。今日から家計簿をつけるのもオススメです。
28（木）	▽	大掃除や正月の準備は、できるだけ日中に終わらせておきましょう。少しダラダラしていると、あっという間に1日が終わってしまいます。計画を立てて、時間通りに進めましょう。
29（金）	▼	急な呼び出しがあったり、ほかの人の大掃除を手伝うことになったりしそうな日。自分の用事も終わっていないのに、先輩や友人の家の片付けをするなんて場合も。今日は、「急な予定変更はあって当然」と思っておきましょう。
30（土）	×	ご近所トラブルや、人間関係で面倒なことがありそうな日。不機嫌な人に振り回されてしまうケースも。買い物でも、行列に割り込まれたり、店員さんの態度にムッとする場面がありそうなので、覚悟しておきましょう。
31（日）	▲	大晦日ですが、大掃除をするにはいい運気。いらないものからドンドン処分するようにしましょう。すでに部屋がスッキリしている人は、不要なデータやアプリなどを消去するといいでしょう。

☆開運の日　◎幸運の日　◇解放の日　○チャレンジの日　□健康管理の日　△準備の日
▽ブレーキの日　■リフレッシュの日　▲整理の日　×裏運気の日　▼乱気の日　＝運気の影響がない日

1月

○チャレンジの月

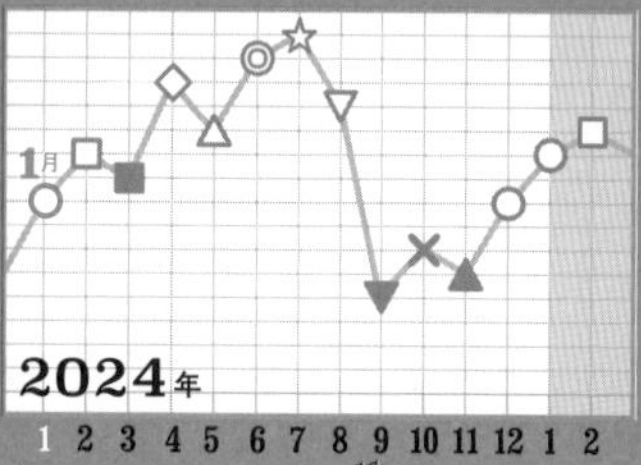

今月の開運3か条

- 新しい趣味や習い事をはじめる
- 興味のあることは即行動に移す
- 筋トレや基礎代謝を上げる運動をする

総合運

面倒な人間関係や悩みが解決に向かいはじめる月

「解放の年」がはじまり、ゆっくりとですが気持ちが前向きになったり、やる気もわいて、気分よく過ごせる日が増えてくるでしょう。興味のあることを見つけたら、即行動することでいい人脈を広げられたり、楽しい経験ができそうです。面倒な人間関係も改善されはじめ、あなたにとって都合のいい方向に進むでしょう。小さな悩みも解決に向かいそうです。ただし、すべてが一気に好転したり、思い通りになるわけではないので、過度な期待はしないように。

開運のつぶやき　得意なことを極めて、苦手なことを克服するからおもしろい

素敵な人と仲よくなるチャンス。少しの勇気を大切に

新しい出会いが多くなる月。素敵な人や尊敬できる人を見つけられ、仲よくなるチャンスもつかめそうです。一気に交際まで進まなくても、いい距離感で付き合えるようになるので、少し勇気を出して行動するといいでしょう。髪型を変えるなど、イメチェンしてみるとモテはじめることも。結婚運は、今年は結婚を決めるのに最適な運気です。恋人に前向きな話をしてみると、ゆっくり動き出すでしょう。

周囲の手本となれるよう自分の仕事をまっとうしよう

仕事に対する不安や心配が徐々に減っていき、前向きになれる時期。挑戦してみたかったことにも意欲的に取り組めそうです。あなたをサポートしてくれる人が現れることも。サボっている人や真剣に取り組まない人に、イライラしたり不満をためたりせず、自分のやるべきことをきちんと行うようにしましょう。あなたの仕事ぶりを尊敬する人も出てくるので、周囲の手本になるつもりでしっかり頑張りましょう。

新しい趣味をはじめてみて

大きな買い物はできれば4月がいいですが、買い替えをはじめるにはいいタイミングです。使い古したものやそろそろ新調したいものがあるなら、情報を集めたり、値段を比較してみましょう。新しい趣味や習い事をはじめるにも適した月です。少しでも気になっていることがあれば、今月からスタートしてみて。そこでいい人脈ができる場合もありそうです。投資をスタートするにもいい時期。NISAや少額のものから挑戦してみるといい勉強になりそうです。

上品な雰囲気にイメチェンを

これまでとは違う美容室に行ってみたり、思い切ったイメチェンをして、雰囲気を変えてみるといいでしょう。エレガントな感じを意識し、値段より高そうに見えて品のある服を選ぶと、思った以上に評判がよくなりそうです。健康運は、筋トレや基礎代謝を上げる運動をはじめるといいでしょう。「痩せる」よりも「体力をつける」くらいのイメージで、定期的に行うことが大切です。

1月 ○チャレンジの月

1（月）	○	新年早々、フットワーク軽く過ごせそうな日。気になる場所があるなら、思い切って行ってみるといいでしょう。予想以上に楽しい思い出ができそうです。突然遊びに誘われることも。
2（火）	○	気になる本があるなら買って読んでみるといいでしょう。素敵な言葉に出会え前向きになれそう。いい情報を入手できたりおもしろいつながりもできる日なので、人との対話も楽しんでみましょう。
3（水）	□	今年の目標を立てるなら、これまでにない大きな夢や目標を掲げるといいでしょう。「これはちょっと無理かも」と思うことでも、まずは書き出してみて。
4（木）	■	三が日に暴飲暴食をしてしまった場合は、一度体重を量ってみましょう。今日は少食を心がけ、ストレッチなどの軽い運動をしておくとよさそうです。油断すると風邪をひくこともあるので、気をつけましょう。
5（金）	◇	思った以上にうれしい展開になりそうな日。恋人がいる人は楽しいデートができたり、サプライズがあるかも。新しい出会い運もいいので、シングルの人も素敵な相手とのつながりができそうです。
6（土）	△	小さなドジをしやすい日。ちょっとしたことを忘れてしまったり、ものを置き忘れたりしやすいので気をつけましょう。慌てていて足の小指をぶつけるなど、雑な行動で痛い目に遭う場合も。
7（日）	◎	人とのつながりを楽しめそうな日。旧友やしばらく会っていなかった人と偶然再会したり、突然連絡がくることもあるかも。懐かしい話をするのもいいですが、前向きな話や明るい未来の話をしておきましょう。
8（月）	☆	仕事運のいい日。真剣に取り組むことで、いい結果が出たり予想以上にスムーズに進むでしょう。上司からの評価が上がることや、後輩や部下といい関係を築くこともできそうです。
9（火）	▽	日中は、素直に行動することでいい結果がついてくる日。マイナスなことを考える前に、まずは動いてみましょう。ほめられたときは素直によろこぶと、さらにうれしい出来事が起きるでしょう。
10（水）	▼	日ごろからていねいでしっかりしているタイプですが、今日は珍しい失敗や失言をしてしまいそう。ショックを受けて落ち込むよりも、「このくらいで済んでよかった」と前向きに気持ちを切り替えるといいでしょう。
11（木）	×	よかれと思っての発言で空気を壊してしまうなど、空回りしやすい日。人との関わりが増える運気ですが、今日は一歩引いて冷静に対応しましょう。
12（金）	▲	余計なことをグチグチ考えてしまったり、気分が乗らない感じになりそう。気分転換をしたり、好きなランチを食べるなど、ゆっくりする時間を大切にしましょう。夜は興味のあることを見つけられそうです。
13（土）	○	はじめて行く場所やお店で、素敵な発見や出会いがありそうな日。誰かからの誘いを待っていないで、自ら行動するよう意識して過ごすといいでしょう。
14（日）	○	今日からイメチェンしたり、服の雰囲気を変えてみるといいでしょう。「年齢よりも少し上の美」を目指すのがオススメです。教養を身につけるにもいい日なので、本を読むようにしましょう。
15（月）	□	笑顔で挨拶をして第一印象をよくしてみると、いい1日を過ごせそう。「何かいいことありました?」と言われたら、運気が上がっている証拠だと思っていいでしょう。

開運のつぶやき　自分の可能性を好き嫌いだけで決めないほうがいい

16（火）	■	疲れや肌の不調を感じてしまいそうな日。今日は無理せずゆっくり休憩する時間をつくるなど、頑張りすぎないようにしましょう。
17（水）	◇	自分で思っている以上に実力や能力がアップしていることに気づける日。無理だと決めつけず、思い切って挑戦してみましょう。知恵をしぼってみると、いいアイデアを出すこともできそうです。
18（木）	△	気づいたら小さなものを失くしていそうな日。ほかにも些細なミスをしやすいので慎重に行動を。何事もしっかり確認するようにしましょう。
19（金）	◎	ここ数年で学んだことや経験を活かせる日。これまでの苦労からたくさん学べていることを実感できそうです。人に助けてもらえることもあるので、感謝を忘れずに。
20（土）	☆	買い物をするにはいい日。お得なものを購入できたり、セールでいいものを見つけられそうです。気になるお店に入ってみると、今後頻繁に行くようなお気に入りになることもあるでしょう。
21（日）	▽	午前中は運気がいいので、気になる人に連絡してみるといいでしょう。ランチデートができたり、関係を進められそうです。夕方あたりからは、急に予定が乱れることや振り回されてしまうことがあるかも。
22（月）	▼	周囲に気を使いすぎて疲れたり、ワガママを言う人に振り回されてしまいそう。ソリの合わない人がいるのは仕方がないので、上手に流されておきましょう。
23（火）	×	面倒や苦手に感じることに思い切って挑戦してみると、いい経験ができそう。逆に、ラクをしようと思って行動すると、痛い目に遭ったり面倒なことになるので気をつけましょう。
24（水）	▲	人間関係がスッキリしそうな日。ズルズルと関係が続いている人や苦手な人とは、今日をきっかけに距離をおくことができるでしょう。ときには相手にハッキリ言うことも大切です。
25（木）	○	周りの人を励ましたり、前向きな言葉をかけてみるといいでしょう。自分のやる気もアップして、いい関係を築けそうです。困った状況になったときも、「なんとかなりますよ」と気楽に伝えてみて。
26（金）	○	新たな情報が手に入る日。妙なウワサに流されたり、マイナスな情報ばかりに注目しないよう気をつけておきましょう。つねに物事のプラス面を見ることを忘れないように。
27（土）	□	計画的な行動が大切な日。勢い任せにしないで、「帰宅する時間」や「買い物で使う金額」などを、あらかじめ決めておくといいでしょう。
28（日）	■	今日は家でのんびりしたり、日ごろの疲れをしっかりとるといいでしょう。これまで行ったことのないマッサージ店などに足を運ぶと、体がスッキリしそうです。近場で気になっているところに行ってみましょう。
29（月）	◇	注目を集めることができる日。気になる人に連絡してみると、いい関係になれそうです。逆に、相手から連絡がきてデートの約束ができる場合も。仕事でも能力をうまく発揮できそうです。
30（火）	△	自分でも笑ってしまうようなドジを繰り返しそうな日。今日は、いつも以上にていねいな行動を心がけましょう。とくに、恥ずかしい失敗をしないよう気をつけておくこと。
31（水）	◎	魅力と才能が開花する日。「これまでの頑張りは、この日のためにあったんだ」と思えるような出来事もありそうです。自分の得意なことで周囲を助けられるときは、ドンドン手を貸しましょう。

2月

□健康管理の月

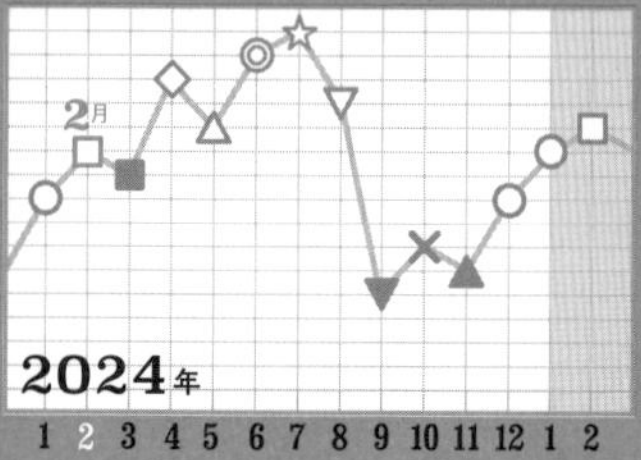

今月の開運3か条

- 「今年は運気がいい」と信じて行動する
- ほめられたらしっかりよろこぶ
- ヘッドスパに行く

総合運

よい占い結果は「当てにいく」ことが大事

「解放の年」の運気のよさを徐々に実感できる月。これまでと同じように頑張るだけで、いい結果を出せるでしょう。積み重ねてきた努力も少しずつ報われはじめそうです。小さくてもうれしいことがあったら、しっかりよろこび周囲への感謝を表すことで、さらに大きなチャンスがめぐってくる場合もあるでしょう。自信がなくても、「今年は運気もいいし」と占いを当てにいくつもりで積極的に行動してみると、いい出会いや体験につながりそうです。

開運のつぶやき　物事は変わらないが、とらえ方は変えられる

恋愛＆結婚運

笑顔が相手の心を動かす月。イメチェンもオススメ

「素敵だな」と思っていた人から話しかけられたり、デートに誘われたりと、風向きが変わってきそうです。笑顔で対応すると進展が期待できるでしょう。恥ずかしがってしまうと、「嫌われた？」と誤解されるので気をつけること。新しい出会い運もいい時期。イメチェンしたり、明るい感じでいましょう。品を意識しすぎるとガードが堅く見えるので、少しラフな雰囲気も忘れずに。結婚運は、本気で結婚したいことを相手にアピールするのが大事です。

仕事運

「頑張ってよかった」と思える流れが訪れそう

今月から仕事に手応えを感じたり、充実した日々を過ごせるでしょう。すでにここ数年、忙しいながらも結果を出している人は、さらにいい流れに乗れそうです。出世や昇格のきっかけをつかめることも。2023年まで苦労が続いていた人も、ゆっくりですが「頑張ってきてよかった」と思える機会が訪れそうです。苦手な人やソリの合わない上司とも距離があいて、仕事がやりやすくなるでしょう。自分なりのやり方を見つけることもできるかも。

金運＆買い物運

引っ越しにいいタイミング

長期的に使うものを買うにはいい時期。身の回りで買い替えを考えている家電や家具があるなら、思い切って購入するといいでしょう。寝具やカーテン、ラグなどを新調してみて。引っ越しにもいいタイミング。すぐに引っ越す予定がない人は、部屋の壁紙を変えてみましょう。投資は、長期的にもっておけるものを選ぶのがよさそうです。15年くらい保有していても問題なさそうな銘柄や金額で検討を。NISAなどをはじめるのもオススメです。

美容＆健康運

香りやヨガでストレス発散を

2023年に体調を崩した人は、今月末にまた不調や異変を感じることがありそう。今月は、生活リズムを整えて、ストレス発散をする時間をつくっておくといいでしょう。いい香りの入浴剤を使ったり、アロマやお香を焚いてのんびりしたり、瞑想やヨガをしてみるのもオススメ。フェイスマッサージやヘッドスパに行ってみるのもいいので、評判のいいところを調べて足を運んでみましょう。頭も心もスッキリしそうです。

開運のつぶやき 自分を理解して、自分で自分を乗り越えるために占いがある

2月 □健康管理の月

1（木）	☆	真剣に仕事に取り組むといい結果を出せる日。思い通りになったり、予想以上の結果が出たときは、少しオーバーなくらいよろこんでみましょう。さらにうれしい出来事が起こりそうです。
2（金）	▽	日中は、いい勢いで仕事を進められたり、役立つアイデアが浮かびそう。大事なことほど先に決めて、行動に移すようにしましょう。夕方あたりからは、初歩的なミスをしたり周囲に振り回されてしまうかも。
3（土）	▼	思い通りにならないことがあっても、ガッカリしすぎないように。うまくいかなかったからこそできる体験や経験を楽しんで、そこから学んでみるといいでしょう。映画やドラマの展開を予想しながら観たり、推理小説を読むのもオススメです。
4（日）	×	間違った情報を入手してしまいそうな日。自分でもしっかり調べて、適当なことを言う人には十分注意すること。ただし、冗談やシャレには怒らないで、素直に楽しんで笑っておきましょう。
5（月）	▲	見落としをしやすい日。周囲の人をしっかり観察してみると、尊敬できるところを見つけられそうです。現状に不満を抱く前に、感謝できることや大事なことを見落としている点に気づけるといいでしょう。
6（火）	○	些細なことでもいいので、「新しい」ことに挑戦したり、変化を楽しんでみましょう。ふだんは話しかけない人に自ら挨拶したり、あまり行かないようなお店で変わったメニューを頼んでみるのもよさそうです。
7（水）	○	次のステージを目指すことも大切ですが、いまある技術や身についている能力をもっと磨くことも忘れないように。そのためにも、いろいろな方法を試すことが重要です。失敗やうまくいかなかったことからも学んでみましょう。
8（木）	□	自分の直感を信じて行動するといい日。とくに日中はいい判断ができ、結果にもつながるでしょう。夕方以降は疲れを感じやすいので、ストレッチなどで軽く体を動かしておきましょう。
9（金）	■	ダラダラするとさらに疲れたり、集中力が途切れてしまいそうな日。今日は、時間を決めて、集中して仕事を進めるようにしましょう。休憩中はしっかり体を休ませて、体力を温存すること。
10（土）	◇	いい1日を過ごせる運気。「何事も楽しもう」と思って行動すると、ドンドンおもしろいことを見つけられるでしょう。恋愛も進展しやすいので、気になる人に連絡して、楽しく話をしてみましょう。
11（日）	△	失くし物をしそうな日。あとになって失くしたことに気づき、焦ってしまうかも。今日は、大事なものは持ち歩かないほうがよさそうです。ドジも踏みやすいので、注意して過ごしましょう。
12（月）	◎	過去の苦労やマイナスな思い出ではなく、努力して達成したことや楽しかったことを思い出してみるといい日。いろいろな課題を乗り越えてきた自分は、実力がアップしていると気づけるでしょう。
13（火）	☆	仕事運が好調な日。大きなチャンスをつかむことができるので、全力で取り組んでみるといいでしょう。多少面倒だったり、難しく感じたりすることでも、いい経験や大事な出会いにつながりそうです。覚悟して向き合いましょう。
14（水）	▽	気になることはまず実践することが大切です。情報を集めたり調べたりするのもいいですが、試しに動き出してみましょう。夕方以降は、急な予定変更がありそうなので、自分の用事はできるだけ早めに済ませておくように。
15（木）	▼	不機嫌な人と関わることになりそうな日。挨拶を無視されたり、不愉快な態度をとられてもガッカリしないこと。相手を反面教師だと思い、自分は同じことをしないよう気をつけましょう。

開運のつぶやき　前に進むということは、「いいことも悪いことも受け入れる」ということ

16（金）	×	よかれと思って人に伝えたり教えたりしたことが、裏目に出てしまいそうな日。「エラそうに」「余計なことをして」と思われる場合もあるので、言葉選びや伝え方を工夫しましょう。
17（土）	▲	部屋や身の回りの掃除をするにはいい日。使い古したものや買い替えたほうがいいものがないか、チェックしておきましょう。カーテンを洗うのもオススメです。
18（日）	○	「この映画、気になる」と思ったら、すぐに観てみるといいでしょう。ライブや舞台なども調べてみると、気になるものを見つけられそう。行きたいと思った場所に素直に足を運ぶことで、いい出会いや経験に恵まれそうです。
19（月）	○	いろいろな人の話を、最後までしっかり聞いてみるといい日。自分の考え方や生き方が正しいと思い込まないように。人によって問題解決の方法はさまざまだと学ぶ機会になるでしょう。
20（火）	□	まずは行動することが大切な日。物事を慎重に考えるのもいいですが、今日は行動しながら考えるほうが、いい結果につながるでしょう。誘われるのを待っていないで、とりあえず自分から気になる人を誘ってみましょう。
21（水）	■	今日は、しっかり仕事をしてしっかり休むように。早めに帰宅し、好きな音楽を聴いたり、入浴剤を入れた湯船にゆっくり浸かるといいでしょう。就寝時間もいつもより少し早めにしてみましょう。
22（木）	◇	人からほめられたり、認められる日。ほめられても恥ずかしがらず、少しオーバーなくらいによろこんでおくといいでしょう。今日は、「目立つことで運がよくなる」と思って行動してみて。
23（金）	△	「誰にでも失敗や間違いはある」と、許す気持ちをもつこと。今日は、あなたが珍しい失敗をすることもあるので、許してくれる人への感謝を忘れないようにしましょう。
24（土）	◎	いい思い出があるお店や場所に行ってみましょう。移動中に偶然の出会いや、不思議な縁を感じる出来事もありそうです。急に思い出した人を誘ってみるのもいいので、まずは連絡してみましょう。
25（日）	☆	買い物をするにはいい日。長く使うものを購入したり、引っ越しをするのもいいでしょう。買い替えを考えているものがあるなら、思い切って購入するのがオススメです。
26（月）	▽	午前中は、頭の回転もよく、的確な判断ができたり、いいアイデアが浮かびそう。しかし午後から、徐々に集中力が落ちてくるので気をつけましょう。夜は、予想外の残業をすることや、周囲に振り回されることがあるかも。
27（火）	▼	自分が正しいと思い込むとイライラするだけ。いろいろな人がいるおかげで世の中が回っていることを忘れないようにしましょう。現状に満足し、感謝することを大切に。
28（水）	×	自分のことばかり考えていると、悩んだり不安になってしまうだけ。不運や不幸を感じるときほど、もっと周囲や全体のことを考えてみましょう。気持ちが楽になり、いまやるべきことが見えてくるはずです。
29（木）	▲	自分のマイナス面ばかり考えて、勝手にヘコまないように。頑張ったからこそいまがあるので、どんな自分でも認めるようにしましょう。寝る前に、今日1日頑張った自分をもっとほめるといいでしょう。

3月

■リフレッシュの月

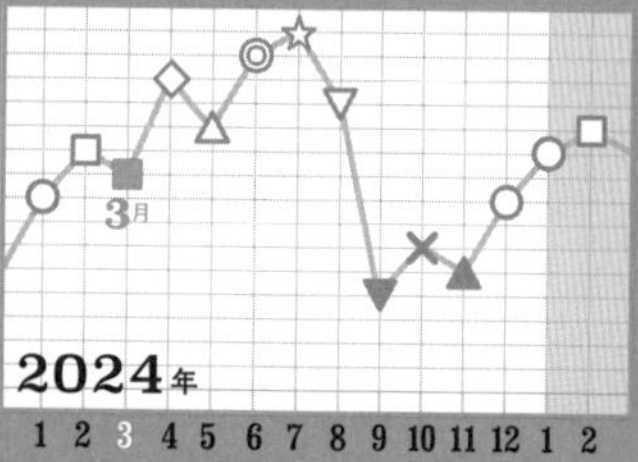

今月の開運3か条

- 休みの予定を先に決める
- 睡眠時間を長くする
- 断る勇気をもつ

総合運

体調管理を欠かさなければ下旬にチャンスをつかめることも

思ったよりも慌ただしくなる月。予定を詰め込んでしまうと疲れが一気に出たり、不満がたまったりしそうです。やりがいが、いつの間にかストレスになっていることもあるので、休みの予定を先に決めて、ゆっくりできる時間を確保しておきましょう。下旬になると、頼られることが増えたり注目されたりする流れになりそうです。体調管理をしっかり行い、調子のいい状態に整えておくとチャンスをつかむこともできるでしょう。

開運のつぶやき　人生が苦しいと思うのは、山の頂上を目指して登っている最中だから

恋愛＆結婚運

出会いや進展は下旬から。家や近場でのデートがオススメ

中旬までは忙しく、デートをするチャンスや異性と関わる時間が減ってしまいそうです。気になる人には連絡しておいて、下旬に一押しするか、来月ゆっくり会う約束をするのがオススメ。新しい出会い運は、下旬に素敵な人に会える流れがあるので、髪を切って整えたり、品のいい服を購入しておくとよさそうです。結婚運は、機嫌よく過ごすようにしていると、下旬に進展があるかも。疲れたときは無理をせず、家や近場でデートするといいでしょう。

仕事運

頼られる月。休んだり、分担してもらうことも必要

頼られるのはいいことですが、今月はお願いされる仕事ややるべきことが多くなり忙しくなってしまいそうです。充実するものの、頑張りすぎて疲れからミスが増えることも。オーバーワークにならないように、ほどよく休んだり、ほかの人にお願いできるところは信じて任せてみましょう。下旬は、大きな仕事を任されることや、ポジションが変わる話がくることもあるので、覚悟を決めて挑戦してみるといいでしょう。

金運＆買い物運

マッサージに行くのが吉

それほど買い物をした記憶がないのに、出費が増えてしまいそうな月。ストレス発散と思っていろいろお金を使ってしまったり、疲れてタクシーに乗る回数が増えることもありそうです。今月は疲れをとるためにお金を使うといいので、評判の高いマッサージのお店などに行ってみましょう。投資などは、下旬からいい情報が入りそうです。直感も冴えるので、気になるものを選んでみるといいかも。

美容＆健康運

髪、歯、爪をきれいにしよう

ストレスを発散することが大事な時期。ケガをしない程度の軽いスポーツをしたりエステに行ってみるといいでしょう。少しいい美容室で髪を切るなど、髪のメンテナンスに力を入れるのもオススメです。時間があれば歯のホワイトニングや歯石除去もしておくと、スッキリするでしょう。とくに下旬は注目を集めやすい運気なので、メイクや髪型、ネイルなどにはこれまで以上に気合を入れ、気になるところはきれいにしておきましょう。

開運のつぶやき　人と比べるから不幸になる。「人は人、自分は自分」が幸運のはじまり

3月

■リフレッシュの月

1（金）	＝	新たなことを任されたり、お願いされてしまいそうな日。今日は、簡単に断らず、自分が役に立てることがあるなら全力で応えてみましょう。いい経験ができたり、視点をうまく変えられる機会になりそうです。
2（土）	＝	興味をもったら積極的に行動してみるといい日。素敵な経験ができたり、心に響く言葉を見つけられそうです。自分の直感を信じて動いてみましょう。
3（日）	■	日中は、勢い任せでも行動してみると、いい体験や経験ができそう。ただし、夕方あたりからは疲れがたまりやすくなるので気をつけること。今日は早めに帰宅してゆっくり湯船に浸かり、ふだんよりも早めに寝ましょう。
4（月）	■	疲れが顔に出てしまったり、寝起きから疲れが抜けていない感じがしそう。軽くストレッチをするとスッキリするでしょう。仮眠する時間をつくっておくのもオススメ。
5（火）	◇	自分の力だけでなんとかしようと思わずに、周囲の力をもっとうまく活かす工夫をしてみましょう。自分で思っていた以上の結果を出せそうです。
6（水）	△	口が滑ったり、伝え方を間違えたりして、気まずい空気が流れてしまいそう。「間違った」と思ったら、すぐに謝罪や訂正をしましょう。ドジなケガにも注意しておくこと。
7（木）	○	あなたが仕事をした先で、笑顔になっている人が必ずいます。そのことを想像してみると、やる気がわいてくるでしょう。付き合いの長い人からの一言にも元気をもらえそう。あなたもポジティブな言葉を口にするようにしましょう。
8（金）	○	自分だけの得や儲けを考えず、みんなで得することや、お互いに儲かる方法を考えてみて。いいアイデアが浮かんだり、笑顔で仕事ができるようになるでしょう。
9（土）	▽	午前中から掃除や家の用事をドンドン済ませておきましょう。午後はペースを落としてゆっくりしたり、20分くらい昼寝をすると、スッキリしそうです。
10（日）	▼	些細なことでイライラしやすい日。疲れや過度な期待が原因で、ストレスがたまってしまいそう。人には人の事情があるので、上手に流しておきましょう。自分の機嫌は自分でとるようにすること。
11（月）	×	珍しい失敗をしやすい日ですが、人は失敗から学ぶことで成長できるもの。「すべての失敗は、プラスにできる」と思っておきましょう。周囲にも、失敗はよいことだと教えてあげるといいでしょう。
12（火）	▲	忘れ物やうっかりミスをしやすい日。大事なものを間違えて処分したり、身の回りのものを壊してしまうことがあるかも。隠さず正直に報告することで、大きな問題にはならずに済みそうです。
13（水）	＝	わからないことや知らないことが見つかることは自分の成長につながります。理解できないからといって避けたり、調べないままにしないようにしましょう。
14（木）	＝	苦手な人と距離をおくのではなく、逆に近づいてみるといいでしょう。話したり、しっかり観察することで、苦手を克服できて、相手のマイナスな面が気にならなくなるでしょう。
15（金）	■	当たり前のことに感謝を忘れないように。仕事があることや、周囲の人と協力し合えることへの感謝の気持ちをしっかりもつといいでしょう。

開運のつぶやき｜笑顔でいる人には「笑顔でいる覚悟」がある

16（土）	■	ストレスを発散したり、しっかり体を休ませるにはいい日。マッサージや温泉、スパに行ってのんびりしてみましょう。サウナや岩盤浴にハマることもありそうです。友人を誘って行くのもオススメ。
17（日）	◇	のんびり過ごそうと思っていても、友人や知人から遊びに誘われてしまうかも。面倒でも顔を出してみると楽しい時間を過ごせるでしょう。ただ、予想外の出費をすることにもなってしまいそう。
18（月）	△	小さなミスをしやすい日。粗やドジが目立つこともあるので慎重に行動しましょう。ランチの際に食べこぼしで服を汚して、1日中恥ずかしい思いをする場合もありそうです。
19（火）	○	教わったことや、学んできたことをうまく活かせる日。多少苦労しそうなことでも、自分を信じて取り組んでみると、いい流れに変えられるでしょう。自分の実力がアップしていることにも気づけそうです。
20（水）	○	気分で仕事をしないで、心を込めて仕事に取り組むといいでしょう。気持ちを込めると相手にも誠意が伝わり、互いにいい時間を過ごせるでしょう。
21（木）	▽	午前中は、いまやるべきことや目標に向かって進むことができそう。午後は、マイナスな情報に振り回されたり、ネガティブな言葉にやる気を失ってしまうかも。自らプラスの発言をするように心がけましょう。
22（金）	▼	壁にぶつかってしまいそうな日。順調だと思って油断していた人ほど、困難な事態に見舞われるかも。とくに、人間関係で苦労したり、残念な気持ちになる人と関わる時間が増えてしまうことがありそうです。
23（土）	×	体調を崩したり、疲れが一気に出てしまいそうな日。今日は無理をしないでゆっくり過ごすといいでしょう。予定が入っている場合は、こまめに休憩をとるように。
24（日）	▲	大掃除をするといい日。身の回りにある不要なものを処分したり、きれいに整理整頓しておくといいでしょう。拭き掃除で周辺をピカピカにするのもオススメです。
25（月）	＝	いいアイデアが浮かんだり、おもしろい発想ができる日。メモしておくとのちに役立つことがありそうです。人からいい言葉を教えてもらったときも、書き留めておきましょう。
26（火）	＝	自分中心に考えるよりも、周囲の人のために何ができるかを考えて行動すると、いい1日になるでしょう。自分が相手の立場だったら、どうしてもらうとうれしいか想像してみて。
27（水）	■	日ごろの生活習慣を見直すといい日。食事のバランスを考え、旬の野菜を少し多めに摂取したり、最近食べていないと思うものを選んでみましょう。
28（木）	■	心身ともに疲れを感じやすい日。こまめに休憩をとり、無理をしないよう心がけましょう。疲れからイライラしたり、仕事のミスにつながる場合もあるので、目の前のことに集中するようにしましょう。
29（金）	◇	個性や才能を認められて、注目される日。身近にいる人から好意を寄せられたり、仕事帰りに遊びに行った場所で素敵な出会いがあるかも。あなたからも、気になる人を遊びに誘ってみるといいでしょう。
30（土）	△	楽しい時間を過ごせる日。家でのんびりしていないで、できれば外出してみるといいでしょう。公園に行ったり散歩をしたりすると、いい1日になりそうです。好きな人に連絡してみると素敵なデートができることも。
31（日）	○	しばらく行っていない場所やお店に足を運んでみるといいでしょう。偶然の出会いがあったり、おもしろい体験ができたりしそうです。付き合いの長い人と遊んでみると、いい思い出になるでしょう。

☆開運の日　◎幸運の日　◇解放の日　○チャレンジの日　□健康管理の日　△準備の日
▽ブレーキの日　■リフレッシュの日　▲整理の日　×裏運気の日　▼乱気の日　＝運気の影響がない日

4月

◇解放の月

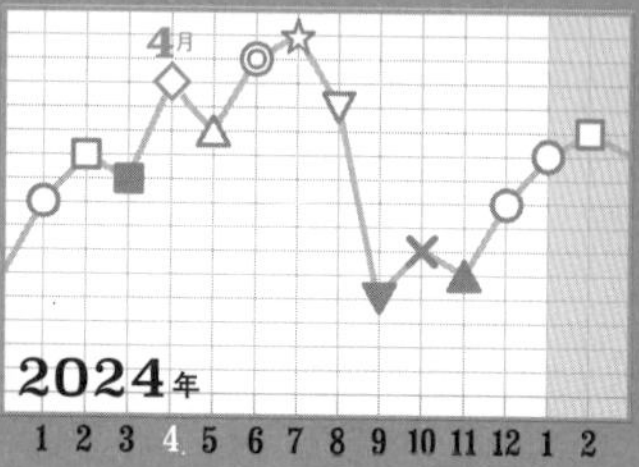

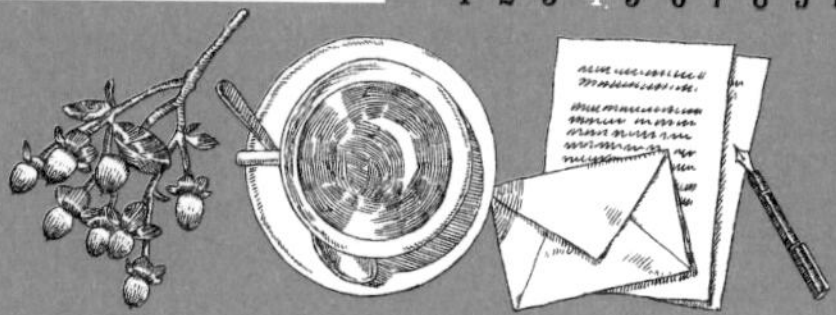

今月の開運3か条

- 開き直ってみる
- 人にたくさん会う
- 自分磨きをする

総合運

努力が実を結ぶ時期。信じる道を突き進もう

これまでの努力や頑張りの答えが出はじめる月。「いままで我慢してきてよかった」と思えるような流れもありそうです。遠慮せずに自分の信じる道を突き進み、気になったことを積極的に試してみるといいでしょう。ときには、「嫌われてもいい」と開き直るくらいの度胸で行動することも大事。不要な人との縁が切れて、急に楽になることもありそうです。重要な人に出会う運気でもあるので、できるだけ新しい人と知り合えるように努めましょう。

開運のつぶやき　運とは天から降ってくるものではなく、人が運んでくれるもの

恋愛&結婚運

出会いも結婚も最高にいい月。攻めの姿勢で積極的に

あなたに注目が集まる時期。みんなから素敵な人と思われている相手から好意を寄せられたり、告白されることもありそうです。少しでもいいなと思えるなら、遠慮せずに交際をはじめるといいでしょう。新しい出会い運も最高なので、集まりには積極的に参加しておいて。結婚を決めるにもいい運気。勢いで婚姻届を出してみましょう。ただし、相性が悪い相手の場合、今月で縁が切れてしまうこともあるでしょう。

仕事運

経験を信じ、堂々と取り組もう。自分の意見も大切に

長年勤めている職場なら、流れが大きく変わったり、プレッシャーから解放されて楽しく仕事ができるようになるでしょう。苦手な上司や取引先とも距離があきそうです。あなたの能力に見合う部署に異動になったり、大事なポジションを任されることも。これまでの経験を信じて堂々と取り組めば、いい結果につながるので、遠慮せず意見をしっかり伝えることが大切です。

金運&買い物運

買い物運がいい時期

急激な金運アップは期待できませんが、運気の流れはいい時期。今月からの仕事の取り組み方次第で、給料やボーナスが増えることもあるでしょう。買い物運もいいので、買い替えを考えているものは一気に買いましょう。モテを意識した服を購入すれば恋愛運が上がり、仕事に役立つものを購入すると金運がよくなりそうです。引っ越しもオススメの月。投資スタートにも最高のタイミングなので、まずはNISAなどをはじめてみるといいでしょう。

美容&健康運

「モテ期」に備え美意識を高めよう

周囲から注目される運気がはじまるので、美意識を高めておくといいでしょう。今月は髪型を変えたり、メイクレッスンやネイルサロン、エステなどへ行って自分磨きをすると、ストレス発散にもなってよさそうです。少し贅沢なマッサージを受けてみるのもいいかも。健康面はとくに問題なさそうです。ポジティブな発言を繰り返すと気分もよくなり、体も軽くなるでしょう。多少体調を崩しても、「昨日よりは少しよくなった」と言っておきましょう。

開運のつぶやき　自分の輝ける場所で輝けばいい。それを探すのが人生

4月

◇解放の月

1（月）	☆	大きなチャンスがやってきたり、周囲からの期待が集まりそう。エイプリルフールの冗談やウソだと決めつけて聞き流さないように。今日は、「運を味方にできるいい日」だと思って積極的に行動しましょう。
2（火）	▽	憧れの仕事を任されたり、尊敬できる人と一緒に働けるなど、うれしい状況になりそう。夜は、日中の頑張りすぎが原因で疲れてしまいそうですが、周囲との付き合いは大切にしておきましょう。
3（水）	▼	悪口を言う人がいても、それはあなたに関心があることの裏返し。表現が下手なだけだと思って、あなたから近づいてみるといいでしょう。世の中には、ひねくれた表現を使う人もいるということを覚えておきましょう。
4（木）	×	ネガティブな言葉は、自分にも相手にも悪い影響を与えてしまいます。できるだけポジティブな言葉を発するようにしましょう。マイナスなことを言われても、プラスに変換して受け止めること。
5（金）	▲	今後の買い替えの準備のために、不要なものをドンドン処分するといい日。使わないものを捨てるだけでなく、時間を無駄にするアプリやゲーム、SNSも消去してしまいましょう。不要な連絡先も削除するように。
6（土）	○	今日と明日は、できるだけ「行動する」といい日。気になったことや興味がわいたことを調べてみたり、興味の赴くまま、行ってみたい場所に足を運んでみましょう。イメチェンをするにもいい運気です。
7（日）	◎	はじめて行く場所で、素敵な出会いや経験に恵まれそうな運気。家でのんびりしたり誰かからの誘いを待ったりしていないで、思い浮かんだ人に連絡し、遊びに誘ってみるといいでしょう。
8（月）	□	今後の予定をしっかり立てるといい日。休みがとれそうな人は、ゴールデンウィークの計画を考えるのもオススメです。仕事でも、今後の目標を決めるといいので、現実的で具体的な目標を掲げてみましょう。
9（火）	■	小さなことを気にしすぎるとストレスがたまってしまうだけ。思い通りにならなくて当然だと思って、気楽に流しておきましょう。
10（水）	◇	真剣に取り組んだことに運が味方する日。いまの仕事に対して、これまで以上に本気になってみると、いい結果につながりそうです。恋愛でも、好きな人には素直に気持ちを伝えてみるといいでしょう。
11（木）	△	なんとなく集中できない感じがしそうな日。今日は、気分転換をしたりしっかり休憩をとって、メリハリのある生活を心がけましょう。余計なことを考えすぎてミスをしないよう気をつけること。
12（金）	☆	あなたの魅力や才能が開花する日。遠慮せずしっかり自分をアピールしたり、得意なことで周囲を笑顔にさせたりと、何事も全力で取り組んでみるといいでしょう。
13（土）	☆	買い物をするには最高な日。服や靴、身の回りのものを一気に買い替えてみましょう。家、マンションの購入や、引っ越し先を決めるにもいい運気です。
14（日）	▽	日中は買い物をするといい運気なので、昨日買うかどうか悩んだものがあるなら購入してみましょう。夜は、明日に疲れを残さないためにも早めに帰宅して、ゆっくりする時間をつくっておきましょう。
15（月）	▼	予想外に忙しくなったり、急に仕事をお願いされてしまいそうな日。自分の仕事は少しでも早めに片付けておくといいでしょう。夜は、予定を乱されてしまいそうです。

開運のつぶやき｜ほとんどの人がすでに運はいい。運がいいと信じて、できることを見つけよう

16（火）	×	意見や考え方の違う人とぶつかってしまいそう。周囲の人の意見が正しい場合もあるので、「自分は間違っていない」と思い込まないで。お互いの落としどころを見つけるようにしましょう。
17（水）	▲	うまくいかないことがあったり、叱られたりしたくらいでヘコんでいると、チャンスも運気も逃してしまいます。うまくいかなかった原因を探り、叱ってくれる人への感謝も忘れないようにしましょう。
18（木）	○	新たな人脈をつくる努力が大事な日。職場での挨拶や雑談を大切にするようにしましょう。行きつけのお店をつくったり、習い事をはじめてみてもいい縁につながるので、気になることに挑戦してみましょう。
19（金）	◎	「当たり前のことを当たり前にする」をつねに心がけておきましょう。自然と運を味方にできたり、流れをいい方向に変えられます。「当たり前」のレベルを少しでも上げることも意識して。
20（土）	□	「正しく生きよう」とするより、「楽しく生きよう」と意識してみるといい日。自分だけでなく、周囲にも楽しいと思ってもらえるよう工夫してみましょう。
21（日）	■	今日はしっかり体を休ませて、無理なく1日を過ごしましょう。すでに予定が入っている場合も、お茶をする時間をつくるなど、ゆとりをもって行動しましょう。
22（月）	◇	周囲があなたの魅力に気づく日。何度も目が合う人は、あなたに好意をもっていると思ってよさそうです。好きな人に連絡してデートに誘ってみると、OKがもらえたり、交際をスタートさせられることも。
23（火）	△	自然と人気者になってしまいそうな日。多少面倒でも笑顔で話を聞いたり、その場を楽しんでみましょう。些細なことでもしっかりよろこぶようにすると、あなたの笑顔で周囲が元気になりそうです。
24（水）	☆	成功する人は、「失敗も負けも経験しない人」ではなく、「失敗しても負けても挑戦を続ける人」だと覚えておきましょう。多少うまくいかなくても、挑戦する気持ちを忘れないように。
25（木）	☆	仕事運が最高にいい日ですが、忙しくなりすぎたり、重要なポジションを任されて緊張することがありそう。出せる力しか出ないと思って気楽に取り組むと、いい結果につながるでしょう。
26（金）	▽	午前中は、頭の回転もよく、いいアイデアが浮かんだり的確な判断ができるでしょう。夜は、愚痴や不満を聞くことが増えることや、周囲の人に振り回されてしまうことも。
27（土）	▼	予定が急にキャンセルになったり、予想外の渋滞や行列に巻き込まれて時間がかかってしまうことがありそう。今日は、のんびり過ごしたり、想定外の展開を楽しむくらいの姿勢でいるといいでしょう。
28（日）	×	意外な人に遊びに誘われるかも。面倒に感じたときほどいい経験ができそうなので、少しの時間でも会ってみましょう。マイナス面ばかり見ないようにすることも大切です。
29（月）	▲	身の回りを片付けるのがオススメの日。季節外れのものをしまったり、しばらく着ない服はクリーニングに出したりして、身の回りをスッキリさせましょう。
30（火）	○	周囲にすすめられたことに挑戦するといい日。オススメの映画やドラマを観たり、避けていたジャンルのアニメや漫画に触れてみると、おもしろい発見があるでしょう。

☆開運の日　◎幸運の日　◇解放の日　○チャレンジの日　□健康管理の日　△準備の日
▽ブレーキの日　■リフレッシュの日　▲整理の日　×裏運気の日　▼乱気の日　＝運気の影響がない日

5月

△ 準備の月

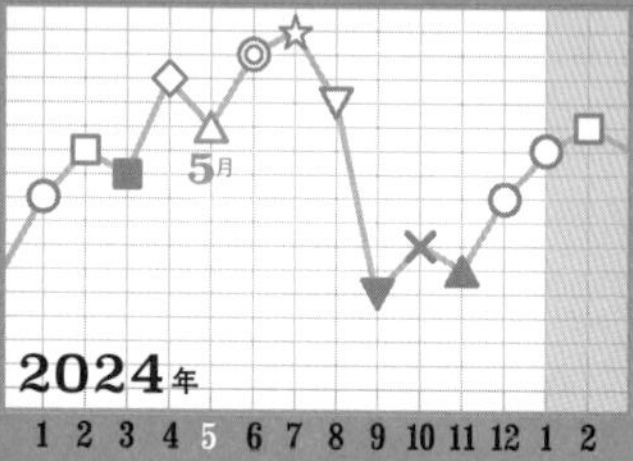

今月の開運3か条

- しっかり遊ぶ
- 時間を確認する
- 交流を楽しむ

総合運

人生を楽しむために いろいろな経験を増やすことが大事

気持ちが楽になり、肩の力も抜けてリラックスできる時期。ただ、そのぶん気が緩みすぎて小さなミスが増えてしまいそうです。遅刻や寝坊、これまでになかったような失敗もしやすいので、事前準備や確認はしっかり行いましょう。不思議と遊びに誘われる機会も多くなる月です。人生を楽しむためにも、今月はいろいろな経験をしてみるといいでしょう。笑顔を意識し、楽しい雰囲気をつくってみると、周囲を明るくさせられそうです。

開運のつぶやき　必要なのは運ではなく、対応力と柔軟な発想力

恋愛&結婚運

「自分に見合う人」を求めれば簡単に交際に進める

あなたのやさしさや魅力に周囲の人が気づき、モテる時期。理想を追い求めるよりも現実をしっかり見つめ、いまの自分に見合う人を探すと、簡単に交際をスタートさせられるでしょう。付き合う前からネガティブなことを考えないで、自分を選んでくれた人を信じてみるようにしましょう。心配なことがある場合は、周りの人に相談して相手を見定めてもらうとよさそうです。結婚運は、今月は一緒にいる時間を楽しむといいでしょう。

仕事運

いまの仕事を楽しみつつミスには気をつけるように

真面目に取り組むよりも、楽しむことが大切な時期。職場の人と交流したり、ゲーム感覚で仕事をしてみるなど、少しでも楽しめるよう工夫してみましょう。これまでとは考え方を変えてみると、いい結果につながりそうです。ただ、今月は遅刻や寝坊、数字の見間違いなど、自分でもびっくりするようなミスをしやすいので、確認作業はしっかりしておきましょう。問題が起きたら即報告し、周囲に相談することも忘れないように。

金運&買い物運

予算を決めて遊ぶこと

交際費や娯楽費が増えてしまいそうな時期。楽しいことにお金を使うのはいいですが、予想外に使いすぎる場合があるので、予算を決めて遊びましょう。忘れ物や失くし物もしやすい月。買い替えや修理で出費が増えてしまったり、お気に入りの服を汚して、クリーニングに出してもきれいにならないようなこともありそうです。長く使うものや高価なものは来月以降に買ったほうがいいので、今月は情報を集める程度にしておいて。投資も来月がオススメ。

美容&健康運

焦ってケガをしないように

気が楽になる時期。ストレスを感じることも減って、体も肌も調子がよくなりそう。ただ、油断しやすくもなり、段差でつまずいたり、焦ってケガをすることもあるため注意は必要です。また、みんなで楽しく過ごすのはいいですが、食べすぎや飲みすぎには気をつけましょう。今月からダンスやヨガなど、楽しみながらできる運動をはじめると、思った以上に長く続けられそうです。

5月

△準備の月

1（水）	○	おもしろいアイデアが浮かんだり、発見が多くなりそうな日。少しでも興味がわいたら積極的に行動に移してみるといいでしょう。素敵な出会いにもつながりそうです。
2（木）	□	人との縁がつながる日。話してみたいタイプの人や、尊敬できる人にも会えそうです。「人見知りです」と言っていても何の得にもならないので、ウソでも「人と話すのが好き」と言うようにしましょう。
3（金）	■	調子に乗りすぎて体調を崩したり、小さなケガをしやすい日。今日は落ち着いて行動することが大切です。暴飲暴食もしないように。
4（土）	◇	気になる相手がいる人は、デートができたり、急に連絡がきて遊ぶことになりそう。あなたからメッセージを送ってみるといいきっかけになるので、少し勇気を出してみましょう。
5（日）	△	小さな選択ミスをしそうな日。「そっちのメニューを頼めばよかった」と思うようなことが何度もありそう。買い物も失敗しやすいので慎重に。ドジなケガにも気をつけましょう。
6（月）	○	頑張って結果を出している友人や昔の知り合い、同期などに連絡してみるといい日。刺激を受けられたり、いいパワーをもらえそう。幸せを分けてもらえることもあるでしょう。
7（火）	◎	仕事に工夫を凝らすといい日。指示されるまで待っていては、いい結果が出たとしても自分の手柄とは思えないでしょう。頑張ったら、ご褒美に少し贅沢なランチやディナーを食べてみて。
8（水）	▽	日中は、周囲に協力してもらえたり、好きなメンバーと一緒に仕事ができそうです。夕方あたりからは、後輩や部下に振り回されてしまうかも。人の頑張りを認めたり、ねぎらったりすることを忘れないようにしましょう。
9（木）	▼	都合の悪いことを無視したり、聞く耳をもたずにいると、同じ問題や失敗を繰り返してしまうだけ。不慣れな点や苦手なことを指摘されたら、自分の至らなさを認め、学んで成長するきっかけにしましょう。
10（金）	×	余計な一言に注意が必要な日。軽はずみに約束して後悔したり、面倒なことになる場合もありそうです。人の話は最後まで聞き、強引な相手でも、無理なときはしっかり断りましょう。
11（土）	▲	大事なものをどこかに置き忘れたり、約束していたことをあとになって思い出してしまいそう。今日は、ほかにも珍しいミスをしやすいので気をつけましょう。時間があるときは掃除をしてみると、いいことがありそうです。
12（日）	○	友人や知人に誘われた場所で、気になることを見つけられそう。少し体験してみると、のちに新たな趣味になるかも。イベントやライブ、美術館に行ってみるのもいいでしょう。
13（月）	○	初対面なのは自分も相手も同じ。笑顔で挨拶したり、楽しい空気を出しておきましょう。新しい仕事を任されたときは、不安なことや心配なことを考えるより、成功した姿や人から評価されている明るい未来を想像するといいでしょう。
14（火）	□	目の前の人をよろこばせようと頑張ってみるといい日。多少うまくいかなくてもいいので、どうしたらよろこんでもらえるのかを考え、行動してみましょう。
15（水）	■	指を紙で切ったりドアにはさんでしまうなど、小さなケガをしやすい日。今日は余計なことはしないようにして、ていねいに行動しましょう。夜は不思議と人気者になれそうです。

開運のつぶやき　自分だけ得しようとする人は、幸運を逃すか、一度手にしても必ずこぼすもの

16（木）	◇	求められることが増え、あなたの能力や魅力が輝く日。人の役に立てることが少しでもあるなら、一生懸命取り組んでみるといいでしょう。あなたが周囲のムードをつくることもできそうです。
17（金）	△	半信半疑なことでも、おもしろそうと感じたら、挑戦してみるといいでしょう。多少うまくいかなかったくらいでヘコまないように。「失敗談はいい話のネタになる」と思って、気持ちを強くもちましょう。
18（土）	○	遊ぶ約束をしたまま実現できていない人がいるなら、今日思い切って連絡を。「突然ですが、今日はおヒマですか?」と送ってみるといいでしょう。会って話してみると、楽しい時間を過ごせて、学べることもありそうです。
19（日）	◎	遊びに行くといい日。買い物よりも、体験や経験にお金を使うのがオススメなので、テーマパークや舞台、ライブに行ってみましょう。旅行や少し贅沢なごはんを食べに出かけるのもいいでしょう。
20（月）	▽	午前中は、頭の回転が速くなり、いい判断ができそうです。夕方あたりからは、判断ミスやドジな失敗をしやすいので気をつけましょう。余計なことを言って、自分を苦しめてしまうこともありそうです。
21（火）	▼	「なんでこれを買ったんだ?」と思うようなことが起きそう。いつも買わないようなドリンクを選んで、失敗する場合も。ふだんなら選択しない方向に進んでしまいやすくなるので、慎重に判断しましょう。
22（水）	×	よかれと思ってアドバイスをしたら、想像とまったく違うリアクションをされたり、「はぁ」と流されたりして、ショックを受けてしまいそう。自分では正しいと思っていても、相手には伝わらないことも多いということを覚えておきましょう。
23（木）	▲	身の回りをきれいにしたり、整えることが大切な日。散らかったままでは気持ちが落ち着かないもの。共同で使うところも、気になったら掃除しておきましょう。
24（金）	○	少しくらい失敗してもかまわないので、新しいことに挑戦してみましょう。使ったことのないアプリで遊んだり、まだ見ていなかったドラマやアニメを見てみるのもよさそうです。好奇心をくすぐってみましょう。
25（土）	○	いつものメンバーで遊ぶのもいいですが、1、2人くらいは違う人を誘ってみましょう。行ったことのない場所に足を運んだり、変化を楽しんでみると、いい1日を過ごせそうです。
26（日）	□	好意を寄せてくれている人がいるなら、連絡してみるといい日。デートをするといい関係に進めそうです。「好みではない」などと不満を言っているうちは、素敵な人は現れないでしょう。
27（月）	■	寝不足を感じたり、起きるタイミングが悪かったりして、午前中はだるさが残ってしまいそう。朝から少しストレッチをしてみるといいでしょう。朝食やランチは食べすぎに注意して。
28（火）	◇	視線を感じる日。あなたに好意を寄せていたり、憧れている人かもしれません。今日は、髪型や服、メイクに気合を入れておくといいでしょう。
29（水）	△	話を聞いていなかったり、大事なところでボーッとしやすい日。自分で思っている以上に時間がたっていて「あれ?」と思うことも。同じような失敗も繰り返しやすいので、気をつけておきましょう。
30（木）	○	青春時代に聴いていた曲を流してみると、やる気になれそうな日。1曲でもいいので「懐かしい～」と思いながら、楽しかったときのことを振り返ってみるといいでしょう。
31（金）	◎	給料の1割を貯金に、もう1割はNISAや投資信託に回すなど、お金の使い方を真剣に考えてみましょう。後輩や部下にご馳走したり、少額の寄付をしたりするのもよさそうです。

6月

◎ 幸運の月

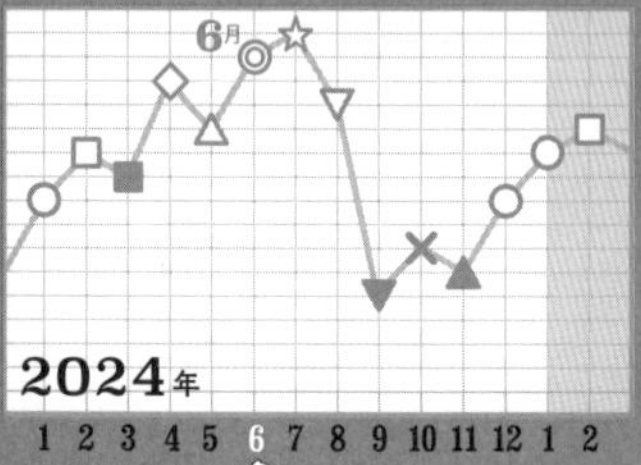

今月の開運3か条

- 自分の得意なことをアピールする
- 付き合いの長い人の言葉を信じて行動する
- いい思い出のある曲を聴く

総合運

「粘り強さ」と「諦めない気持ち」が幸運を引き寄せる

本来の魅力や能力、実力をうまく発揮できる月。多少困難なことにも粘り強く取り組みましょう。諦めない気持ちが幸運を引き寄せるので、自分の気持ちにもっと素直になって、遠慮せずドンドン行動に移してみるとよさそうです。周囲から応援されることや、おもしろい縁がつながることもあるため、人との出会いを楽しんだり、交流を深めてみましょう。今月は新たな挑戦をするよりも、得意なことをアピールしたほうが運を味方につけられそうです。

開運のつぶやき　他人のためにできることを探して、己を消せば、自然と幸せになれるもの

恋愛&結婚運

すでに出会っている人との進展が期待できそう

今年に入っていい関係になった相手から告白されたり、いい展開に進めそうです。下手でもいいので相手をほめて、自分が言われたらうれしい言葉を伝えてみましょう。話は楽しそうに聞き、些細なことでもしっかりよろこぶことが重要です。今月は、すでに出会っている人とのほうが関係を深められる時期ですが、下旬には新しい出会いのチャンスも。結婚運は、今年一度でも真剣に結婚の話をしたことがあれば、進展しやすいでしょう。

仕事運

多少失敗しても成長できる。ドンドン行動してみて

周囲から信頼されて重要なポジションを任されたり、得意な仕事で役に立てそう。自分が思っている以上に実力がついていることもわかり、「これまで苦労してきてよかった」と思えるような出来事もあるでしょう。今月は多少失敗しても結果的にいい方向に転がったり、失敗からの学びが大きな成長につながるので、ドンドン行動に移すことが大切です。問題が起きたときやうまくいかないときは、付き合いの長い先輩や上司に相談するといいでしょう。

金運&買い物運

長く使うものを購入しよう

長年欲しいと思っているものがあれば、思い切って購入するといい時期。長く使えるものなら、多少値が張っても手に入れておくといいでしょう。家やマンションの購入、引っ越し先を決めるにもいい運気です。情報を集めて比較してみましょう。行きつけのお店に行くと、思わぬサービスを受けられたり、掘り出しものを見つけるなどのラッキーもあるかも。投資は、いま行っているものへの出資額を増やすとよさそうです。

美容&健康運

「若い感じ」にイメチェンを

「数年前に比べて体重が増えている」「体力が落ちている」と思うなら、今月からしっかり運動したり、ダイエットをはじめるといいでしょう。できれば慣れている運動やウォーキング、ランニングなど、なんとなく続けられそうなことに挑戦してみましょう。言われないとやらないタイプなので、目標体重を紙に書いて貼ったり、周囲に応援してもらうと頑張れそう。美容運は、若い感じを意識してイメチェンするのがオススメです。

開運のつぶやき　環境を変える勇気が、人生を大きく変える

6月

◎幸運の月

1（土）	▽	時間があるなら、相手から誘われるのを待っていないで自ら連絡してみるといいでしょう。ランチを楽しめたり、いい時間を過ごせそうです。夜は、急に慌ただしくなってしまうかも。
2（日）	▼	暴飲暴食に注意が必要。おいしいからといって食べすぎると、胃腸の調子を崩したり、食べ癖がついて太ってしまうことがあるので気をつけましょう。
3（月）	×	慎重に考えて行動することと、ネガティブにとらえることは大きく違います。マイナスな方向に考えすぎたり、余計な心配をしないよう心がけましょう。
4（火）	▲	朝から身の回りを片付けてみましょう。職場でも、時間があるときはこまめに整理整頓や掃除をするように。失くしたと思っていたものが出てくることもありそうです。
5（水）	○	簡単に諦めないで、少し粘ってみることが大切な日。「うまくいかないことや、失敗することは当たり前」だと思うようにしましょう。勇気を出して行動すると、実力がアップするでしょう。
6（木）	○	新しい服を着たり、最近手に入れた小物を持って出かけてみるといい日。出先でも、新商品のお菓子など目新しいものがあれば購入してみましょう。いいものを見つけたら周囲にも教えてみると、良縁がつながりそうです。
7（金）	□	あいまいな返事をしたり、ハッキリしないことを言わないように。遊びに誘われたときは、「行けたら行く」ではなく、「行く」か「行かない」かしっかり伝えましょう。きちんと言うことが本当のやさしさだと忘れないように。
8（土）	■	しっかり体を休めるといい日。スマホをダラダラ見ていても疲れるだけなので、手の届かない場所に置いておきましょう。今日は、ゆっくり読書をしたり、映画や音楽を楽しむといいでしょう。
9（日）	◇	知り合いや異性の友人から連絡がありそうな日。「久しぶりになんの用だろう?」と思っていたら、告白されたり好意を伝えられたりすることがあるかも。気になる人がいれば、あなたから連絡してきっかけをつくってみるのもよさそうです。
10（月）	△	ドジな忘れ物をしてしまいそう。「あ～今日使う予定だったのに」などとガッカリしていないで、どうすればいいか知恵をしぼったり、周囲に助けてもらうように。
11（火）	◎	うれしいことが起こる日。自分の得意なことで周囲の役に立つことができて感謝されたり、これまでの努力を評価してくれる人にも会えそう。自分を信じ、あなたを信頼してくれる人のために頑張ってみましょう。
12（水）	☆	仕事運のいい日。目標を達成できたり、やりがいを感じられたりもしそう。時間や数字、金額などにもっとこだわって取り組んでみるといいでしょう。自分のレベルが上がっていることも実感できそうです。
13（木）	▽	日中のうちに、以前うまくできなかったことにもう一度トライすると、いい感じで進められそう。何事もじっくり粘り強く取り組んでみると、いいことが起きそうです。
14（金）	▼	周囲に見返りを求めると、不満やイライラに変わってしまいそう。自分のペースで頑張って、自分の頑張りは自分でほめるようにしましょう。
15（土）	×	無駄な時間を過ごしたり、予想外の人に予定を乱されてしまうことがある日。今日は不慣れなことに挑戦するよりも、安定を目指したほうが楽しく過ごせそうです。

開運のつぶやき　結果を焦りすぎないことは大切

16（日）	▲	時間をつくって大掃除をしたり、ふだん手をつけていないところをしっかりきれいにするといい日。カーテンの洗濯や、お風呂、洗濯機の掃除をするのもオススメです。思った以上に汚れていて驚くことがありそう。
17（月）	○	今週は、付き合いの長い人から頼まれたことをすべて引き受けてみると、いい流れに乗れそう。あなたを信頼してくれる人の言葉を信じてみるといいでしょう。疑いすぎるとチャンスを逃してしまうかも。
18（火）	○	フットワークを軽くするといい日。気軽に誘いに乗ったり、人の集まりにもドンドン参加してみましょう。多少意見の合わない人がいても、「いろいろな人がいるだけ」と割り切っておきましょう。
19（水）	□	長く続けていることでいい結果が出たり、うれしい流れを感じそう。小さなことでもチャンスだととらえ、思い切って挑戦を。夜は、ゆっくり湯船に浸かってから寝るようにしましょう。
20（木）	■	疲れから集中力が欠けたり、小さなミスをしやすい日。今日は慎重に行動しましょう。こまめに休憩することも大切です。昼食後に軽く仮眠をとったり、目を閉じる時間をつくっておくといいでしょう。
21（金）	◇	あなたの魅力や能力に気づく人が出てくる日。重要な仕事を任されることや、チャンスをつくってもらえる場面もありそうです。恋愛でも、告白されたりデートを申し込まれることがあるかも。
22（土）	△	遊ぶことで運気が上がる日。楽しい思い出のある場所に行くといいので、思い浮かんだところやお店に足を運んでみて。買い物をするにもいい日です。
23（日）	◎	親友や付き合いの長い同僚から連絡がきたり、遊ぶ流れになったりして楽しい時間を過ごせそう。片思いの人とも距離を縮めやすい運気なので、試しにメッセージを送ってみて。
24（月）	☆	自分の計算通りに物事が進む日。ねらいをしっかり定めるためにも、念入りに計画を立てることが重要です。最終的にどうなれば自分が満足できるのか、よく考えてみましょう。
25（火）	▽	日中は運気の流れがいいので、協力者や味方を集められそう。頭の回転も速くなって、的確な判断もできるでしょう。夕方あたりからは、周囲の人に振り回されたり、余計な心配事が出てくるかも。
26（水）	▼	周囲の人の言葉に振り回されてしまいそうな日。物事をマイナスにとらえすぎないようにしましょう。「この人もよかれと思って言ってくれている」と思っておくといいでしょう。
27（木）	×	今日は、よかれと思ってした行動が裏目に出てしまいそうです。余計な一言も出やすいので注意しましょう。あなたのやさしさが伝わるまでに時間がかかる場合もあるため、気にしすぎないように。
28（金）	▲	周囲をしっかり観察しておくといい日。動き出す前に、何をどうすればいいのか、よく考えるように。時間があるときは、身の回りの整理整頓や掃除をしておきましょう。
29（土）	○	今日と明日は、はじめての場所に行くことでいい出会いがあったり、お気に入りを見つけられそう。気になったイベントやライブに足を運んでみると、うれしい発見や学びもあるでしょう。
30（日）	○	変化を楽しむといい日。ふだんなら興味をもたないようなジャンルの本を読んだり映画を観ると、いい刺激を受けられそうです。自分の直感を信じて行動してみましょう。

7月

☆開運の月

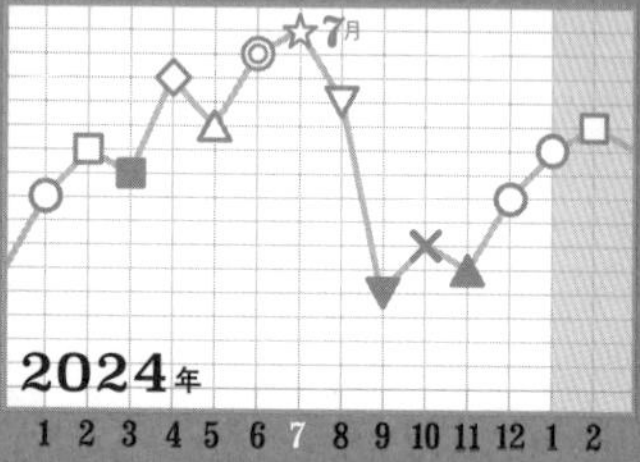

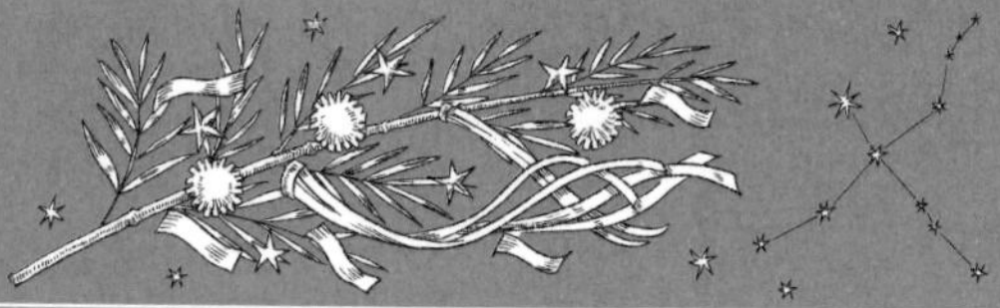

今月の開運3か条

- 財布を買い替える
- 新しい出会いを増やす
- 投資をはじめる

総合運

「行動」が幸運のカギ。遠慮せず大いに欲張って

行動することで運を味方につけられる、最高の運気。あなたの才能やこれまでの努力がいいかたちになって表れるでしょう。遠慮はいらないので、大いに欲張って人との出会いを増やしたり、自分の得意なことや好きなことを話してみましょう。将来の夢を語ってみると、味方を集めることもできそうです。これまでの人生に納得できていなければ、引っ越しや転職の決断をして、人生を思い切り変えるスタートを切ってもいいでしょう。

開運のつぶやき｜人に真心をもって接することができると、階段を一段上がれる

恋愛&結婚運

「運命の出会い」も。笑顔を忘れず集まりには気合を入れて参加しよう

運命的な出会いがある時期。知り合いからの誘いや紹介、人の集まる会があれば、髪を切って整えたり、服やメイクにも気合を入れて臨みましょう。笑顔で挨拶をし、自ら話しかけてみることで、運命の人に出会えそうです。すでに気になる相手がいるなら、積極的なアピールを。ときには押しかけてもいいでしょう。結婚運も最高の時期。婚姻届を出すなら今月中がいいので、ドンドン決めて動きましょう。

仕事運

全力で期待に応えることで道を切り開ける月

最高の仕事ができる運気なので、これまでの努力を無駄にしないよう、自分の力を出し切ってみるといいでしょう。大きなチャンスをつくってくれる人も現れそうです。あなたを信じてくれる人からの期待に全力で応えると、道が切り開かれるでしょう。いまは大きな変化はなかったとしても、今月の頑張りがのちの収入や出世に響いてくる場合があるため、油断しないように。自ら行動し、期待された以上の結果を目指しましょう。

金運&買い物運

投資、買い物に最適なとき

買い物にも最高の時期。この機会に財布を買い替えてみましょう。新たな口座をつくったりスマホ決済をはじめるにもいいでしょう。投資もオススメできるので、まずはNISAなどの投資信託からスタートしてみるとよさそうです。ほかにも気になる投資があれば、詳しい人に聞いてみましょう。引っ越しをするにもベストな時期。しばらく同じ場所に住んでいるなら、引っ越し先を探してみて。家やマンションを購入するにもいい運気です。

美容&健康運

美のレベルUPを

自分磨きに力を入れるといい時期です。上旬の運気のいい日に髪を切ると、注目を集められたり、モテるようになりそう。エステや脱毛、歯列矯正をはじめるのもいいでしょう。運動するならスポーツジムに入会したり、パーソナルトレーナーをつけてみると、効率よく体力をつけられてオススメです。また、メイクレッスンなどに行くと、これまで知らなかった技術を学べて、「美のレベル」が上がりそう。食事の内容や時間も今月から見直すことが大切です。

開運のつぶやき　誰でも感謝されたらうれしいもの。それなら、感謝を素直に伝えたほうがいい

7月 ☆開運の月

1（月）	□	今月中に達成できそうな目標を掲げてみるといい日。少し手が届かないくらいの目標にするのがオススメです。もっと自信をもって挑戦してみましょう。
2（火）	■	朝から好きな音楽を聴いてみると、いい1日を過ごせそう。多少疲れても、少し休憩すれば回復して、頑張り続けられるでしょう。ランチやディナーでは、ストレス発散に好きなものを選んで食べて。
3（水）	◇	あなたの才能や能力が認められたり、頭の回転も速くなり、直感が最高に冴えわたる日になるでしょう。じっくり考えるよりも、自分の勘を信じて行動し、発言してみると、いい流れに乗れそうです。
4（木）	△	空気の読めない発言や行動をしてしまいそうな日。どんな人にも敬意をもって接するようにしましょう。とくに身近な人との会話で失言しやすいので、余計なことを言わないよう気をつけておくこと。
5（金）	☆	付き合いの長い人とうまく協力でき、満足のいく結果も出せそうな日。充実した1日を過ごせたと思ったら、同僚や友人を誘って食事や飲みに行ってみるといいでしょう。
6（土）	☆	買い物をするには最高の日。財布や仕事道具、スーツを購入するにもいい運気です。髪を切ったり、思い切ったイメチェンをしてみるのもいいでしょう。引っ越しの決断も吉。
7（日）	▽	昨日購入できなかったものがあったら、日中のうちに手に入れるといいでしょう。会いたい人がいる場合も、日中のうちに連絡してみると、いい関係に進めそう。夜は、慌ただしくなってしまうかも。
8（月）	▼	周囲の人の気分で心が不安定になりそうな日。不機嫌な人に心を乱されないよう、「平常心」を心がけておきましょう。ポジティブな人の近くにいると、いい方向に進めそうです。
9（火）	×	予想外に忙しくなりそう。頼りにしていた人が体調を崩して休んだり、頼んだ仕事が期待外れな出来のことも。イライラせずに、今日はひと踏ん張りする日だと思って、頑張って乗り越えましょう。
10（水）	▲	努力や頑張りも正しい方向でないと、力は発揮されないもの。日々の努力や学びが、本当に自分の目的や目標に向かっているのか、冷静に考えてみましょう。方向性が間違っているなら、やめたり軌道修正するように。
11（木）	◎	変化を楽しんでみるといい日。新しいことを任されたときに、「押しつけられた」と思わないように。どんな仕事をすれば、結果や自分の実力アップにつながるのか、前向きに考えて取り組んでみるといいでしょう。
12（金）	◎	自分で思っている以上に、あなたの実力がアップしていることに周囲は気づいているはず。得意なことをもっと素直にアピールしたり、手伝えることがあったらドンドン協力してみましょう。
13（土）	□	今月の目標や自分の夢にどれくらい近づいているか、そのために何を頑張ってきたのか、振り返ってみるといい日。足りないところがあるなら、今日から少しでも努力や勉強をはじめましょう。
14（日）	■	今日はしっかり体を休ませたほうがいいでしょう。温泉やスパ、マッサージに行くのもオススメです。少しいいエステに行って、贅沢な気分を味わってみると、ストレスも発散できるでしょう。
15（月）	◇	デートをするには最高な日。気になる相手がいるなら、連絡してみるといいでしょう。突然誘われることや告白されることもありそうです。買い物をするにもいい運気なので、服や靴を買いに出かけてみましょう。

開運のつぶやき｜他人を感動させられる人に、幸運はやってくる

16（火）	△	気分が乗らず、ダラダラしたり、小さなミスが増えてしまいそう。大事な仕事は明日に回して、目の前のことに集中しましょう。休憩中は周囲と楽しく話して大笑いすると、やる気が回復しそうです。
17（水）	☆	付き合いの長い人との縁を感じられる日。互いのことを理解し合っているからこそできる仕事もあるでしょう。「得意な仕事で周囲を助ける」くらいの気持ちで取り組んでみると、結果につながりそうです。
18（木）	☆	仕事運が好調な日。今日は手加減せず本気で取り組んでみると、成果を出せそうです。その姿勢がのちの収入アップや出世に大きく影響する場合も。大きな決断をするにもいい日です。
19（金）	▽	日中は、いい判断ができて前に進めそう。悩んだときは行動を優先すると、いい経験や結果につながるでしょう。夜は、友人や知人に振り回されてしまいそうです。
20（土）	▼	今日と明日は、予定通りに進まないことが多くなりそうですが、予想外を楽しむことで、視野を広げられたりおもしろい経験ができるでしょう。「期待外れ」ではなく、「自分の想像力がまだまだだった」と思うように。
21（日）	×	意外な人から告白されたり、おいしそうと思って頼んだメニューにガッカリするようなことがあるでしょう。予想外の出来事も楽しんでみて。
22（月）	▲	何事も順序正しく行うのはいいことですが、臨機応変な対応が大切になる場面もあるもの。無駄なことは上手にカットするようにしましょう。今日はいい判断ができそうです。
23（火）	◎	情報を集めるといい日。ネットを見るだけでなく本を読んでみると、役立つ話や素敵な言葉を見つけられそうです。いい言葉に出会ったら、周囲にも教えてあげると感謝されるでしょう。
24（水）	◎	あなたの前向きな発言で、周囲の空気を変えられそうな日。ふだんなら言わないような気持ちの入った言葉を発したり、自ら先頭に立って動いてみると、いいお手本になれるでしょう。
25（木）	□	マイナスなイメージのある人や仕事を、あらためて見直してみましょう。いい部分や大事なところを見落としていたことに気づけそうです。いいところに注目する癖をつけるよう努力してみましょう。
26（金）	■	疲労を感じたときは、目が疲れているだけかも。目を閉じて周辺をマッサージしておきましょう。不要な間食はせず、常温の水を飲むようにすると、体がスッキリしそうです。
27（土）	◇	好きな人と交際できたり、素敵な人と出会えそうな日。モジモジしないで、自分の気持ちに素直になって行動してみましょう。
28（日）	△	しっかり遊ぶことで、楽しい思い出ができる日。ノリのいい人に声をかけてみましょう。興味をもったイベントやライブがあれば、思い切って行ってみるのもオススメ。気になる人を誘うにもいい日です。
29（月）	☆	付き合いの長い人が素敵に見えてきそうな日。偶然の再会からいい情報交換もできそうです。不思議な縁がつながる場合もあるので、食事に行く約束をしておくといいでしょう。
30（火）	☆	リーダーのポジションを任されたり、重要な仕事をお願いされてしまいそうな日。自信をもって取り組めば、いい結果につながるでしょう。
31（水）	▽	日中は、いい勢いで仕事を進められたり、意見を通すことができそうです。夕方あたりからは、正論を言いすぎてしまうかも。自分も相手も正しいと思って、言葉を選ぶようにしましょう。

☆開運の日　◎幸運の日　◇解放の日　○チャレンジの日　□健康管理の日　△準備の日
▽ブレーキの日　■リフレッシュの日　▲整理の日　×裏運気の日　▼乱気の日　＝運気の影響がない日

8月

▽ブレーキの月

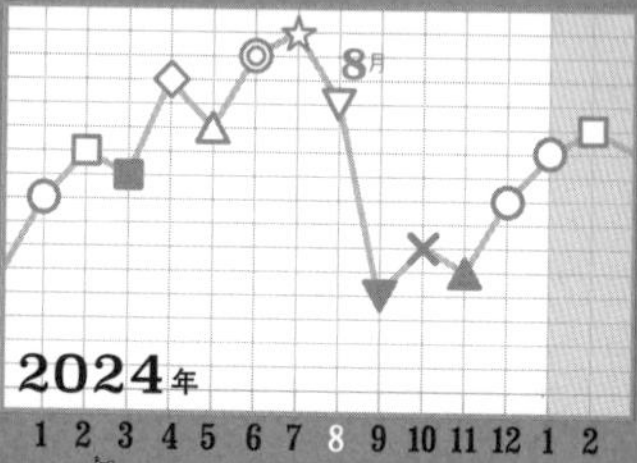

今月の開運3か条

- すべての人に敬意をもって接する
- 人脈を広げる
- 周りの人と協力する

総合運

プライドよりも協調を。下旬は振り回されるかも

周囲とうまく協力でき、想像以上の結果を出せる時期。自分のプライドを守るよりも、素直に頭を下げてお願いするなどして、味方を集めましょう。新たな人脈もできる運気なので、人との付き合いを大切にしてみるといいでしょう。下旬になると、マイナスな情報に振り回されたり、ここ1~2か月いい流れだった人ほどやっかまれてしまう場合がありそうです。感謝や恩返しの気持ちを忘れず、礼儀やマナーも守るようにしましょう。

開運のつぶやき　相手を理解しようと努める人に、運は味方する

恋愛＆結婚運

中旬までが好機。自ら動いてチャンスをつかもう

好きな人や気になる相手がいるなら、中旬までが交際につながるチャンスです。飲み会や食事に誘って、話す機会をつくってみましょう。相手の出方を待っていないで、友人や知人にも協力してもらうなど自ら動くように。新しい出会い運も中旬まではいいので、集まりには積極的に顔を出しておきましょう。結婚運は、恋人の前では前向きな言葉やポジティブな発言を意識すると、進展しやすくなるでしょう。

仕事運

待っていてもはじまらない。積極性がカギに

最善をつくすことで、実力を発揮できる時期。いい評価や、満足のいく結果にもつながるでしょう。待ちの姿勢でいても何も変わらないので、すすんで行動したり、これまでの人脈を使って協力してもらえるよう働きかけることも大切です。意見も通りやすくなるため、しっかり話し合いをするといいでしょう。下旬になると運気の流れは落ち着きますが、今度はあなたが周囲に協力したり、手助けをする番だと思って動くようにしましょう。

金運＆買い物運

下旬は出費が増えそう

長年欲しかったものが手に入りそう。交渉がうまくいって安く購入できる場合もあるでしょう。周囲と話してみると、お得な情報を教えてくれる人が現れたり、臨時収入やご馳走してもらえる機会にも恵まれそうです。下旬になると出費が増えがちになりますが、後輩や部下、お世話になっている人をよろこばせるための出費は惜しまないように。おいしいお菓子などをプレゼントしてみましょう。

美容＆健康運

健康的な生活を心がけよう

中旬までは夏の暑さにも負けず、いい勢いで過ごせそうです。気になるスポーツや体力づくりをはじめるなら中旬までにスタートし、健康的な生活リズムをつくっておくといいでしょう。下旬になると、ストレスを抱えてしまう場合がありそうです。肌の調子も崩しやすいので、エステに行くなどしてスキンケアに力を入れましょう。ストレスを発散する時間をつくったり、睡眠を少し長めにとるのもオススメです。

開運のつぶやき　認めてほしいなら、まずは己がたくさんの人を認めるといい

8月

▽ブレーキの月

1（木）	▼	うまくできないときはごまかさずに、素直に周囲に聞いてみたり、手伝ってもらうことが大切です。自分のプライドを守るために、周りに迷惑をかけないようにしましょう。
2（金）	×	自分が正しいと思ったことを、なんでも言葉にするのが正義なわけではありません。ときにはウソをついてでも相手をよろこばせたり、本当のことを言わないでいるほうがお互いのためになることを、覚えておきましょう。
3（土）	▲	中途半端になっていることを終わらせるといい日。途中まで片付けていた場所があれば、きちんときれいにしてみると、気持ちがスッキリするでしょう。つくりかけのものを完成させたり、読みかけの本を最後まで読んでみるのもオススメです。
4（日）	○	気になる場所やお店に行ってみることが大切な日。好奇心に素直に従って行動すると、素敵な出会いや経験が待っていそうです。小さな勇気が人生をおもしろくするでしょう。
5（月）	◎	仕事に行く時間を10分早めるなど、いつもと少し違うことをしてみるといい日。ふだんなら飲まないようなドリンクを選ぶのもいいでしょう。変化をおもしろがってみて。
6（火）	□	礼儀や挨拶を大切にするのはいいですが、できていない人に不満を抱くことがないように。あなたがいい見本になっていないのかもしれません。少しずつでも、人が憧れるような生き方を見せられるようになりましょう。
7（水）	■	暑さによる疲れが一気に出たり、だるさが抜けなくなってしまいそう。しっかり休憩をとり、無理をしないようにしましょう。水分補給は大切ですが、冷たいものの飲みすぎには注意が必要です。
8（木）	◇	真面目に物事に取り組む姿勢が評価されたり、あなたの魅力や才能に気づく人が出てくる日。恋愛も進展しやすいので、気になる人に連絡してみるといいでしょう。
9（金）	△	集中力が途切れてしまいそうな日。あなたらしくないミスをしやすくなるので、気をつけておきましょう。失敗を隠さず素直に報告すると、対応策を考えてもらえることもありそうです。
10（土）	◎	親友や付き合いの長い人と遊ぶといい日。思い浮かんだ人に「今日、ごはんでも行きませんか?」と連絡してみるといいでしょう。相手によっては恋に発展する場合もあるかも。
11（日）	☆	買い物運がいい日。先月買うか悩んだものがあれば、思い切って購入するといいでしょう。長く使うものを手に入れるにもいいタイミングなので、家電や家具の買い替えを考えているなら、お店に見に行ってみましょう。
12（月）	▽	午前中は運気の流れが好調なので、積極的に行動するといいでしょう。会いたいと思う人がいるなら連絡を。夕方以降は疲れてしまったり、物事が予定通りに進まなくなりそうです。
13（火）	▼	期待外れな出来事が多い日。道路の渋滞や電車の遅延に巻き込まれたり、モタモタした店員に当たってしまうことがあるかも。イライラせずに、その体験から学べることを見つけてみましょう。
14（水）	×	あなたは正しいと思って言ったことでも、言葉選びやタイミング次第では、相手が不愉快に感じてしまうもの。関係性が悪くなってしまう場合もあるので、自分の考えばかり押しつけないように。
15（木）	▲	年齢に見合わないもの、時代遅れのものは処分するように。身の回りにある使っていないものや、この夏に着なかった服も捨て、いらない写真のデータなども消去してしまいましょう。

開運のつぶやき　「誰かの役に立っている」。そう思えることを少しでもやるといい

16（金）	○	視野が広がり、おもしろい情報を得られる日。周囲の人と話すときは、オススメの映画や本を聞いてみるといいでしょう。教えてくれた人にはあとで感想を伝えることも忘れずに。
17（土）	○	気になっていたお店や興味のある場所があるなら、少し遠くても思い切って行ってみましょう。思った以上にいい体験ができそうです。友人を誘うと楽しい時間を過ごせるでしょう。
18（日）	□	年末までの目標を掲げるといい日。年内に達成できたとき、自分がどんな幸せをつかめるのかを想像してみるといいでしょう。そのためには何を我慢したり、諦めたりしなくてはならないかも考えるように。
19（月）	■	朝から疲れを感じたり、集中力が途切れてしまいそうな日。ストレッチなどで、少し体を動かしておきましょう。夜は、急な誘いやうれしい展開がありそうです。
20（火）	◇	重要な仕事を任せてもらうなど、周囲から頼りにされることがある日。最善をつくすことで、いい結果につながりそうです。恋愛では、気になる相手に連絡すると、いい関係に進めるかも。
21（水）	△	余計なことを考えすぎたり、マイナスな情報に振り回されてしまいそう。気分に左右されないよう、気持ちを込めて仕事をしましょう。目の前のことにしっかり集中するように。
22（木）	◎	慣れていることや得意なことに一生懸命になるといい日。不慣れなことや苦手なこと、はじめてのことは後回しにしてもよさそうです。付き合いの長い人からのアドバイスは大切にしましょう。
23（金）	☆	今日は時間や数字、お金にシビアになりましょう。なんとなくではなく、時間を区切って行動するように。仕事でも、儲けや経費について考えてみるといいでしょう。
24（土）	▽	午前中から買い物や遊びに出かけるといい日。ランチデートもオススメなので、気になる人がいるなら連絡してみましょう。夕方あたりからは、心配事ができたり不安な気持ちになってしまうことがありそう。
25（日）	▼	予定通りに物事が進まなくなったり、身内や近しい人に振り回されることがありそう。「人生、思い通りにならないことを楽しめたら最高」と思って、上手に振り回されておきましょう。
26（月）	×	約束をすっぽかしたり、資料を作り忘れてしまうなど、大きなミスをしやすい日。過ちは正直に報告して、対応するようにしましょう。
27（火）	▲	失くし物や忘れ物に注意が必要な日。出かける前は、持ち物をしっかりチェックしておきましょう。慣れた仕事をするときでも、確認は怠らないこと。
28（水）	○	不慣れなことや苦手なことをそのままにせず、ゆっくりでもいいので克服できるよう努めましょう。苦手だと思っている相手に話しかけたり、どんな人なのかあらためて観察してみるのもいいでしょう。
29（木）	○	フットワークが軽くなる一方で、余計なことまで知ってしまいそうな日。どんなことにもプラス面とマイナス面があるものなので、いいところを探すようにしましょう。
30（金）	□	ネットの情報に振り回されないようにしましょう。あなたの人生に関係のない話で心を乱されないように。明るく前向きな人や憧れの人なら、どんな行動をするのか考え、同じように動いてみましょう。
31（土）	■	夏の疲れをしっかりとるといい日。マッサージに行ったり、好きな音楽を聴いたりして、ゆっくりする時間をつくりましょう。無計画に行動すると、ヘトヘトになってしまいそうです。

☆開運の日　◎幸運の日　◇解放の日　○チャレンジの日　□健康管理の日　△準備の日
▽ブレーキの日　■リフレッシュの日　▲整理の日　×裏運気の日　▼乱気の日　＝運気の影響がない日

9月

▼乱気の月

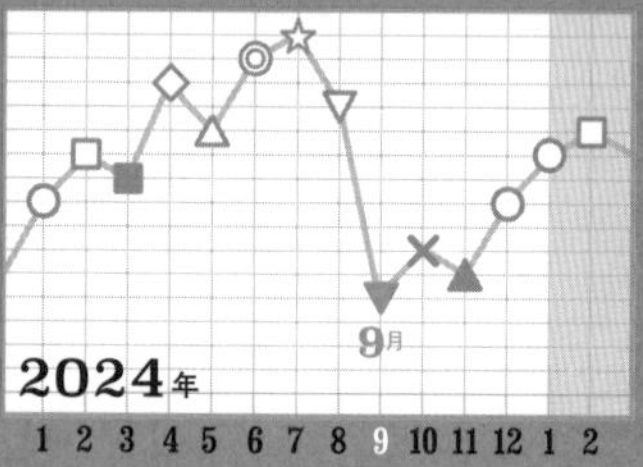

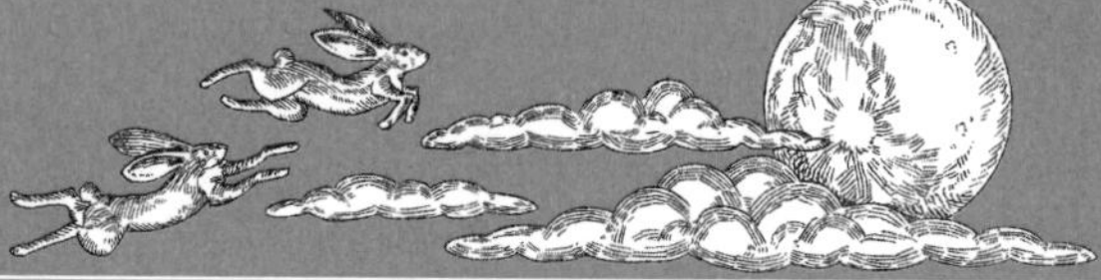

今月の開運3か条

- マイナスな情報に振り回されない
- ソリの合わない人とは距離をとる
- 不安や悩みは信頼できる人に話す

総合運

人の本質が見える時期。価値観の違いを分析しておこう

マイナスな情報や周囲の人の気分に振り回されてしまいそうな時期。良くも悪くも人の本質が見えて、ガッカリすることもあるかもしれません。それでもネガティブなところばかりに焦点を当てず、やさしい人や親切な人の存在を忘れないようにすれば問題なく過ごせるでしょう。愚痴や不満、悪口を言う人とは距離をおいたほうがいいので、我慢して付き合わないように。今月は人間観察をして、価値観や考え方の違いを分析するといいでしょう。

恋愛&結婚運

結婚はもう少し先。片思いの恋は焦らず時間をかけて

先月までいい関係だと思っていた人と急に距離があいたり、冷めている感じが伝わってしまいそうです。好きな人の欠点が気になることや、嫌なウワサが耳に入って不安になる場合も。恋人なら素直に聞いて話し合ってみるといいでしょう。片思いの恋は、焦らず時間をかけるように。結婚運は、自信を失ってしまうことがありそうです。余計なことを考えないで、いまは交際を楽しむ時期だと思っておきましょう。

仕事運

ネガティブなことにも自信を失わず強い気持ちで

タイミングの悪さを感じたり、思ったよりも結果が出なくなったりして、自信を失ってしまいそうな時期。今月は少しペースを落として、職場の人間関係をよくする工夫をしたほうがいいでしょう。ネガティブな発言をする人に振り回されないよう、強い気持ちをもつことも大切です。悩みや不安は、信頼できる先輩や上司などに話してみましょう。あなたの期待に応えられない人がいても、相手には相手の事情があるので、気にしないように。

金運&買い物運

贅沢なストレス発散を

精神的な疲れや、ストレスを抱えやすい時期なので、ストレス発散にお金を使うといいでしょう。クラシックコンサートや舞台の鑑賞など、少し贅沢な時間を過ごすために出費するのもよさそうです。高価な買い物や、長期的な契約には不向きなタイミングなので避けておくこと。儲け話にも注意が必要です。投資も、継続しているものはそのままにし、新たにはじめないようにしておきましょう。

美容&健康運

日焼けケアはしっかりと

周囲のマイナスな情報に振り回されると、ストレスがたまったり精神的な疲れが出てしまいそうです。軽い運動や筋トレなどで汗を流し、余計なことを考えない時間をつくってみて。体力もついて一石二鳥になりそうです。好きな音楽を聴いたり品のいい場所で食事をしたりと、ゆっくり過ごしてストレスを発散するのもいいでしょう。美容運は、美肌を意識するといいので、日焼けしてしまっていたら今月からしっかりケアしましょう。

開運のつぶやき　振り回されているのではなく、対応力を鍛えているだけ

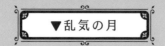

9月 ▼乱気の月

1（日）	◇	気になる人がいるなら連絡するといい日。ダメ元だとしても、遊びに誘ってみる勇気が大切です。髪を切ったり、少しイメチェンをするにもいいタイミング。
2（月）	△	うっかりミスをしやすい日。珍しい失敗をする場合もあるので、ていねいな行動を心がけ、確認はしっかりするように。話を最後まで聞かないと、大きなミスにつながってしまうこともありそうです。
3（火）	＝	付き合いが長い人からのアドバイスはしっかりと聞き、素直に行動に移しましょう。自分とは違う考え方やおもしろいアイデアなども、いろいろと教えてもらえそうです。
4（水）	＝	失くし物や忘れ物に要注意。いつのまにかアクセサリーを落としていたり、大事なものがないことに気づくことがありそうです。不要な出費も増えやすいので、気をつけて過ごしましょう。
5（木）	▽	午前中は、積極的に仕事に取り組むと、いい結果につながり満足できるでしょう。午後からは、周囲に振り回されたり指示にミスがあったりして、無駄な時間を過ごすことになりそう。
6（金）	▼	嫌なウワサを聞いてしまうなど、ネガティブな話に気持ちを揺さぶられてしまいそうな日。ガッカリしたり落ち込むことがあっても、「まあいいか」とつぶやくと、気持ちが楽になるでしょう。
7（土）	×	予想外の人から誘われたり、予定通りに進まないことがある日。今日は、時間にゆとりをもって行動しましょう。ケンカをしやすい運気でもあるので、自分が正しいと思っても、正論をぶつけすぎないように。
8（日）	▲	身の回りの掃除や片付けをするにはいい日。しばらく使っていないものは処分するように。着ていない服もそのままにせず、捨てるか欲しい人にあげるとよさそうです。
9（月）	＝	いろいろなことを考えるよりも、ひとつのことにもっと集中するといいでしょう。ないものねだりをせずに、最善をつくしましょう。
10（火）	＝	不慣れなことや苦手なことを突っ込まれてしまいそうな日。ゆっくりでもいいので、克服する努力を忘れないように。苦手な相手とも、楽しく話せるよう努めてみましょう。
11（水）	■	悩みや不安は自分自身でつくっているだけ。考え方を変えてみると、気にならなくなったり、いまの幸せに気づくことができそう。「マイナスに考える癖」があることを、もっと自覚しておきましょう。
12（木）	■	胃腸や肌の調子を崩したり、口内炎ができてしまいそうな日。今日は無理をせず、旬の野菜やフルーツを多めに食べるようにしましょう。仕事もほどほどにして、頑張りすぎないこと。
13（金）	◇	何事もおもしろがってやってみることが大事。嫌々やっていては何も身につかず、時間が過ぎるのも遅く感じてしまいます。おもしろいところを探し、おもしろく考え、おもしろくする工夫をしてみましょう。
14（土）	△	遊びに出かけるときは、あえて遠回りをしたり、無駄な時間をつくってみるといいでしょう。寄り道したからこそ見られる風景や出会い、発見を楽しむと、無駄が無駄ではないことに気づけるでしょう。
15（日）	＝	知り合いや友人と縁がある日。偶然会ったり、急に遊びに誘われることもありそうです。わからないことが出てきたときは、話の流れで知ったかぶりをするのではなく、素直に「知らないから教えて」と言うといいでしょう。

開運のつぶやき　落ち込むということは、上がる余地があるということで、とても幸運なこと

16（月）	＝	誰かから誘われるのを待つくらいなら、自分から気になる人を誘うようにしましょう。やる気が出ないときほど、先に動き出してみると、自然とやる気になれるでしょう。
17（火）	▽	「身の回りにあるものすべてがデザインされている」と気がつくと、世の中は楽しく、おもしろくなるもの。誰が、どうしてこのデザインにしたのかさらに考えてみるとよさそうです。
18（水）	▼	自分のことだけを考えていると、不満や愚痴が生まれてしまいます。もっと全体のことを考えるようにしましょう。そしてあなたも、周囲の役に立っていることに気づくといいでしょう。
19（木）	×	うまくいかなくても、自分の信じたことを突き詰めてみましょう。たとえそれが無駄になったとしても、一生懸命に取り組んだ経験や身についた忍耐力は、のちに役立つでしょう。
20（金）	▲	集中力を途切れさせるものは、目に入る場所に置かず、片付けるように。かわいいと思っているものも、仕事の邪魔になっている場合があるので気をつけましょう。
21（土）	＝	はじめて会ったり話したりする人から、よい情報や学びを得られそう。ただし、相性は微妙な可能性が高いので、深入りせずに、適度な距離感を大切にしましょう。
22（日）	＝	何かを得るためには忍耐力が必要なもの。無理な我慢はしなくていいですが、多少の辛抱はするものだと思っておきましょう。些細なことでイライラしたり、不機嫌を顔や態度に出さないように。
23（月）	■	目標や夢があるなら、それに向かって少しでも努力を積み重ねることが大切です。何をするにも体力は必要不可欠なので、今日から少しずつでも筋トレや基礎体力づくりをはじめるといいでしょう。
24（火）	■	疲れがたまりやすい日。ダラダラ仕事をするとさらに疲れるので、短時間で集中し、ドンドン片付けましょう。休憩もしっかりとって体を休ませて。
25（水）	◇	幸せはつねに「小さなカケラ」だということを忘れないように。小さな幸せに気がつくことができれば、楽しい1日を過ごせるでしょう。やさしい人にもっと注目して生活してみましょう。
26（木）	△	スタートよりも継続のほうが難しいもの。今日は勉強や運動をサボりたくなりそうですが、「今日くらいは」という誘惑に勝った人が、明るい未来を過ごせることを忘れないで。
27（金）	＝	なんとなく「この人とは合わないな」と思っている相手と、さらに距離があいてしまいそうな日。ソリの合わない人は誰にでもいるものなので、マイナスに考えすぎないようにしましょう。
28（土）	＝	買い物に出かけるにはいい日。日用品などの消耗品や、食料を買いに行きましょう。長く使うものの購入は年末のほうがいいので、いまは情報集めをしておきましょう。
29（日）	▽	午前中は運気がいいので会いたい人に連絡してみると、いいタイミングで会えそうです。夜はタイミングが悪い感じがしたり、嫌な話を聞いてヘコんでしまうことがあるかも。
30（月）	▼	結果を出している人は、ひとつではなく、いろいろな努力を積み重ねているもの。結果が出ない人は、複数の努力をしていないだけ。評価されている人を素直に認めるようにしましょう。

☆開運の日　◎幸運の日　◇解放の日　○チャレンジの日　□健康管理の日　△準備の日
▽ブレーキの日　■リフレッシュの日　▲整理の日　×裏運気の日　▼乱気の日　＝運気の影響がない日

10月

×裏運気の月

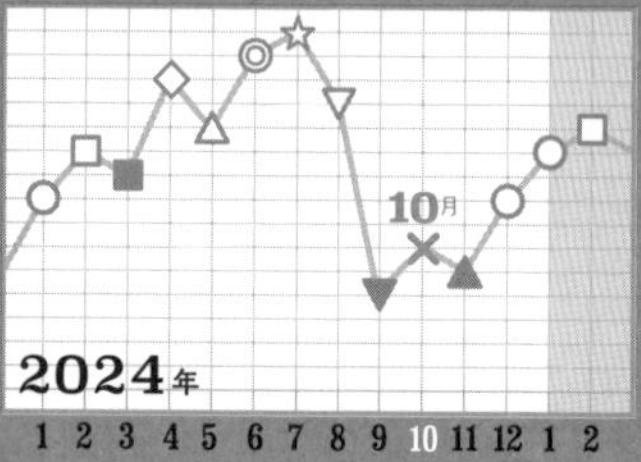

今月の開運3か条

- 予想外を楽しむ
- 弱点や欠点を教えてくれる人に感謝する
- プラス面を探す

総合運

思いがけないことを楽しみ「価値観の違い」をおもしろがって

予想外の出来事が多くなる月。意外な人から誘われたり、これまで縁のなかった人とつながることがありそうです。仕事で思いがけないポジションを任される可能性も。意外性を楽しむ覚悟があれば、問題なく過ごせるでしょう。ただ、ガッカリすることも増えるので、過度な期待はしないこと。自分の考え方が正しいと思い込まないで、いろいろな価値観や人生観をおもしろがってみるといいでしょう。人間関係の悩みは正面から受け止めず、上手に流すように。

開運のつぶやき　自分だけの不運や不幸はない。他人はどう乗り越えたのか、想像するといい

いつもと違う恋の予感。恋人がいる人は浮気に注意

選り好みしていると、恋の進展は難しそうな時期。「裏運気の月」ではタイプではない人から好意を寄せられたり、逆に「高嶺の花」だと思う人と急接近できるなど、予想外の恋を楽しめるでしょう。ただし、恋人の浮気が発覚することや、あなたが浮気に走ってしまう場合もあるので注意が必要です。新しい出会い運は、ときめいたときほど周囲の意見を聞くように。結婚運は、焦るとケンカや気まずい空気になるので、現状維持がいいでしょう。

余計なことを言うと人間関係のトラブルに

油断していると、急な仕事や予想外のポジションを任されて焦ってしまうので、気を引き締めて取り組むようにしましょう。今月は、職場の人間関係に悩んだり、冗談半分で言ったことがトラブルの原因になる場合がありそうです。愚痴や不満など、余計なことは口にしないようにしましょう。弱点や欠点を突っ込まれることがあっても、指摘してくれた人は自分の弱さを教えてくれる味方だと思って、しっかり受け止めましょう。

本当に必要かよく考えること

結局使わないものを買ってしまうことがある時期。珍しいものが欲しくなって購入したものの、「もったいなくて使えない」「自分に見合わない」などと放置してしまいそうです。いまの自分に本当に必要なのか、事前にしっかり考えるようにしましょう。交際費も増えやすい月です。金銭感覚が違う人に振り回されて、余計な出費をしないよう気をつけましょう。投資も、判断ミスで大損するおそれがあるので、慎重になっておくこと。

マッサージや温泉で休んで

疲れを感じる前に、しっかり体を休ませたほうがいい時期。鏡で顔を見て、肌荒れなどの異変がないかチェックしましょう。周囲から「疲れてない?」と言われたときは、休憩をとるようにして、無理のないスケジュールを組むこと。マッサージや温泉などに行ってゆっくりするのもオススメです。謎の肌荒れや、変な体の痛みを感じたら、早めに病院で検査を。美意識も低下しやすいので、油断しないようにしましょう。

開運のつぶやき　失敗から何を学ぶのかが大切。失敗は好転のきっかけにすぎない

10月　×裏運気の月

1（火）	×	急に求められることが増えそうな日。最善をつくすことで感謝してもらえるでしょう。結果よりも一生懸命取り組む姿が、評価されたり認められたりしそうです。気を抜かずに頑張ってみましょう。
2（水）	▲	ドジなミスをしやすい日。買ったばかりのものを忘れてきてしまったり、上司に報告をしながら「あれ、何を伝えたかったんだっけ?」とわからなくなるようなことが起きそうです。注意深く過ごしましょう。
3（木）	＝	懐かしい音楽を聴いてみるといい日。悲しい思い出のある曲ではなく、頑張っていた青春時代や、自分がもっとも輝いていたときに聴いていたものを選んでみて。当時のことをいろいろ思い出せて、やる気につながりそうです。
4（金）	＝	時間とお金についてもっと考えて、計画的に過ごしましょう。余計なことに時間やお金をかけたり、仕事で不要な経費を使ったりしないように。つねに先を見据えて行動する癖をつけましょう。
5（土）	■	午前中はのんびりしないで、食料や消耗品の買い物に行っておきましょう。午後からは、急に予定が変わってしまいそうです。強引な先輩や後輩に突然誘われたときは、前向きな話をするようにしましょう。
6（日）	■	ヘコむことを言われる場面がありそう。よかれと思ってしたことが、相手に感謝されていないと気づいてしまうことも。世の中にはソリの合わない人や価値観の違う人がいることを忘れないようにしましょう。
7（月）	◇	自分から笑顔で元気に挨拶しましょう。返事をしなかったり無視する人がいても、影響されて同じような残念な生き方をしないこと。輝いていない人に、あなたの輝きを邪魔されないようにしましょう。
8（火）	△	「ありがとうございます」をもっと意識して言いましょう。「すみません」ではなく、「ありがとうございます」と伝えられるようになると、一歩前に進めたり、いい人間関係を築けるでしょう。
9（水）	＝	新しいことを任されることや、挑戦をする流れになりそうな日。コツをつかむまでは多少苦労したり、時間がかかるのは当然だと思っておきましょう。初対面の人と嚙み合わない感じがするかもしれませんが、学べることもありそうです。
10（木）	＝	勉強になることが多い日。自分の至らない点を素直に認められれば成長できますが、自分の考えだけが正しいと思い込んでいると、つらくなってしまいそうです。「困難」ではなく、「考え方や生き方を改めるきっかけ」にしましょう。
11（金）	▽	すべての人を尊重、尊敬してみるといい日。あなたが体験していないことを経験してきた人もいるもので、経験には勝ち負けも上下もありません。自分ができなかった体験をしてきた人を素直に認めましょう。
12（土）	▼	今日は家でのんびりしたほうがいいでしょう。急に体を動かしたくなったときは、準備体操をしっかり行い、激しい動きは避けるように。無理をすると、ケガや体調を崩す原因になってしまいそうです。
13（日）	×	予想外の相手や知り合いから、突然遊びに誘われそう。意外性を楽しんでみることで、いい1日になるでしょう。あなたからもふだん誘わない人に声をかけてみると、おもしろい展開になるかも。
14（月）	▲	言い訳をしないようにしましょう。今日は、何かと嚙み合わないことや予想外に残念なことが多くなりそう。環境や周囲の責任にせず、自分の想像力が足りなかったのだと思っておきましょう。
15（火）	＝	これまでと同じ壁にぶつかっているように感じる日。頑張っていなければ、ぶつかる壁さえ存在しません。目の前にあるのは壁ではなく「階段」で、成長できるチャンスだと思いましょう。知恵をしぼり実力を発揮して、もう一段上がってみて。

開運のつぶやき　叱られる、怒られるのは不運ではなく、間違いを正されているだけ

16（水）	＝	「ねぎらい」を忘れないようにしましょう。後輩や部下へ、飲み物などちょっとしたものでいいので、日ごろの感謝をかたちで表してみましょう。ケチケチしていると、大切な縁が切れてしまいます。
17（木）	□	日中は順調に、物事がいい方向に進みそう。素直に流れに乗りましょう。夕方あたりからは、周りに振り回されたり誘惑に負けてしまうことがあるので、気をつけること。
18（金）	■	愚痴や不満を言いたくなるような出来事が起きそうな日。理想があるからこそ、つい出てしまう言葉もあるので、たまには仕方ないと思っておきましょう。ただ、同じ愚痴や不満を言わないための工夫は忘れないように。
19（土）	◇	ヘコんだり傷ついたりしたことがあるから、他人にやさしく親切になれるもの。嫌な経験は「不運」で終わらせず、同じつらさや恥ずかしい思いをほかの人にさせてはいけないことを学びましょう。
20（日）	△	将来に不安を感じるのは、これまでの自分に努力や積み重ね、人脈が足りないことを知っているから。いまからでも学んで成長し、交流をはじめれば、未来は明るく楽しいものに思えてくるはずです。考えや生き方を変えてみましょう。
21（月）	＝	些細なことでも笑ってみましょう。笑顔で挨拶をし、小さなよろこびを見つけて笑い、会話のなかでも笑うと、一歩前に進めるでしょう。笑えている自分をほめて、「笑えるなら状況はプラスに動いている」と思って過ごして。
22（火）	＝	困ったときは簡単に助けを求めるのではなく、自力でなんとかする方法を考え、試すことが大切です。困りごとは、自分の不勉強や実力不足を教えてくれているのだと、プラスに受け止めましょう。
23（水）	▽	悲しい思いやつらい経験があるから、よろこびが大きくなるもの。うれしいことは、それなりの体験や経験を乗り越えたからこそ得られるということを、忘れないようにしましょう。
24（木）	▼	やる気がなかなか出なかったり、寝不足や体の重さを感じそうな日。今日は、朝からストレッチをするなど体を少し動かして温めてみると、調子が出てやる気もわいてくるでしょう。
25（金）	×	自分で思っている以上に、周囲から期待されそう。無理をする必要はありませんが、期待に応えられるよう全力をつくしてみると、いい結果につながるでしょう。
26（土）	▲	忘れ物やドジな失敗をしやすい日。些細なことでもしっかり確認するようにしましょう。自信があるからと確認しないでいると、トラブルの原因になってしまうかも。
27（日）	＝	親友に助けてもらえることがある日。しばらく会っていない友人に連絡してみると、いい話を聞けたり背中を押してもらえたりしそう。おもしろい話で盛り上がるなど、楽しい時間を過ごせるでしょう。
28（月）	＝	仕事にやりがいを感じられそうな日。嫌々取り組んでいても何も身につかず、つらくなるだけ。仕事を遊びだととらえたり、自分の成長を楽しんでみましょう。
29（火）	□	日中は、いい流れで仕事ができたり、いい人間関係がつくれそうです。夕日が沈むころになると、不安や寂しい思いが出てくるかも。話のおもしろい人やいつも明るい人に連絡して、元気をもらうといいでしょう。
30（水）	■	陰の努力が必要な日。目立つ機会がないときこそ、見えないところで頑張り、しっかり学んでおきましょう。陰の努力が人生の大きな差をつくることに、早く気づくように。
31（木）	◇	何事も、得るためにはリスクや失うものがあるもの。失う覚悟がなければ前に進むことはできないので、今日は無駄な時間を過ごす原因になっているものを一気にやめてみましょう。不要なSNSやアプリも消去すること。

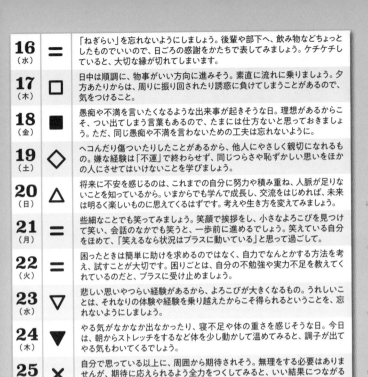

11月

▲ 整理の月

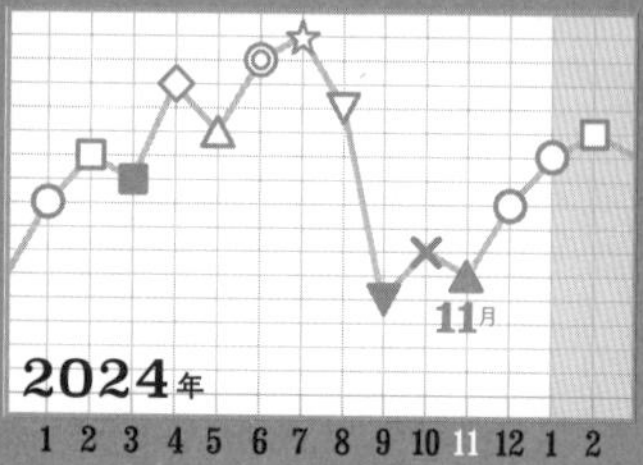

今月の開運3か条

- 整理整頓と掃除をする
- 人間関係を整理する
- ストレス発散のために少し贅沢する

総合運

面倒な人や嫌なことの縁が切れ気持ちの整理もつきそう

良くも悪くも区切りをつけられる月。ここ1~2か月我慢してきた人ほど嫌なことから離れられたり、面倒な人と縁を切ることができるでしょう。気持ちの整理がつくことで不満を抱いていた環境にも慣れて、下旬には文句を言いたくなることもなくなってきそうです。なかなかまとまらなかった話が突然進みはじめ、気持ちがスッキリすることや、ストレスから解放されることもあるでしょう。

開運のつぶやき｜自分の欠点も、他人の欠点も、受け入れられる人に運は味方する

恋愛&結婚運

下旬に出会う「笑いのツボが合う人」に注目

ズルズル続いていた関係や、片思いの恋に区切りをつけられる時期。縁を切りたい相手には別れを告げ、来月以降の出会いに期待しましょう。進展が望めないような人に思いを寄せているなら、諦めるためにも告白を。気持ちを整理することで、今月下旬か来月に次の恋に進めるようになるでしょう。新しい出会いは下旬にありそう。笑いのツボが同じ人とは相性が合うでしょう。結婚運は、問題が解決して話が前に進みそうです。

仕事運

少しだけ辛抱のとき。後半は楽になるはず

突然仕事を辞めたくなったり、職場に行きたくなくなることがありそうです。気持ちが沈んで前に進めないときほど初心を思い出し、仕事があることへの感謝を忘れないようにしましょう。中旬以降になれば、嫌なことや面倒なことは徐々に減っていくので、いまは少し辛抱や忍耐が必要なときだと思うことが大切です。ただし、自他ともに不向きだと思うような仕事をしているなら、今月から転職活動をはじめるといいでしょう。

金運&買い物運

高い買い物は来月以降に

ストレス発散になるなら多少の出費は問題ありませんが、長く使うものや高価なものの購入は避けておきましょう。今月手に入れたものは、のちの苦労やネガティブ思考を招く原因になる場合がありそうです。服を新調するなら、流行のものを買って短期間だけ楽しむのがいいでしょう。掃除道具など、身の回りをきれいにするためにお金を使うのはかまいません。投資も損をする可能性が高いため、スタートは来月以降にしたほうがよさそうです。

美容&健康運

髪を切るのにいい月

気持ちが落ち着かないなら、「心の満足度」を上げるために行動してみると、いいストレス発散になりそうです。髪を切ったり、ふだんよりもいい美容室で豪華な感じにしてもらうといいでしょう。ネイルをするのもオススメです。温泉に行って贅沢なエステを受けたり、ホテルで豪華なディナーを食べるのも、いい経験になるでしょう。ダイエットをはじめると成功しやすい時期でもあるので、基礎代謝を上げる運動を頻繁に行うようにしてみましょう。

開運のつぶやき　いま出ている結果よりも、いまやるべきことに目を向けることが大切

11月

▲整理の月

1（金）	△	よかれと思った行動で、逆に迷惑をかけてしまうことがありそう。関わるなら最後までしっかり見届けるように。うっかりミスもしやすいので、何事もていねいに取り組みましょう。
2（土）	＝	悩みや不安があるなら、親友や信頼できる人に話を聞いてもらうと気持ちが楽になりそうです。当たり前のことを言われても、勝手に「厳しい」などと思わないこと。
3（日）	＝	少し贅沢な体験をするといい日。おいしいお店に足を運んで一流のサービスを受けたり、美容室やエステに行ってみるとよさそうです。今日は、ストレス発散をすることで、運気も整うでしょう。
4（月）	▽	友人とのランチで語ってみるといいでしょう。ゆったりとした時間を過ごして、心を落ち着かせてみて。夕方以降は、急な予定変更や意外な人からのお誘いがありそうです。
5（火）	▼	悲しいことを言われたり、人間関係に疲れてしまいそうな日。挨拶とお礼はキッチリして、苦手な人や嫌いな人にほどやさしく親切に接すると、いい距離感を保てるようになるでしょう。
6（水）	×	周囲の意見に振り回されてしまいそう。いろいろ話を聞くのはいいですが、今日決断するならもっとも信頼できる人の意見を取り入れるか、あなたが「楽しい」「おもしろい」と思ったほうを選ぶと後悔しないでしょう。
7（木）	▲	得るためには、何かを失う必要があるもの。失うことを恐れすぎると前に進めなくなるので、自ら手放したり、ときには諦めることもいい判断になると思っておきましょう。今日は、不要なことから離れるように。
8（金）	＝	知識を得ただけでは止まっているのと同じ。知識を知恵にできるよう体験や経験を増やし、失敗や挫折から学んで成長していきましょう。まずは行動を起こしてみて。
9（土）	＝	周囲の人に教えてもらったお店に食事に出かけたり、話題の映画を観に行ってみるといいでしょう。教えてくれた人に感想を伝えることも忘れずに。
10（日）	□	現状に不満や不安を抱く前に、「将来どうなりたいのか」をもっと考えてみましょう。そのために、いまからすぐにできることを見つけて努力をすれば、不満や不安は自然と消えていくはずです。
11（月）	■	肌の調子が悪くなったり、謎の湿疹や口内炎ができてしまいそうな日。野菜やフルーツ不足が原因の場合もあるので、旬のものを食べるといいでしょう。とくに問題がなく元気な人も、ケガには気をつけるように。
12（火）	◇	いますぐ役に立つ勉強や努力と、3年後、5年後に役に立つ勉強や努力をすることを忘れないように。今日はやる気が増してくる日なので、少し先のことも考えて行動してみましょう。
13（水）	△	失くし物や忘れ物に注意が必要な日。大事な資料を失くしたり、操作ミスでデータを消してしまうことがありそうです。遅刻や寝坊、時間や数字の間違いなどもしがちなので、しっかり確認すること。
14（木）	＝	「人生に無駄はない」ということがわかりそうな日。過去に学んだことや体験したことが話のネタになったり、役立つ場面があるでしょう。周囲の人の力になれそうなことがあったら、少しでも手伝うようにしましょう。
15（金）	＝	現実をしっかり受け止めることが大事な日。叱られたときは、実力不足を認めて今後の課題にしましょう。思ったよりもいい結果が出たなら、自分の頑張りを素直に認めましょう。

開運のつぶやき　いつでも「運がいい」と思って生きると、人生は楽しくおもしろくなる

16（土）	▽	日中は運気がいいので、おいしいランチを食べに出かけたり、気晴らしをするのがオススメです。夕方あたりからは、後輩や年下の人に振り回されることや、急に遊ぶ流れになることがありそう。
17（日）	▼	「急がば回れ」を忘れないようにしましょう。慌てて近道や手軽なほうを選ぶと、逆に面倒なことになったり、無駄に時間がかかってしまいそうです。
18（月）	×	自分のことばかり考えていると、心配になったり不安感に襲われてしまいそうです。あなたよりも困っている人は必ずいるものなので、手を差し伸べて、少しでも役に立てるよう行動してみましょう。
19（火）	▲	忙しくなると行動が雑になってしまいそうな日。どんなときでもていねいに動くことを心がけましょう。うっかり大事なものを処分して、焦ってしまうこともありそうです。
20（水）	＝	頑張っている人を認めることが大事な日。背中を押せるような言葉を投げかけて、まだ結果を出していない後輩や年下の人の頑張りも肯定してあげるようにしましょう。
21（木）	＝	周囲の人にすすんで協力してみると、あなたが困ったときに助けてもらえるようになるでしょう。まずは自分から相手に与えることで、人生は楽しくおもしろくなってくるはず。
22（金）	□	何事も言い方ひとつで変わるもの。伝え方や話し方を少し変えてみると、これまで通らなかった意見が採用されたり、味方や協力者が増える流れをつくれそう。言葉選びのおもしろさに気づくといいでしょう。
23（土）	■	軽い運動やストレッチをして、少し汗を流すといい日。温泉やスパに行ってのんびりするのもよさそうです。15分くらい昼寝をすると体がスッキリするでしょう。
24（日）	◇	遊びに誘われたり、出かけた先で気になる出会いがありそうな日。フットワークを軽くしてみると、おもしろい体験ができるでしょう。髪を切ってイメチェンするのも気分転換になってよさそうです。
25（月）	△	遅刻や寝坊など、自分でもびっくりするようなミスをしやすい日。確認を忘れず、10分前行動をしておけば、大きな問題は避けられそうです。
26（火）	○	困ったときに手を差し伸べてくれる人や、話を聞いてくれる人を大切にしましょう。付き合いが長いだけで、困ったときに助けてくれない相手とは距離をおいたほうがいいでしょう。
27（水）	○	尊敬できる人や憧れの人に会うことで、いい影響を受けられ、成長するきっかけをつかめるでしょう。今日は、あなたにとって大事な出会いがある運気なので、相手の話にしっかり耳を傾けておくように。
28（木）	▽	午前中は、これまでの努力が少し報われたり、頑張りが認められそう。午後は空回りしやすくなりますが、仕事や職場に感謝することで乗り越えられるでしょう。
29（金）	▼	人間関係が面倒になったり、苦手な人と一緒にいる時間が増えてしまうかも。あなたの行動も雑になりやすいので、ていねいさを心がけて。
30（土）	×	人とのつながりができるいい日ですが、気を使いすぎて疲れたり、ネガティブな情報に振り回されてしまいそう。何事もプラス面に注目しましょう。

12月

○ チャレンジの月

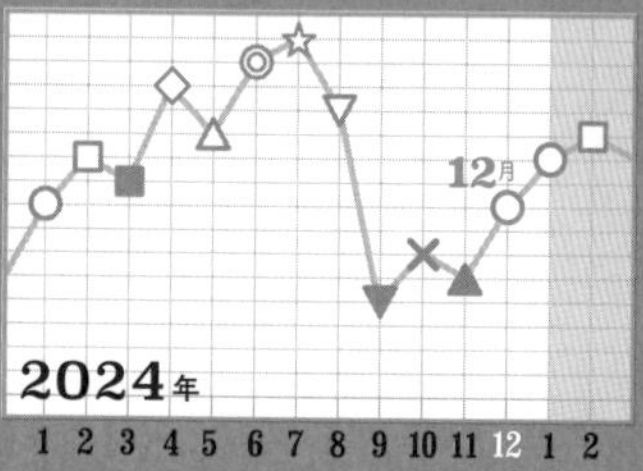

今月の開運3か条

- 新しいことに挑戦してみる
- 自ら知り合いを遊びに誘う
- 自分も周囲も楽しませてみる

総合運

人生を楽しむカギは「好奇心」。フットワークを軽くしよう

モヤモヤしていた気持ちがなくなり、物事を前向きにとらえられるようになってくる時期。人生を楽しむには好奇心が必要なので、視野を広げて情報をいろいろ集めてみましょう。マイナス面やリスクを考えるより、素直に楽しめそうなことや気になることを探すように。誘われるのを待ってばかりいないで、自ら気になる人に連絡したり、声をかけられたら即行動するくらいフットワークを軽くしておくといいでしょう。

開運のつぶやき　できないのではなく、挑戦を続けていないだけ

恋愛&結婚運

自ら誘うことで縁をつかめる。1年間恋人がいないならイメチェンを

新たな出会いや恋のチャンスが増える月。気になっているけれど話しかけられていない人、デートや遊びに誘いたい人がいるなら、思い切ってあなたから声をかけてみて。一気に距離が縮まり交際に発展しそうです。きっかけをつくるために少し勇気を出しましょう。先輩や後輩から紹介してもらったときは感謝を忘れないように。1年間恋人がいない人は、イメチェンがオススメです。結婚運は、自分の気持ちを素直に伝えてみましょう。

仕事運

協力をお願いすることも大切。人との関わりを避けないで

新たな目標や次にやるべきことが見えてくるでしょう。自らすすんで取り組むことで、仕事がおもしろくなってきそうです。自分の至らない点に気づいているなら、1年後を目標に学んで成長していくといいでしょう。周囲にいる人のサポートやアドバイスが重要になってくるので、関わりを避けず協力してもらえるような行動をとることが大切です。自分から挨拶やお礼をして、心を開いてみるようにしましょう。

金運&買い物運

副業で能力を発揮するかも

アイデアを活かせば収入アップにつながりそうな時期。本業で叶わなくても、副業でうまく能力を発揮できるでしょう。ただし今月は誘惑に負けやすく、ふだんなら必要ないと判断して購入しないようなものが、急に欲しくなってしまいそうです。見栄での出費も増えやすいので注意が必要ですが、人との交流の機会があれば、ケチケチせず足を運ぶようにしましょう。投資は、直感を信じてみるとうまくいきそうです。

美容&健康運

楽しむことでストレス発散

変化を楽しむといい月。イメチェンしたり化粧品やシャンプーを変えるなど、気分転換を兼ねてこれまでとは違ったことを試してみるといいでしょう。少し遊び心をもつことも大切です。髪型やネイルの雰囲気を変えてみたり、お笑いライブやコメディーの舞台を観に行ってみると、気持ちがスッキリしてストレス発散にもなるでしょう。「ポジティブな話をする会」などを開いてみても、効果がありそうです。

12月

○チャレンジの月

1 (日)	▲	少し早い大掃除をして、不要なものをドンドン処分するといい日。しばらく着ていない服やサイズが合っていないもの、流行遅れのものがあるなら、片付けておきましょう。
2 (月)	○	ちょっとしたことでいいので「新しい」と思えることに挑戦してみましょう。食べたことのないメニューを注文したり、新商品のお菓子やドリンクを選ぶだけでもいい発見がありそうです。
3 (火)	○	どんな人も、「持ちつ持たれつ」で支え合っているということを忘れないように。親切にしてもらったことを忘れて、勝手にネガティブに考えないようにしましょう。
4 (水)	□	自分の意見や好きなことを、しっかり伝えておくといい日。周囲があなたをよろこばせようと動いてくれたり、協力してくれるようになりそうです。
5 (木)	■	気が緩んでしまいそうな日。体調を崩したり風邪をひいてしまうことがあるので、温かくしておきましょう。お腹を冷やして胃腸の調子が悪くなる場合もあるため、カイロをうまく使いこなすとよさそうです。
6 (金)	◇	最善をつくしてみると、いい結果やうれしい評価につながる日。いまある仕事に真剣に取り組んでおきましょう。周りの人への感謝も忘れないように。
7 (土)	△	多少の失敗は笑い飛ばすといい日。今日はドジなミスをしやすい日ですが、大きな問題でないなら話のネタにするくらいの気持ちが大切です。
8 (日)	◎	親友と一緒にいることでラッキーな出来事が起きそうな日。前向きな人やいつも楽しませてくれる人に連絡してみるといいでしょう。偶然出会った人を食事に誘ってみるのもオススメです。
9 (月)	☆	もっと自信をもって仕事に取り組んでみましょう。実力以上の結果を出すことができたり、いいアイデアが浮かぶこともありそうです。買い物をするにもいい運気。
10 (火)	▽	ひとりで考えすぎる前に、周囲に相談してみるといい日。経験豊富な人からの言葉やアドバイスで、急に道が開かれることもあるでしょう。夜は、疲れを感じてしまいそうです。
11 (水)	▼	周囲の不正やごまかしにイライラすることがありそう。指摘するのはいいですが、逆にあなたが責められたり面倒なことになってしまう場合も。人間関係の難しさを勉強するにはいい日になるでしょう。
12 (木)	×	なんとなく集中力が続かなくなってしまいそうな日。真面目に取り組むよりも、どうしたら自分も周囲も楽しくなるかを考えながら仕事をすると、前向きになれるでしょう。
13 (金)	▲	気持ちが乗らないときは、身の回りを少し片付けるなどして手を動かしてみると、徐々にやる気がわいてくるでしょう。間違って大事なものを処分しないよう気をつけること。
14 (土)	○	友人や知り合いから薦められたライブやイベント、映画などを体験しに行ってみるといい日。流行っているお店に足を運んだりスイーツを食べてみると、驚くような発見もありそうです。
15 (日)	○	イメージや雰囲気を変えるために、髪を切ってみるといいでしょう。少し明るい色を入れるなど変化を出すと楽しくなりそう。ネイルをしたり、新しい服を買いに行くのもオススメ。

開運のつぶやき | 時代はつねに進んでいる。だから成長と挑戦を続けなければならない

16（月）	□	今日は何事も3秒以内に決めるようにしてみましょう。まずは飲み物や食べ物をパッと選ぶところからはじめてみると、いろいろな判断が速くなっていくでしょう。「悩まない練習」を楽しみながらやってみて。
17（火）	■	朝から疲れを感じたり、集中力が続かなくなってしまいそう。こまめに休憩して、目を閉じてゆっくりする時間もつくっておくといいでしょう。
18（水）	◇	よろこんで仕事に取り組むようにすると、ドンドン楽しくなってくるでしょう。あなたの魅力がアップする日なので、気になる人との関係に進展があったり、デートに誘われることもありそうです。
19（木）	△	珍しくボーッとしてミスをしやすい日。過ぎたことをいつまで考えていても何も変わらないので、気にしないこと。未来も、勝手に不安がったところで何もはじまりません。いまをもっと楽しんで過ごしましょう。
20（金）	◎	困ったり迷ったりしたときは、付き合いの長い人に相談してみましょう。いいアドバイスが聞けたり、背中を押してもらえそうです。逆に、人からアドバイスを求められたときは、素直に答えてみるといいでしょう。
21（土）	☆	買い物をするにはいい日。思い切って、欲しかった服や靴をまとめ買いするのもよさそうです。直感を信じて入ったお店で、素敵なものを見つけられることも。今日はケチケチしないようにしましょう。
22（日）	▽	昨日、買うか悩んだものがあるなら、午前中に買いに行くといいでしょう。午後はゆっくり過ごしたり、リフレッシュできることに時間とお金を使うのがよさそうです。
23（月）	▼	小さな失敗をしそうな日ですが、失敗には必ず原因があるもの。自分がまいてしまった失敗の種をしっかり調べ、同じことを繰り返さないよう気をつけて過ごしましょう。
24（火）	×	期待外れな出来事が起きそうな日。予定通りに物事が進まず、急に忙しくなってしまうかも。夜のデートは、キャンセルになってしまったり、疲れから楽しめないことがありそうです。
25（水）	▲	優先順位を決めて仕事をしましょう。何がもっとも重要なのか、どこから先に手をつけたらいいのかを考えてみることが大切です。夜は、例年とは違ったクリスマスを過ごせて、いい思い出ができそうです。
26（木）	○	思ったよりも慌ただしくなりそうな日。急なお願いをされたり、やるべきことが増えてしまうかも。多少面倒でも引き受けてみると、自分の実力がアップしていることに気づけるでしょう。
27（金）	○	素敵な出会いがある日。仕事関係者からの誘いに参加してみると、いい縁がつながりそうです。忘年会があれば短時間でも顔を出しておくといいでしょう。
28（土）	□	年末年始に読む本を探してみるといい日。素敵な言葉や心に残る話に出会い、やる気がわいたり人生観が変わることがあるでしょう。人をほめるときに使えるいい言葉も見つけられそうです。
29（日）	■	年末の疲れが一気に出てしまいそう。今日は、無理せずゆっくり過ごしましょう。大掃除でケガをしたり指を切ってしまうおそれもあるため、気をつけて行動するように。
30（月）	◇	うれしいお誘いがありそうな日。あなたも、少しでも気になっている人には、年末年始の予定を聞いてみるといいでしょう。勢いで交際をスタートさせることもできそうです。
31（火）	△	楽しい大晦日を過ごせそうです。ライブやイベントに足を運んだり、友人や恋人を誘ってイルミネーションを見に行ってみるといいでしょう。忘れ物などの小さなミスには気をつけておくように。

☆開運の日　◎幸運の日　◇解放の日　○チャレンジの日　□健康管理の日　△準備の日
▽ブレーキの日　■リフレッシュの日　▲整理の日　×裏運気の日　▼乱気の日　＝運気の影響がない日

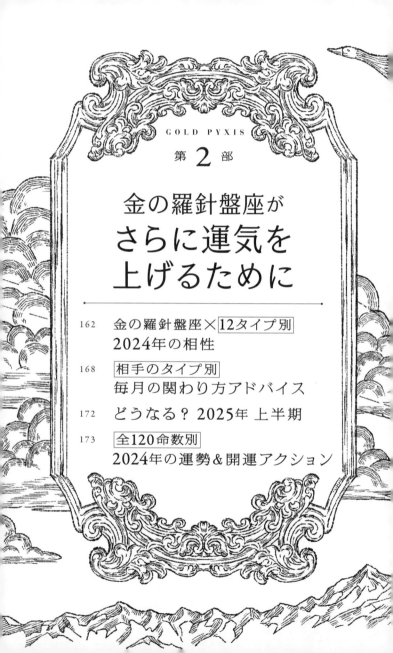

GOLD PYXIS

第2部

金の羅針盤座が さらに運気を 上げるために

占いを使いこなすには
自分を占うだけではまだ半分。
人を占い、人を思いやって行動してこそ
人間関係はよりよいものになっていきます。
この先のページを読んで
人付き合いに活かしていきましょう。

金の羅針盤座×12タイプ別

相手が金の羅針盤座［解放の年］

同じ「解放の年」の相手なので、一緒にいることで向上できるでしょう。ただ、自分が正しいと思い込んでいると、ぶつかってしまう場合も。今年はどちらの考えも正しいと思って、お互いの意見の「いいとこどり」をするといいでしょう。

恋愛 同じタイプなので、求めていることが似ていてわかりやすいでしょう。しかし、プライドが高くなかなか告白しなかったり、マイナスなことを考えすぎるところも共通しているため、簡単には進まないかも。いざ進んでも、ぶつかることが多くなりそうです。自分の正しさを相手に押しつけすぎないようにしましょう。

仕事 協力し合うと最高の結果を出せる2人ですが、運気がいいぶん、ぶつかることも増えるので気をつけましょう。相手が上司なら、まずは相手を押し上げてみると、あなたも引き上げてもらえそう。部下なら、信頼して大事なポジションを任せてみましょう。

初対面 いいタイミングに出会った大切にしたい人ですが、互いに正しいと思うところが違うため、そこを理解しておかないと長い付き合いは難しいでしょう。人との距離感は似ているので、自分だったらどうされるとうれしいかを考えて接してみるとよさそうです。

相手が銀の羅針盤座［リフレッシュの年］

疲れて少しのんびりしたい相手なので、無理に関わろうとせずゆっくりさせておくといいでしょう。一緒にいるとリフレッシュできますが、あなたは今年のんびりする年ではないので、流されないよう気をつけること。

恋愛 相手は言われないと動かないため、興味をもっているなら、あなたが積極的になってみるといいでしょう。ただし、相手を振り回して疲れさせないよう注意して。6~8月はいい関係になれるチャンスなので、相手の負担が少ないデートをすると進展しそうです。

仕事 互いに忙しくなる運気ですが、相手は負担が多く結果がなかなか出にくい運気。あなたのほうが結果や評価につながる時期なので、成果が出た際はこの相手のおかげでもあることを周囲に伝えると、感謝されそうです。相手が上司でも部下でも、無理をさせないようサポートしましょう。

初対面 相手が疲れやすいタイミングに出会ってしまっているので、仲よくなれるのは年末か2025年に入ってからになるでしょう。一気に深入りしたり強引に仲よくなろうとしないで、ゆっくり時間をかけるよう心がけて。相手といると癒やされることに感謝を忘れないようにしましょう。

2024年の相性

今年の相性を知って、
付き合い方の参考に
しましょう。

相手が 金の インディアン座 ［幸運の年］

この相手と一緒にいることで前向きになれたり、パワーアップできそう。相手からいろいろ言われるかもしれませんが、マイナスの意味ではないので気にしないように。目標にするといい人なので、今年はできるだけ仲よくしてみましょう。

恋愛 明るく気さくな相手ですが、サッパリした付き合いをするので、寂しさを感じる場合も。出会ったのが2020年か2022年なら運命の相手の可能性があるため、マメに会うようにしてみましょう。4～6月に交際をスタートさせられるかも。

仕事 一緒に仕事をすることであなたが飛躍できる年。相手の前向きに取り組む姿勢や、これまでの経験を活かすところを見られるでしょう。相手が上司なら、向こうが厳しいのではなく自分が甘いことに気づきましょう。部下なら、多少無理をさせてでも任せてみるといい結果につながりそうです。

初対面 あなたにとってはいいタイミングの出会いですが、相手から見るとつながりがやや弱くなってしまう時期。相手の考え方や発想から学べることが多いので、マメに連絡をして会う機会をつくるようにするといいでしょう。

相手が 銀の インディアン座 ［準備の年］

あなたの真面目な考えを、うまくほぐして柔らかくしてくれるような人。少々やる気がないように見えるかもしれませんが、相手のマイペースで楽観的なところは見習うべきなので、一緒に遊んで学びましょう。

恋愛 新しいことが大好きな人なので、いろいろな情報を調べて伝えてみたり、「なんで?」と言われるような変わった場所やイベントに誘ってデートに行くといい関係になれそうです。真剣交際をする運気ではありませんが、好意を抱いているなら4～7月にマメに会うと進展しやすいでしょう。

仕事 仕事の流れはいいのに、やる気を感じられない相手なので、一緒に働くとあなたが振り回されてしまいそう。相手が上司なら、ミスがないように最終チェックをしっかりしておきましょう。部下なら、伝え方が雑なので、何を言いたいのかよく話を聞くように。

初対面 遊び友達になるにはいいタイミングでの出会い。映画やアートなど趣味の話をするのもいいでしょう。相手の妄想話を楽しめると、付き合いが長くなりそうです。ただ、互いに執着しないタイプなので、気づいたら縁が切れてしまっていることも。

金の羅針盤座 × 12 タイプ別

相手が

金の

鳳凰座

［ブレーキの年］

一緒にいることでうれしい出来事が起きるような人。互いに不器用で人間関係が苦手なところはありますが、いい刺激を受けられたり勉強になることが多い年です。素直に甘えてみると応えてくれるでしょう。

恋愛 相手は第一印象で今後の関係を決めるタイプなので、はじめて会ったときにどんなふうに思ったか聞いてみるといいでしょう。相手からの好意を感じられたら、2月、4月にマメに連絡してみると、交際に向けていい流れができそうです。

仕事 互いに仕事運がいいものの、相手のほうが一段上にいる感じがするでしょう。この相手についていくことで、あなたもレベルアップできそうです。相手が上司なら、一生懸命な姿を見せましょう。部下なら、学べることが多いのでしっかり観察しておいて。

初対面 あなたを向上させてくれる人なので、長い付き合いになりそうです。一時は距離があいてしまうこともありますが、不思議と完全に縁が切れることはなく、なんとなく関係が続くでしょう。礼儀正しく接して、誕生日のお祝いメッセージや正月の挨拶なども忘れないように。

相手が

銀の

鳳凰座

［開運の年］

今年は互いに最高な運気です。想像以上の結果をともに残せるので、「この相手さえいればいい」と思えるくらい、ほかの人が入る隙がなくなってしまうことも。あなたの成長やチャンスに大きく関わってきそうです。

恋愛 互いの魅力に気づきそうですが、相手は恋に慎重でスピード感がないため、あなただけで盛り上がると空回りしてしまいそう。落ち着いて行動するようにしましょう。1月、4月はとくにチャンスがあるので、好意を伝えてみると交際に進めそうです。

仕事 最高の仕事ができる相手ですが、相手の決めたことに従うだけになってしまいそう。超頑固者なので、この相手をコントロールしようとせず、あなたが合わせたほうがいいでしょう。相手が上司なら、信じてついていくように。部下なら、重要な仕事を任せてみるといい結果を残してくれそうです。

初対面 互いに成長できる重要なタイミングでの出会い。長く付き合うことが幸せにつながるので、関係を大切にしましょう。友人や知り合いではなく、先生だと思うくらいに敬意をもって接すると長く続きそうです。

2024年の相性

今年の相性を知って、付き合い方の参考にしましょう。

相手が 金の **時計座** [裏運気の年]

絶好調の年がはじまるあなたと、「裏運気の年」の相手では、考え方や生き方に大きな差が出てしまいそうです。相手の裏側は、あなたと似た考えなので、急激に仲よくなるなど極端なことになる場合も。何事もポジティブに考えるよう互いに努めておきましょう。

恋愛 相手は意外な人との恋が発展する運気。 あなたがこれまでの恋人とまったく違うタイプなら、 チャンスがありそうです。 1~2月、 6~7月に連絡したり試しにデートに誘うとうまくいくことがあるでしょう。 相手は寂しいときなので、 話を聞いてあげるとよさそう。

仕事 結果を出しはじめるあなたと、 学ぶことが多く道に迷っている相手では、 なかなか協力できない関係になってしまいそう。 相手が上司なら、 あなたからアイデアを出してうまく助けるようにしましょう。 部下なら、 話し合う機会を増やして少しでも前向きになれることを伝えておきましょう。

初対面 急激に仲よくなったときほど突然縁が切れてしまいそう。 逆に最初は距離があいているほうが、2027年あたりから徐々に仲よくなることがあるでしょう。「裏運気の年」が終わり、相手の心が落ち着くまでは、2人の今後について深く考えすぎないように。

相手が 銀の **時計座** [乱気の年]

考え方も生き方も運気も、あなたとは真逆の人。残念ながら今年はうまく関わることができないかも。よかれと思って手を差し伸べても、相手はプレッシャーや迷惑に感じてしまうことがありそうです。ただ、よろこばせる自信があるなら躊躇しないように。

恋愛 縁がつながるどころか、 トラブルを引き寄せてしまいそうな相手。 あなたは「解放の年」なので、 自然と距離ができたり、 あなたのほうが急に興味を失ってしまう場合もあるでしょう。 今年は深入りせず、 知り合いくらいの距離感で接しておくとよさそうです。

仕事 お互いの考えや行動が理解できなくなってしまいそう。 あなたの判断や決断はいい結果につながるので、 自信をもって仕事に取り組みましょう。 相手が上司なら、 必要そうな情報を伝えておくとよさそう。 部下なら、 トラブルを起こす可能性があるのでチェックを怠らないようにしましょう。

初対面 残念ながら、 今年は縁のない人だと思ったほうがいいでしょう。 2027年以降に再会したり共通の知り合いがいた場合は、 縁がつながることもありますが、 今年はある程度の距離を保って接するようにしましょう。

金の羅針盤座×12タイプ別

相手が金のカメレオン座［チャレンジの年（1年目）］

あなたの魅力や能力に惹かれて近づいてくる相手。これからゆっくり成長していく人なので、長い目で見ることが大切です。一気に仲よくなろうとしないで、今年から徐々に距離を縮めていくつもりで接するといいでしょう。

恋愛 あなたが思っている以上に、あなたに気を使ってくれている人。知識をもっているため、いろいろと話を聞く機会をつくると、楽しい時間を過ごせそうです。気になっているなら、4月、6月、8月は距離を縮めやすいので、積極的になってみるといいでしょう。

仕事 一緒に仕事をすると、実力や考えに差を感じてしまいそう。相手は前向きに仕事に取り組んでいるので、新たなやり方などは肯定し、背中を押してあげるといいでしょう。相手が上司なら、あなたの能力をうまく活かしてもらえそうです。部下なら、新しい仕事を任せてみましょう。

初対面 一緒にいることで学べたり成長できる相手。一気に深い関係になるというよりも、ゆっくり時間をかけて仲よくなりそうです。相手の生真面目さを面倒に感じてしまうと、距離ができてしまうこともあるでしょう。

相手が銀のカメレオン座［整理の年］

「整理の年」の相手なので、今年仲よくなっても短い縁になってしまいそうです。共通の目的があれば力を合わせられそうですが、一緒にいることに疲れたり、素直に心を開けない感じが続いてしまうかも。

恋愛 あなたのセンスのよさに惹かれて近づいてきますが、相手は今年輝きが見えづらい年なので、あなたは興味がもてないかも。今年は友人くらいの関係がよさそうです。12月は縁がつながりやすいので、遊びに誘ってみると進展することもあるでしょう。

仕事 勢いのある運気のあなたから見て、相手は止まっていたりやる気がないように映ってしまいそう。相手が上司なら、アイデアや意見をドンドン伝えてみると、流れを変えられるでしょう。部下なら、頑張りを認めてあげると、徐々にやる気を出してくれそうです。

初対面 相手からのつながりが弱いので、距離がなかなか縮まらないまま、自然と縁が切れてしまいそうです。互いに尊敬できるところを見つけられると、徐々に仲よくなることはあるでしょう。突然縁が切れても驚かないように。

2024年の相性

今年の相性を知って、付き合い方の参考にしましょう。

相手が 金の イルカ座 ［健康管理の年］

一緒にいるとパワーアップできる相手なので、今年は仲よくするといいでしょう。共通の目標があるとさらによさそうです。明るい未来や夢について語ることで、行動するきっかけをつかむこともできるでしょう。お互いほめられて伸びるタイプのため、ドンドンほめてみて。

恋愛 互いを高め合うために必要な相手。すでに仲のいい友人のような関係になっているなら、チャンスがあると思っていいでしょう。6~8月におもしろそうなイベントに誘ってみると、交際に進むきっかけになりそうです。

仕事 今年のあなたは、多少厳しい目標でも満足のいく結果を残せて、この相手とも上手に協力できそうです。相手が上司なら、難しそうな要望でも頑張ってみると、うまくいくでしょう。部下なら、多少生意気でも度胸があると思って、挑戦させてみるといいでしょう。

初対面 運命的なタイミングでの出会いなので、長い付き合いになりそうです。前向きな言葉と行動を意識しておくといいでしょう。互いに向上心がある人の近くにいることが大切なため、会ったときは頑張っている報告ができるよう心がけておきましょう。

相手が 銀の イルカ座 ［チャレンジの年（2年目）］

生真面目だけど実はサボりたがりなあなたと、人生を楽しく過ごしたいこの相手は、今年はリラックスできる相性です。あなたの雑なところを流してくれているので、あなたも相手の適当なところは気にしないこと。お互いさまだということを忘れないようにしましょう。

恋愛 あなたの個性を受け止めてくれますが、空回りしやすい人。一緒にいるときは冷静になることが大切です。相手は甘えん坊で、あなたからの誘いを待っているため、楽しそうなデートプランを考え誘ってみるとうまくいきそうです。とくに4~5月、7~8月は一緒に遊ぶといいでしょう。

仕事 一緒に仕事をすると、心にゆとりをもてたり楽しめるようになるため、生真面目なあなたにとって必要な人です。相手が上司なら、適当に判断しているのではなく考えがあっての決断だと思うようにしましょう。部下なら、正しい方向を示してあげると、今年から能力をうまく活かせそうです。

初対面 ルーズに見えるところもありますが、この相手からは要領よく生きる賢さを学べそう。いいタイミングでの出会いなので、遊びの世界を広げてもらえたり、あなたの考えをほぐしてくれる人になるでしょう。ノリで遊びに誘うといい関係になれそうです。

相手のタイプ別
毎月の関わり方アドバイス

	相手が 羅針盤座 金	相手が 羅針盤座 銀	相手が インディアン座 金	相手が インディアン座 銀	相手が 鳳凰座 金	相手が 鳳凰座 銀
1月	最新の情報や流行を教えたり、おもしろい人を紹介するといいタイミング。	相手が新しいことに目を向けるきっかけをつくり、似合う髪型や服も提案してみて。	相手は体調を崩しがちな月。気遣いをして、温かい飲み物をあげるとよろこばれそう。	相手が最近ハマっていることを聞き、あなたもオススメの映画やドラマを伝えてみて。	おもしろい情報を教えるといい月。ドジな失敗話を楽しく聞いてみるのもオススメ。	運気のよさを教えてあげると、いい流れに乗れそう。相手の長所はドンドンほめて。
2月	今年の目標や将来の夢のことを語り合ってみて。前向きな話でいい関係になれそう。	ポジティブな話をしたり、信頼できる友人を紹介するといいでしょう。	魅力や才能を素直にほめ、苦労や頑張りを認めると、相手の才能が開花しそう。	体調を崩したり疲れをためている月。不調がないか観察しつつ、やさしく接して。	思い出話で絆が深まりそう。長い付き合いにしたいなら今月はマメに会うように。	話題のスポットやお店を教えてあげて。一緒に遊ぶとあなたの運気もアップしそう。
3月	疲れが顔に出ていたり元気のなさを感じるときは、負担を減らすようにしましょう。	相手は忙しく疲労がたまっている月。手伝えることを探し、話を聞くようにして。	いい勢いですがミスやドジも増える月。フォローしたり、一緒に笑ったりしましょう。	急でも遊びに誘うとよろこばれそう。知り合いを紹介すれば、いい友達になるかも。	一緒にいると流れが大きく変わる出来事がある月。調子に乗せるくらいおだててみて。	久しぶりでも連絡してみましょう。思い出話をするといい関係になれそうです。
4月	才能や個性を素直にほめてみて。ポジティブな話をして、互いに前を向きましょう。	疲れや睡眠不足で不機嫌になっているかも。無理させず、少し休んでもらいましょう。	相手は実力を出せて忙しい月。付き合いが長いならこれまでの頑張りを認め応援を。	遊びに誘うといい月。気を使って自ら誘えないタイプなので、よろこんでもらえそう。	やりたいことを応援し、一緒にいるとよさそう。互いに満足な結果を残せるでしょう。	「最高の運気」だと伝えてみましょう。一緒に過ごすことであなたにも幸運が訪れそう。
5月	相手は少し行動が雑になりがちな月。些細なことでヘコんでいたら、励ましてあげて。	一緒にストレス発散を楽しむといい月。スポーツやおもしろい話を積極的にしてみて。	大事な役割を任せるとよさそう。相手の魅力を周囲に伝えてあげるのもいいでしょう。	近況報告を兼ねて食事に誘いましょう。思い出話だけでなく、前向きな話も大切に。	相手が調子に乗りすぎて大失敗するかも。危険なときは注意するように。	相手に振り回されても一緒にいるのがオススメ。多少のワガママは受け入れましょう。
6月	これまでの苦労や努力を聞いてみるといいでしょう。思わぬ才能を見つけられるかも。	失敗やケガをして元気がないかも。励ましたり、オススメの本を紹介するとよさそう。	明るい妄想話やアイデアをたくさん聞いてみると、相手のよさを上手に引き出せそう。	お得な話がよろこばれる月。ポイ活や安くておいしいお店などの情報を教えてみて。	相手のワガママが出る月。失敗から学べるよう、距離をとって見守っておくこと。	相手は誘惑に流されたり、いろいろと雑になりがちな時期。うまくフォローして。

今月のほかのタイプはどんな運気？　全タイプの
相手について月ごとに接し方のコツをお伝えします。

	相手が 時計座		相手が カメレオン座		相手が イルカ座	
	金	銀	金	銀	金	銀
1月	ポイ活などのお得な情報で盛り上がりそう。節約や高見えするものの話をするのも吉。	相手の幸せな話をいろいろ聞いてみて。語り合うと感謝の気持ちがわいてきそう。	些細なことで悩んでいるかも。話を聞いたり「大丈夫」と言ってあげましょう。	相手は判断ミスをしやすい月。話をしっかり聞き、冷静になって考えるよう伝えて。	お節介がすぎると縁を切られたり、距離があくことも。ほどよい距離を保つように。	相手は、思い通りにならずイライラしている時期。頑張っていることを認めましょう。
2月	雑談したり、話を聞く時間をつくることが大事。冗談を言って相手を笑わせて。	相手は「守り」の時期。楽しく過ごしつつも、調子に乗せたり無理をさせるのはNG。	悩んだり空回りしている時期。いろいろな考え方があることをやさしく教えてみて。	不安や心配事を聞くといいですが、多くは妄想なので「考えすぎ」と伝えましょう。	最近できたお店の話などをするとよさそう。旬の料理を食べに誘うのもオススメ。	今月は距離をおかれても気にしないで。掃除道具の情報を伝えるとよろこばれそう。
3月	悩みや不安を抱えている月。相談に乗ったり、些細なことでも手助けしてあげて。	あなたの見えないところで問題が起きる可能性が。「困る前に相談してね」と伝えて。	別れて楽になることもあると伝えてみて。一流の人たちの苦労話を語るのもよさそう。	相手のマイナス面が見える月ですが、短所も見方を変えれば長所になると忘れないで。	イベントやライブ、飲み会に誘ってみましょう。新商品の情報を教えるのもよさそう。	相手は気持ちが前向きになっている時期。小さなことでも挑戦をうながしましょう。
4月	相手の雑な部分が見える月。集中できない理由を聞いて前向きなアドバイスを。	いつもと雰囲気が違うと感じたら、じっくり話を聞いて少しでも手助けするように。	友人との集まりに誘ってみましょう。最近ハマっているドラマなどを教えるのも吉。	成功でも失敗でも、過去に執着すると前に進めないということを伝えましょう。	相手の才能や個性をほめることが大切。友人を紹介するのもいいでしょう。	おもしろそうな情報はドンドン伝え、イベントやライブにも誘ってみて。
5月	相手は悲しい別れがある月。まったく関係のない、楽しい話をする時間も大切です。	相手はだまされたり間違った方向に決断しやすい月。落ち着いて話す時間をつくって。	互いに行ったことのないお店に誘い、食べたことのないメニューを試すといい経験に。	知り合いの集まりに誘ったり、本やドラマ、映画を紹介するといい関係を築けそう。	不機嫌なのは疲れている証拠。お菓子を渡したり仕事を手伝うなど、やさしく接して。	10年後の明るい未来を語り合うといいでしょう。将来の夢を話してみるのもよさそう。
6月	相手の気持ちが徐々に前向きになる月。新発売のお菓子や話題のお店の話をしてみて。	パーッと遊んで楽しみましょう。たくさん笑って過ごすことの大切さを教えてあげて。	3年後にどうなりたいかなど未来の話をすると、人生を考えるきっかけになりそう。	内面にも外見にも、いつもと違う変化がありそう。気づいてあげるといいでしょう。	将来の夢を応援してあげましょう。役立つ情報や前向きな話を伝え勇気を与えて。	疲れて元気がないかも。やさしく接し、カフェでゆっくり話を聞くといいでしょう。

相手のタイプ別

毎月の関わり方アドバイス

	相手が 羅針盤座 金	相手が 羅針盤座 銀	相手が インディアン座 金	相手が インディアン座 銀	相手が 鳳凰座 金	相手が 鳳凰座 銀
7月	相手の才能をドンドンほめて、前向きになれるよう背中を押してみましょう。	得意なことを任せるといい月。過去にハマった趣味の話をするのもオススメ。	愚痴が増えそう。前向きな話をしたり、過去の自慢話を聞いてみるといいでしょう。	なんでも抱え込んでしまうとき。雑談がてら相談に乗り本音を聞くといいでしょう。	相手が反省していたら許すことが大切。気持ちの切り替え方を教えるといいでしょう。	予想外の出来事が増える月。話を聞いて、些細なことでも協力してあげましょう。
8月	互いに協力するといい結果が出せそう。相手を調子に乗らせてみるといいでしょう。	結果を求められて忙しくなっている月。無理のない範囲でサポートしましょう。	無謀な行動に走りやすいとき。話を聞いて不安や心配を取り除いてあげましょう。	相手は心配事や不満がたまる時期。おもしろい話で盛り上げるとよさそうです。	相手は新たなことへゆっくりと動き出す月。興味をもちそうな情報を教えてあげよう。	相手は不要なものを処分したい時期。あなたにとって価値があるならもらいましょう。
9月	相手はネガティブな情報に振り回されやすい月。明るい未来について語り合って。	たくさん話を聞くのがオススメ。おいしいお店を教えたり、パーティーに誘うのも吉。	急に人との距離をとったり縁を切りたくなる月。ほどよい距離を保っておくこと。	やる気が出ず小さなミスが増えるとき。相手の話を聞いてみるとうまく助けられそう。	前向きになれる話や成功者のエピソードを話してみると、やる気になってくれそう。	相手は新しいことに挑戦する時期。ドンドン背中を押してきっかけをつくってみて。
10月	情に振り回されやすい月。余計なことを考えないよう楽しい時間を増やしましょう。	相手は疲れやすい時期。すすんで相談に乗り、周囲と協力し合って手助けを。	おもしろそうな情報をドンドン伝えましょう。人との出会いを増やす手伝いも大切。	無謀な行動に走りやすいとき。悩みを聞いたり、相手の長所を伝えてみて。	互いに将来の夢や未来の話をしてみると、頭も気持ちもスッキリ整理できそうです。	いつもと違う友人の集まりに誘うなど、相手の人脈を広げるために協力しましょう。
11月	掃除や整理整頓を手伝って、相手のいらないものを譲り受けるとよろこんでくれそう。	無理は禁物。こまめに休憩をとるようにうながし、会うのも短時間にとどめて。	急でもいいので食事に誘ったり知り合いを紹介すると、おもしろい縁がつながるかも。	しばらく集まっていないなら、あなたから連絡してプチ同窓会を開いてみましょう。	相手は元気そうに見えても疲れがたまりやすい時期。体調を気遣ってあげて。	将来の夢や人生の目標について話してみると、相手の気持ちが定まってきそうです。
12月	最新情報を教えたり、新たな人脈づくりの手伝いを。はじめての場所に誘うのも吉。	悩みを聞いて、別れを決めかねていたら背中を押して。笑える話をするのもオススメ。	1~2年先の目標を話してみましょう。大まかな方向をうまく定められそうです。	人脈を広げることが大切な月。知り合いを紹介したり、食事に誘ってみて。	相手は大きな幸せをつかむ月。うれしいことが起きたら一緒によろこびましょう。	疲れがたまる時期。相手が不機嫌なときは、甘いものや入浴剤を贈るのがオススメ。

あの人はいま、どんな月を過ごしているんだろう。
相手の運気のいいときに誘ってみよう!

	相手が 時計座		相手が カメレオン座		相手が イルカ座	
	金	銀	金	銀	金	銀
7月	忙しい時期。愚痴や不満を漏らしていたら、前向きな話や未来の話に切り替えて。	新商品をプレゼントしたり話題のお店に誘うなど、未体験のことを一緒に楽しんで。	不機嫌そうにしていたら、「疲れてない?休んだら?」とやさしく気遣ってみましょう。	相手の好きなことを聞いてみるといい月。雑談から共通の趣味を見つけられるかも。	相手のミスをうまくフォローしつつ、しっかり確認を。ノリで遊びに誘うのもオススメ。	相手の話をリアクションよく聞き、うまく調子に乗せて楽しませるといいでしょう。
8月	感情的になりやすいとき。落ち着いてゆったりできる時間を一緒に過ごしてみて。	最近ハマっているおもしろい動画や芸人さんを教えると、相手もハマってくれそう。	才能や個性をほめて、相手が考え込む前に背中を押して動くきっかけづくりを。	疲れをためている月。おもしろい話をして笑わせてみると元気になってくれそう。	あなたから食事に誘ってみましょう。思い出のお店に行くと楽しい時間を過ごせそう。	相手はミスをしやすいとき。ドジな失敗をしたら一緒に笑ってフォローしよう。
9月	疲れをためやすい月。無理させないようにして、いい健康情報を教えてあげましょう。	人知れず問題を抱え込んでいるかも。無理していないか気にかけ、話を聞いてみて。	相手は小さなミスをしやすい時期。気にせず「ご愛嬌」と思ってやさしく接すること。	ポジティブな話を教えてあげるといい月。相手の人生を変えるきっかけになるかも。	相手の頑張りを認めて背中を押してみて。相談に応じると感謝してもらえそう。	「最近調子がいいね」と伝えたり、得意なことを任せると力をうまく引き出せるかも。
10月	前向きな話をたくさんしてみて。若手の芸能人やスポーツ選手の話題もよさそうです。	体の不調が出るとき。疲れていそうなら休ませて。栄養ドリンクを贈るのもオススメ。	子どものころの夢や昔の話を聞いてあげると、うまくやる気を引き出せるでしょう。	相手はドジな失敗をしやすい月。クヨクヨしていたら笑顔で接して、励まして。	中旬まではノリが大切。下旬は空回りしやすいので落ち着いて行動するよう助言を。	日ごろの感謝を伝えると、それをきっかけに相手が想像以上の活躍をしてくれそう。
11月	趣味や遊びの話をしてみて。相手が無謀な行動に走ったらあなたが止めるように。	上品な言葉遣いで話しかけてみて。言い方を変える遊びをしてみるといいかも。	相手をおだてて調子に乗せるとよさそう。いいところを素直に伝えてみましょう。	真面目に物事をとらえがちなとき。楽しく取り組めるようサポート役にまわって。	相手がイライラしていたら疲れている証。話を聞いて、できる範囲でフォローを。	長所をほめて頑張りを認めるように。いい本を見つけたら下旬に教えるといいかも。
12月	思い出の場所に誘うとよさそう。共通の知り合いがいるなら、みんなで集まるのも吉。	困ったときはお互いさま。ドジな失敗は一緒に笑い、笑えないミスは助けてあげて。	帰りの時間を決めてから会うようにしたり、食事やお茶をするなら短時間にすること。	才能や魅力が輝き、いい勢いもあるとき。悩んでいたら即行動するよう助言を。	意地を張って視野が狭くなってしまう時期。少しでも楽しい時間をつくるようにして。	ポジティブな話をして、ひとつの考え方にこだわらないようアドバイスしてみましょう。

どうなる？ 2025年上半期

このページでは特別に、2025年上半期の運気をお伝えします。ちょっと先の運気までのぞいてみませんか。

仕事も遊びも全力で楽しむことが大事

総合運

4月くらいまでは2024年の勢いが続き楽しく過ごすことができますが、徐々にやる気がなくなってきたり、緊張感が薄れてしまいそうです。いい流れに乗って楽になるタイミングでもあるので、しっかり仕事をしてしっかり遊び、楽しい時間を過ごすよう心がけると運気もよくなるでしょう。旅行やライブ、イベントなど、趣味の世界を広げてみるのもオススメです。健康運は、ドジを踏んで小さなケガをしそうなので気をつけておきましょう。

恋愛＆結婚運

モテを感じられる最高の運気ですが、しばらく恋人がいない人は、多少の妥協が必要になってくるでしょう。2025年は、思った以上に注目されていろいろな人に好かれるので、遠慮せずに気になる人を誘ってみると簡単に進展しそうです。ただし、酔った勢いで関係を深めると、残念な思いをするため気をつけましょう。結婚運は、2024年に結婚の話が固まっているなら、2025年の1～2月に婚姻届を出すと幸せになれるでしょう。

仕事＆金運

仕事に対するやる気は、少し落ち着いてしまう時期。油断するとサボってしまったり、集中できなくなりそうです。一方で、いつもと違うおもしろいアイデアや、違う角度からの発想が浮かぶこともあるので、仕事を楽しむことを忘れずに。仕事関係者との付き合いも大切にするといいでしょう。金運は、趣味や遊びへの出費が増えますが、遊ぶときはケチケチしないように。

命数ごとに
さらに詳しく占える

全120命数別
2024年の運勢
&
開運アクション

ここまでは12タイプごとに
運気を説明してきましたが
ここからは120命数ごとにさらに詳しく
開運のコツをお届けします。

命数ごとに

STEP 1 自分のことをもっと知ろう

金の羅針盤座

命数 **5** ネガティブな情報屋

もっている星
★商売人の星
★計画を立てる星
★多才な星
★都会的な人が好きな星
★お酒に注意の星

基本性格 アイデアは豊富だけど、適当でややネガティブ

多趣味・多才でいろいろなことに詳しく視野が広い人。根は真面目で言われたことを忠実に守りますが、お調子者のところがあり、適当なトークをすることがあります。一方で不思議とネガティブな面もある人。おもしろそうなアイデアを出したり、情報を伝えたりすることは上手です。好きなことが見つかると没頭しますが、すぐに飽きてしまうところもあるでしょう。部屋に無駄なものが集まりやすいのでマメに片付けたほうがいいでしょう。

開運アクション
- 人をほめる
- 互いに得することを考える
- 何事もプラス面を探す

2024年はこんな年 ポジティブになるほど恋も仕事も順調に進む年

あなたの計算や計画の通りに物事が運びやすい年。情報収集力や、多趣味で多才なところをうまく活かせるでしょう。いろいろなことをやっておいてよかったと思える出来事もありそうです。自分ひとりだけが得する方向に進むより、周囲も得するように動くと、味方も増えて楽しく過ごせるようになるでしょう。あなたに必要な情報も入ってくるので、積極的に調べたり聞いたりしてみて。健康運は、ヨガやスポーツジムに通って体をしぼるといいでしょう。

恋愛&結婚 おしゃれで都会的な人と交際できたり、行動力やパワーのある人といい関係に進めそうです。自分で思っている以上にモテる時期なので、誰を選んでいいのかわからなくなってしまうことも。そんなときは、食の好みと笑いのセンスが合いそうな人を選ぶといいでしょう。ネガティブな話もポジティブに変換してみると、さらにモテるので試してみて。結婚運は、「プロポーズの予約」をすると、話が一気に進展しそうです。

仕事&お金 これまでと流れが変わり、物事が順調に動いていく運気。仕事関係者との付き合いも楽しめ、苦労がウソのようになくなっていきそうです。マイナス面ばかり見ないで、プラス面にもっと目を向けるよう意識するといいでしょう。気難しいと思っていた上司や先輩とも打ち解けられたり、味方になってもらえる場合もあるので、相談してみるのもよさそうです。金運は、お得だと思うものなら、思い切って購入しておくといいでしょう。

ラッキーカラー	ラッキーフード	ラッキースポット
ピンク、パープル	ローストビーフ、すもも	旅館、水族館

命数別 2024年の運勢&開運アクション 金の羅針盤座

命数
詳しい調べ方は巻頭の折込をチェック

キャッチフレーズ もっている星 基本性格
あなたの性格を一言で表すなら?

ラッキーカラー ラッキーフード ラッキースポット
プレゼント、お土産、デート先のヒントに

開運アクション
命数ごとにより詳細な開運のコツ

2024年はこんな年
今年1年間の過ごし方アドバイス

STEP 2 気になる人を調べてみよう

あの人は今年どんな1年になるんだろう

※相手の生年月日から、タイプと命数を割り出してください(▶巻頭折込)

銀の時計座

命数 **36** 世話が好きな真面目な人

もっている星
★思いやりの星
★自信のない星
★ケチな星
★つくしすぎる星
★水分バランスが悪い星

ラッキーカラー ホワイト ラベンダー　ラッキーフード 里芋の煮物 わかめのサラダ　ラッキースポット 温泉 プラネタリウム

基本性格 理想と現実の間で心が揺れやすい

何事も真面目に地道にコツコツと努力ができ、自分のことよりも他人のために生きられるやさしい人です。ただし、自己主張が苦手で一歩引いてしまうところがあるので、チャンスを逃しやすく、人と仲よくなるのにも時間がかかるでしょう。現実的に物事を考える面と理想との間で心が揺れてしまい、つねに周囲の意見に揺さぶられてしまうタイプ。真面目がコンプレックスになり、無謀な行動に走ってしまうときもあるでしょう。

2024年はこんな年 真面目に取り組むのがバカらしく感じてしまうことがありそうですが、今年は真面目にじっくり努力することを、もっと楽しんでみるといいでしょう。あえて遠回りをするのもよさそうです。自分磨きも楽しむことを忘れなければ、思った以上に輝くことができるでしょう。ときには開き直って言いたいことを伝えてみると、周囲が動いてくれることもありそうです。健康運は、ストレスが肌の不調につながりやすいため、こまめ

開運アクション
- 気分転換をしっかりする
- 地味で真面目なところをコンプレックスに思わない
- 後輩や部下の面倒を見る

金の羅針盤座

命数 **1**

ネガティブな頑張り屋

もっている星

- ★負けを認められない星
- ★頑張りすぎる星
- ★友達の延長の恋の星
- ★空気が読めない星
- ★スポーツをするといい星

基本性格　サッパリとしているが、じつは人が苦手

負けず嫌いの頑張り屋。人と仲よくなることが得意ですが、本当は人が苦手。誰とでも対等に付き合いたいと思うところはありますが、真面目で意地っ張りで融通がきかないところがあり、人と波長が合わせられないタイプ。生意気なところが出てしまい、他人とぶつかることも多いでしょう。心が高校1年生から成長しておらず、サッパリとした性格ですが、ネガティブなことをすぐに考えてしまうところがあるでしょう。

開運アクション

- 次の目標を掲げる
- 身近な人とのコミュニケーションを大切にする
- 後輩や部下の面倒を見る

2024年はこんな年　最高のパフォーマンスができいい仲間も増える年

目標を達成し、同期やライバルに差をつけることができる運気。最高のパフォーマンスを発揮して、充実した日々を過ごせるでしょう。ハッキリとした目標を掲げたほうがより力を出せるので、年内に達成したい目標と、3～4年後に達成できそうな目標を立ててみるとよさそうです。また、今年はいい仲間もできるため、きつい言葉や言い方を出さないよう気をつけておきましょう。健康運は、スポーツをはじめて体力をつけるには最高の年です。

恋愛&結婚

職場など身近なところで恋をすることが多いタイプ。今年は仕事が忙しくなりますが、そのぶんあなたの魅力がアップし注目されるので、恋のチャンスにも恵まれそうです。同僚や仕事関係者と秘密の交際を楽しんだり、仕事帰りに飲みに行く仲間と関係が発展することもあるでしょう。職場に素敵な人がいない場合は、習い事をはじめてみるといい出会いがありそうです。結婚運は、今年結婚すると親友のような夫婦になれるでしょう。

仕事&お金

能力が発揮でき、結果を残せる年。これまでの頑張りを認めてもらえたり、やる気を評価される場面もありそうです。誰とでも対等に接することができるのはいいところですが、人をうまく動かすこともときには必要なので、今年はもっとコミュニケーションをとるよう心がけましょう。仕事がしやすくなったり、教育や指導の才能に目覚めることもありそうです。金運は、これまでの頑張りが収入に反映されはじめる予感。趣味の出費が増えることもあるでしょう。

ラッキーカラー	ラッキーフード	ラッキースポット
ピンク、イエロー	ささみのチーズカツ、明太子	スポーツ施設、遊園地

金の羅針盤座

命数

2

チームワークが苦手な野心家

もっている星

★合理主義の星
★派手な星
★話を最後まで聞かない星
★追いかける星
★内弁慶の星

基本性格　ひとりで未知の世界に飛び込む行動派

頭の回転が速く、何事も合理的に物事を進めることが好きなタイプ。表面的な人間関係はできますが、団体行動が苦手で、好き嫌いが激しく出てしまう人。突然大胆な行動に走ってしまうことで周囲を驚かせたり、危険なことに飛び込んでしまったりすることもあるでしょう。ひとりでの旅行やライブが好きで、ほかの人が見ないような世界を知ることも多いはず。他人の話を最後まで聞かないところがあるので、しっかり聞くことが大事です。

開運アクション

- 頑張っている姿を少し見せる
- ライブや旅行に行く
- 人をしっかり観察する

2024年はこんな年　少しゆとりが出てくる年。前向きな姿を周囲に見せよう

密かに自信をもって取り組んでいたことに、しっかり結果が出て満足できそうです。「やっぱり自分の思った通り」と感じるような出来事もあるでしょう。頑張りを隠すタイプですが、今年からは少しでもいいので前向きな姿勢を周囲に見せるとよさそうです。また、今年は憧れだったライブや旅行先に行けるようになったり、少しゆとりも出てくるでしょう。健康運は、いいスポーツトレーナーや指導者に出会い、体の調子を整えることができそうです。

恋愛&結婚

好きな人ができて、交際まで進めそうな年。2024年は、雰囲気の素敵な人が見つかったり、共通の趣味で仲よくなる人が増えるでしょう。そのなかで、もっとも才能やパワーのある人を好きになりそうです。プライドが邪魔をしがちなタイプですが、今年は勇気を出して気になる舞台やライブに誘ってみるといいでしょう。結婚運は、互いに高め合えそうな相手なら、年内に結婚するのがオススメ。

仕事&お金

周囲から「仕事ができる人」と思われるような出来事がある年。情熱をもって取り組める一方で、無駄な作業や雑用からは上手に離れられそうです。じつはちょっとズル賢いところがあるので、そのぶんほかの仕事をしたり、結果を出して埋め合わせしておきましょう。団体行動や仲間との協力をもっと楽しむことも大切です。それぞれの能力を見抜くためにも、周囲をよく観察しておきましょう。金運は、旅行やライブにお金を使うとストレス解消にもなってよさそうです。

ラッキーカラー	ラッキーフード	ラッキースポット
レッド、ダークブルー	かぼちゃコロッケ、ウニ	コンサート、リゾート地

金の羅針盤座　命数

3 上品でもワガママ

もっている星
- ★気分屋の星
- ★サービス精神の星
- ★スキンシップが多い星
- ★エロい星
- ★ダンスをするといい星

基本性格　ネガとポジの矛盾を抱えた明るい人

陽気で明るくサービス精神が旺盛。つねに楽しく生きられ、上品な感じをもっている人。人の集まりが好きですが、本音は人が苦手で、ポジティブなのにネガティブと、矛盾した心をもっているタイプ。真面目に物事を考えるよりも楽観的な面を前面に出したほうが人生がスムーズにいくことが多く、不思議と運を味方につけられる人でしょう。自分も周囲も楽しませるアイデアが豊富ですが、空腹になると何も考えられなくなるでしょう。

開運アクション

- 明るさと笑顔を心がける
- 愚痴をやめて前向きな話をする
- コンプレックスを話のネタにする

2024年はこんな年　最高の年のはじまり。サービス精神をドンドン出そう

人生の楽しさやおもしろさを発見できる、最高の流れがはじまります。「金の羅針盤座」のなかでもっとも運がよく、「明るい星」の持ち主のため、日々笑顔で過ごしていると心から笑えることや楽しい出来事が増えていくでしょう。多少空回りしてもいいのでサービス精神をドンドン出してみると、波長の合う友人ができたり、あなたをおもしろがってくれる人に出会えそうです。健康運は、楽しむのはいいですが、食べすぎ飲みすぎには要注意。食べたぶん運動するのも忘れずに。

恋愛&結婚

コンプレックスを気にするのをやめて開き直ることで、突然モテるようになりそうです。体型で気になっているところなどをあえて自分から口にしてみると、「そんなことないよ」と返され、あなたが思っているほど周囲は気にしていないことに気づけるでしょう。楽しく堂々と過ごしていれば、いい恋人もできそうです。ただ、余計な発言が増えやすいので、人の話を楽しく聞く癖はつけておくように。結婚運は、あなたのワガママを受け入れてくれる相手なら、年内に婚姻届を出すといいでしょう。

仕事&お金

楽しい仕事なら才能や能力を開花させられるタイプのため、どうしたら楽しい仕事にできるのか考えて工夫することで、どんな仕事でも前向きに頑張れるようになるでしょう。職場の人との付き合いも面倒に思わず、自ら率先して動いてみることが大切です。コミュニケーションがうまくとれるようになり、仕事のやりがいも変わってくるでしょう。ただ、集まりが「愚痴を言う会」にならないようにすること。金運は、遊ぶときはしっかり遊んでケチケチしないようにしましょう。

ラッキーカラー	ラッキーフード	ラッキースポット
パープル、ライトブルー	寿司、フレンチトースト	レストラン、音楽フェス

金の羅針盤座 命数 4

余計な一言が多い真面目な人

もっている星

- ★情にもろい星
- ★センスがいい星
- ★恩着せがましい星
- ★情から恋に発展する星
- ★勘で買う星

基本性格 おしゃべりで勘が鋭く恩着せがましい人情家

何事も素早く判断できる頭の回転が速い人。短気なところもありますが、おしゃべりが好きで勘が非常に鋭いタイプ。人情家で情にとてももろい人ですが、人間関係をつくるのがやや下手なところがあり、恩着せがましいところや、自分が正しいと思った意見を押しつけすぎてしまう癖があるでしょう。感性も豊かで芸術系の才能をもち、新しいアイデアを生み出す力もあります。寝不足や空腹で簡単に不機嫌になってしまうでしょう。

開運アクション

- 直感を信じて行動する
- 言葉を選びつつハッキリ言う
- 運動をはじめてスタミナをつける

2024年はこんな年 勘が冴えわたり大きなチャンスをつかめる年

秘めていた才能が開花する年。直感が冴え、感性やセンスも活かせて楽しくなってくるでしょう。周囲が驚くようなアイデアを出せたり、ズバッとキレのいい発言をすることもできそうです。ただし、品のない言い方にならないよう、言葉はきちんと選ぶように。己の勘に従って行動することで、いい出会いや大きなチャンスをつかむことができるので、自分を信じて動いてみましょう。健康運は、ストレス発散のために運動すると、体力もついて一石二鳥になりそう。

恋愛&結婚

一目惚れした人と交際できそうな運気。今年出会った人と一気に進展することになるので、ネガティブな話や余計な発言はしないようにしましょう。頭の回転が速く、外見も素敵な人が現れるため、自分磨きをサボらないことも大切です。気になるアート系の習い事やイベントに足を運んでみると、いい出会いにつながりそう。結婚運は、あなたの話を聞いてくれるやさしい相手なら、結婚するといいでしょう。

仕事&お金

あなたの頭のよさやアイデア、企画力などが評価される年。遠慮せずに自分の意見を伝えてみると、これまで動かなかったことでも流れを変えられるようになりそうです。直感で判断したことをドンドン発表して、行動に移すようにしましょう。専門知識を活かせる職場ほど、持ち前の能力を発揮できそうです。ただし、言い方は間違えないよう気をつけておきましょう。金運は、自分の感覚を信じて買い物をすると、いいものを入手できそうです。

ラッキーカラー	ラッキーフード	ラッキースポット
ピンク、ターコイズブルー	鯛の刺身、サンドイッチ	美術館、高級ホテル

金の羅針盤座 命数 5

ネガティブな情報屋

もっている星

★商売人の星
★計画を立てる星
★多才な星
★都会的な人が好きな星
★お酒に注意の星

基本性格 アイデアは豊富だけど、適当でややネガティブ

多趣味・多才でいろいろなことに詳しく視野が広い人。根は真面目で言われたことを忠実に守りますが、お調子者のところがあり、適当なトークをすることがあります。一方で不思議とネガティブな面もある人。おもしろそうなアイデアを出したり、情報を伝えたりすることは上手です。好きなことが見つかると没頭しますが、すぐに飽きてしまうところもあるでしょう。部屋に無駄なものが集まりやすいのでマメに片付けたほうがいいでしょう。

開運アクション

- 人をほめる
- 互いに得することを考える
- 何事もプラス面を探す

2024年はこんな年 ポジティブになるほど恋も仕事も順調に進む年

あなたの計算や計画の通りに物事が運びやすい年。情報収集力や、多趣味で多才なところをうまく活かせるでしょう。いろいろなことをやっておいてよかったと思える出来事もありそうです。自分ひとりだけが得する方向に進むより、周囲も得するように動くと、味方も増えて楽しく過ごせるようになるでしょう。あなたに必要な情報も入ってくるので、積極的に調べたり聞いたりしてみて。健康運は、ヨガやスポーツジムに通って体をしぼるといいでしょう。

恋愛&結婚

おしゃれで都会的な人と交際できたり、行動力やパワーのある人といい関係に進めそうです。自分で思っている以上にモテる時期なので、誰を選んでいいのかわからなくなってしまうことも。そんなときは、食の好みと笑いのセンスが合いそうな人を選ぶといいでしょう。ネガティブな話もポジティブに変換してみると、さらにモテるので試してみて。結婚運は、「プロポーズの予約」をすると、話が一気に進展しそうです。

仕事&お金

これまでと流れが変わり、物事が順調に動いていく運気。仕事関係者との付き合いも楽しめ、苦労がウソのようになくなっていきそうです。マイナス面ばかり見ないで、プラス面にもっと目を向けるよう意識するといいでしょう。気難しいと思っていた上司や先輩とも打ち解けられたり、味方になってもらえる場合もあるので、相談してみるのもよさそうです。金運は、お得だと思うものなら、思い切って購入しておくといいでしょう。

ラッキーカラー	ラッキーフード	ラッキースポット
ピンク、パープル	ローストビーフ、すもも	旅館、水族館

金の羅針盤座

命数

6 謙虚な優等生

もっている星
★真面目でまっすぐな星
★ネガティブな星
★自信がない星
★押されたらすぐ落ちる星
★小銭が好きな星

基本性格 清潔感と品があり現実的だけど臆病者

真面目でおとなしく出しゃばったことをしない人。やや地味なところはありますが、清潔感や品格をもち、現実的に物事を考えられて、謙虚な心でつねに一歩引いているようなタイプです。他人からのお願いが断れなくて便利屋にされてしまう場合もあるので、ハッキリと断ることも必要。自分に自信がないのですが、ゆっくりじっくり実力をつけることができれば、次第に信頼・信用されるでしょう。臆病が原因で交友関係は狭くなりそうです。

開運アクション

- 開き直って言いたいことを言ってみる
- 恥ずかしいと思ったら行動する
- イメチェンや自分磨きにケチケチしない

2024年はこんな年 大きなチャンスが訪れる年。ドンドン経験を増やそう

真面目にじっくり取り組んできた人ほど高く評価され、大きなチャンスをもらえる年。遠慮したり臆病になったりせず、思い切って行動しましょう。言いたいことをハッキリ伝えてみると、状況やあなたに対する周囲の扱いも変わってきそうです。完璧よりも場数を増やすことを目指すよう考え方を変えてみると、いい経験と人脈ができるでしょう。手先が器用なところも活かせそうです。健康運は、家でできる筋トレやストレッチをするといいでしょう。

恋愛&結婚

一度好きになると片思いが長くなるタイプですが、今年は思いが実る可能性が高いでしょう。「自分なんて」などと思わず、年齢や流行に合わせたファッションや髪型にして、しっかり自分磨きをしましょう。恥ずかしがったり慎重になっているとチャンスを逃してしまうだけ。今年は大胆になることで、素敵な恋をつかめるでしょう。結婚運は、信頼できる相手なら話を進めるとよさそうです。「プロポーズの予約」をしておきましょう。

仕事&お金

これまではいいように使われたり、面倒な仕事を押しつけられてしまうこともありましたが、今年は信頼を得て、大事なポジションを任せてもらえそうです。臆病風に吹かれて断ってしまうと、いい運気の流れを逃すので、勇気を出して引き受けましょう。全力で取り組めば、いい結果につながるでしょう。コミュニケーションも、受け身で待っているのではなく、自ら周囲の人を誘って仲よくなろうとすることが大切です。金運は、イメチェンや自分磨きにお金をかけてみて。

ラッキーカラー	ラッキーフード	ラッキースポット
ピンク、ラベンダー	たちうおの塩焼き、栗	温泉旅館、渓谷

金の羅針盤座 命数 7 おだてに弱い正義の味方

もっている星

★正義の味方の星
★行動が雑な星
★細かな計算をせず買い物する星
★恋で空回りする星
★ほめられたらなんでもやる星

基本性格 抜群の行動力だけど、ちょっとドジ

自分が正しいと思ったことを貫き通す正義の味方のような人。人にやさしく面倒見がいいのですが、人と距離をあけてしまうところがあります。正しい考えにとらわれすぎて、ネガティブになってしまうこともあるでしょう。行動力と実行力があるのですが、おだてに弱く、ほめられたらなんでもやってしまうところもあります。基本的に、雑でドジなところがあるので、先走ってしまうことも多いでしょう。

開運アクション

- 自信をもって行動する
- 「感謝・認める・ねぎらい」を忘れない
- 明るく笑顔でお願いをする

2024年はこんな年 運があなたに味方する年。周囲のことも認めよう

もっとも正義感が強く、曲がったことが嫌いなタイプ。今年は大きな壁を乗り越えられて、あなた中心に世の中が動くと言ってもいいくらい、運を味方につけられるでしょう。自分の常識を周囲に押しつけず、いろいろな人の考えを認め、尊重しほめてみると、いい仲間も集まってきそうです。後輩や部下の面倒を見ることも大切なので、多少面倒でもプライベートで一緒に遊んでみるといいでしょう。健康運は、ヨガやストレッチをして体を柔らかくするとよさそう。

恋愛&結婚

積極的になれば、好きな人と交際できそうな年。少々強引になってもいいので、マメに会うようにし、押し切ってみるといいでしょう。途中で引いたり、ようすを見たりしないように。「空気なんて読まない」くらいの気持ちで飛び込んでみると、お金持ちや「高嶺の花」と思うような人と付き合える場合も。せっかちで勝手に諦めてしまうところがあるので、もっと粘るよう心がけておきましょう。結婚運は、この日までに結婚したいと決めれば、いい勢いがついて話が進みそうです。

仕事&お金

自分の能力を過信してしまうほどに、いい結果が出たり、これまでの努力がいいかたちになってきそうです。ただし、あなたの考えややり方だけが正しいと思わないように。いろいろな意見や方法を認めることで、周囲の人がついてきてくれるようになるので、頑張っている人へのねぎらいや感謝を忘れないようにしましょう。今年はリーダーや管理職など、上の立場としての能力にも目覚めそうです。金運は、自分の頑張りに見合うものを購入するのがオススメ。後輩にもご馳走してみましょう。

ラッキーカラー	ラッキーフード	ラッキースポット
レッド、ネイビー	うどん、ゴーヤチャンプルー	動物園、空港

金の羅針盤座 命数 8 上品で臆病な人

もっている星
★上品な星
★マイナス思考な星
★人が苦手な星
★品のある人が好きな星
★肌と精神が弱い星

基本性格 繊細でネガティブだけど、礼儀正しくお上品

真面目で上品、挨拶やお礼などの常識をしっかり守る人。ルールやマナーにもうるさく、できない人を見るとガッカリしてしまうことも多いでしょう。繊細な性格でネガティブな考えが強く、勝手にマイナスに考えてしまうところもあります。その点は、あえてポジティブな発言をすることで人生を好転させられるでしょう。臆病で人間関係が苦手、とくに初対面の人と打ち解けるまでに時間がかかってしまうことが多いでしょう。

開運アクション

- 度胸と勇気を出す
- 考える前に行動する
- 好きなアーティストのライブに行く

2024年はこんな年 真面目さが評価される年。小さなことは気にしないように

規則やルール、約束をもっとも守るキッチリしたタイプ。しっかり者ですが、メンタルの弱さが出てしまうことも。今年は、心も体も楽になり、あなたのこれまでの頑張りやしっかりやってきたことも評価されそうです。「真面目に取り組んできて正解だった」と思えますが、そのぶん周囲にいるだらしない人にイライラしやすいので、小さなことを気にして心を乱さないようにしましょう。健康運は、アロマを楽しんでみると、いいストレス発散になりそう。

恋愛&結婚

恋にも誠実ですが、プライドの高さと臆病なところが邪魔をして、なかなかきっかけをつかめないタイプです。2024年は注目される運気なので、恥ずかしがらずに行動しましょう。品のいい人ややさしい人を見つけたら、楽しく話を聞いたり笑顔で接するようにすると、相手の気持ちをつかめそうです。勇気が出ないときは「今年はモテ期」と心のなかで唱えて飛び込んでみて。結婚運は、しっかりした人だと思えるなら、前向きな話をして勢いをつけるとよさそうです。

仕事&お金

真面目に仕事をしていてよかったと思える年。ポジションが変わったり、出世や昇格をすることもありそうです。キッチリ仕事をする姿勢は崩さず、何事も白黒ハッキリさせるといいでしょう。あいまいになっている仕事を解決したり、周囲の不正を上司に報告することも、ときには必要になってきそうです。職場の人とのコミュニケーションも大切なので、仕事のあとやプライベートで食事や遊びに行ってみましょう。金運は、長く使えるものを購入するといい年です。

ラッキーカラー	ラッキーフード	ラッキースポット
ピンク、ブルー	スズキのムニエル、麻婆茄子	コンサート、アミューズメントパーク

金の羅針盤座

命数

9 上品な変わり者

もっている星

★発想力がある星
★海外の星
★時代を変える星
★恋は素直になれない星
★束縛から逃げる星

基本性格 理屈と言い訳が多い、新たな価値の提案者

ほかの人とは違った生き方を自然としてしまいます。周囲から「変わってる」と言われることがありますが、自分では真面目に過ごしています。理論と理屈が好きですが、屁理屈や言い訳が多くなってしまうタイプ。芸術系の才能や新たなことを生み出す才能をもっているため、天才的な能力を発揮することもあるでしょう。頭はいいですが、熱しやすく冷めやすいので、自分の好きなことがわからずにさまよってしまうところがあるでしょう。

開運アクション

- アイデアや企画をドンドン出してみる
- 恋には素直になっておく
- 他人の才能をほめる

2024年はこんな年 センスが光る年。好きなことをアピールして

あなたの才能やセンスを活かすことができる年。色彩感覚やアイデア、企画力をおもしろがってもらえそうです。これまでは「ちょっと変な人」と思われていた人も「天才」と言われるようになってくるので、自分の好きなことをアピールしてみるといいでしょう。屁理屈をこねるのもいいですが、今年からはおもしろい話に変えて周囲を楽しませてみると、人気や注目を集められそうです。健康運は、肩こりや片頭痛に悩まされそうなのでスポーツジムで筋トレをするのがオススメ。

恋愛&結婚

せっかくのモテ期に入っても、あまのじゃくな性格のせいでチャンスを逃してしまいそう。恥ずかしがらず、恋を素直に楽しんでみましょう。あなた好みの才能や個性をもつ人との出会いもある時期なので、集まりには顔を出してみるといいでしょう。少しマニアックでも、好きな音楽や映画、漫画などについて話すことで、いい人と縁がつながりそうです。結婚運は、ふだん「結婚願望がない」と言っている人ほど、今年結婚すると幸せになれるでしょう。

仕事&お金

能力や才能が認められ、チャンスをつかめそうです。周りとは違う発想をするところを活かせる運気なので、自信をもって意見やアイデアを伝えてみるといいでしょう。クリエイティブな仕事ほど才能を発揮できそうです。ただ、流れがよくなると簡単に飽きてしまうところがあるので、今年はもっと仕事に探求心を出してみるように。そうすれば、もっと大きな手応えをつかめて仕事が楽しくなってくるでしょう。金運は、自分のセンスを信じて購入すると、いいものを手に入れられそうです。

ラッキーカラー	ラッキーフード	ラッキースポット
ピンク、ブルー	にんにくのホイル焼き、たけのこ	海外旅行、映画館

金の羅針盤座 命数10 真面目な完璧主義者

もっている星

★プライドが邪魔する星
★知的好奇心の星
★教える星
★専門職の星
★年上に好かれる星

基本性格 人に興味がなく我が道を突き進む職人気質

つねに冷静に物事を判断できる落ち着いた大人のような人。歴史や芸術が好きで、若いころから渋いものにハマっているでしょう。他人に興味がなく、距離をあけてしまうところや、上から目線の言葉が自然と出てしまうところもあるでしょう。ひとつのことを極めることができ、職人として最高の能力をもっているので、好きなことを見つけたらとことん突き進んでみるといいでしょう。ネガティブな発想になりすぎてしまうのはほどほどにしておきましょう。

開運アクション

- 人との交流を楽しんでみる
- 相手の才能や個性をほめる
- 生きるため以外のプライドは捨てる

2024年はこんな年 素敵な出会いがある年。人とのつながりを大切に

探求心と追求心があり、「完璧主義の星」をもった人。自分が認めた人以外にはめったに心をひらきませんが、今年は尊敬できる人や心を許せる人との出会いがありそうです。気になった場所には積極的に足を運び、人との交流を面倒だと思わないようにしましょう。つながりや縁を大切にすれば、あなたの才能やセンスのすごさに気づく人にも出会え、他人のミスを許せるようにもなりそうです。健康運は、朝からウォーキングをすると体が軽くなるでしょう。

恋愛&結婚

尊敬できないと愛せないタイプですが、今年は美的センスのある人や知性を感じられる素敵な人に出会えそうです。個展や美術関係のイベントなどに行ってみると、いい縁がつながるでしょう。年上の友人をつくることも大切なので、上司や先輩を誘って遊んでみるのもよさそうです。プライドが高く告白が苦手で、相手からの誘いを待ちすぎてしまうところがありますが、気になる人には自ら連絡するように。結婚運は、尊敬できる相手なら結婚するといいでしょう。

仕事&お金

これまでの努力がいい結果になって表れる年。研究熱心で情報や知識も豊富なあなたのよさを、うまく活かせるポジションを任せてもらえることもありそうです。人付き合いが苦手でも、うわべだけでなんとかしようとせず、仕事以外での付き合いを大切にしたり、相手の個性や才能をもっとほめるようにしてみましょう。また、人を小馬鹿にしたような言い方をしやすいので、やさしい言葉遣いを学ぶように。金運は、頑張った自分へのご褒美だと思えるものを購入するのがオススメです。

ラッキーカラー	ラッキーフード	ラッキースポット
ピンク、藍色	かに、野菜炒め	劇場、老舗旅館

銀の羅針盤座

命数

1 礼儀正しい頑張り屋

もっている星

- ★友人に影響を受ける星
- ★テンションが高校生の星
- ★少年っぽい人が好きな星
- ★胃が弱い星
- ★体力がある星

ラッキーカラー　オレンジ　ブルー

ラッキーフード　親子丼　りんご

ラッキースポット　公園　避暑地

基本性格　狭く深く仲間意識の強い、一生青春な若者

粘り強く真面目な頑張り屋タイプ。一度自分がこれだと見つけたことに最後まで一生懸命に取り組みます。仲間意識が強く友情を大切にしますが、友人に振り回されてしまうこともあるでしょう。心は高校1年生のまま、青春時代のままで生きているような人。友人の数は多くはなく、付き合いは狭くて深い人。反発心があり「でも、だって」が多く、若いころは生意気だと思われてしまうところがあり、他人からの言葉をネガティブにとらえることも多いでしょう。

2024年はこんな年

もともとパワフルなタイプですが、今年は疲れを感じやすく、イメージ通りに体が動かない感じになりそうです。同期やライバルに差をつけられて、イライラしたりストレスがたまることもあるかもしれませんが、いまは勝ちを譲るときだと思って、マイペースに過ごしましょう。スポーツや筋トレなどをして体を動かす習慣をつくると、うまくストレスを発散できるでしょう。健康運は、胃腸の調子を崩しやすいので、刺激の強い食べ物は控えるように。暴飲暴食も避けましょう。

開運アクション

- 意地を張って頑張りすぎない
- 異性の友人をつくる
- 周囲に協力する

銀の羅針盤座

命数

2 地道なことが好きな無駄嫌い

もっている星

- ★無駄が嫌いな星
- ★結論だけ聞く星
- ★上手にサボる星
- ★玉の輿に乗る星
- ★一攫千金の星

ラッキーカラー　ブラック　レッド

ラッキーフード　餃子　干し芋

ラッキースポット　温泉旅館　美術館

基本性格　合理的だけど先走る無謀な男の子

上品で控えめな性格に見えて、根は無駄なことが大嫌いな、合理的に生きる男の子のようなタイプ。団体行動が苦手で人付き合いも苦手ですが、表面的には人間関係を上手に築けるので、外側と中身が大きく違う人。頭の回転は速いのですが、話の前半しか聞かずに先走ることが多いでしょう。自分に都合が悪いことを聞かないわりには、ネガティブな情報に振り回されてしまうことも。一人旅に出るなど、大胆な行動に走る人でしょう。

2024年はこんな年

陰の努力が必要な最後の1年。周囲に知らせず密かに学んだり、地道に努力していることがあるなら、そのまま続けることが大切です。突然投げ出してしまうと、これまでの努力が水の泡になってしまいます。結果が出なくても焦らず、2025年から人生が変わると思って期待しておきましょう。健康運は、自己流の健康法が原因で体調を崩してしまうことがあるかも。極端なやり方はよくないと学べそうです。ヤケ酒などが原因で、ケガをしたり体調を崩しやすくなるので注意しましょう。

開運アクション

- 陰の努力や勉強を続ける
- ヤケを起こさない
- 遊園地に行く

銀の羅針盤座

命数 **3**

明るい マイナス思考

もっている星
★ワガママな星
★愚痴と不満が多い星
★甘え上手な星
★おもしろい人を好きになる星
★油断すると太る星

ラッキーカラー　レッド　ライトブルー
ラッキーフード　きのこのソテー　オレンジ
ラッキースポット　サウナ　喫茶店

基本性格　おしゃべりで人気者だけど、人が苦手

サービス精神が豊富で明るく品のある人。自然と人が周りに集まってきますが、人が苦手という不思議な星の持ち主。自ら他人に振り回されにいってしまいながらも、自分も周囲を自然と振り回してしまうところがあるでしょう。おしゃべりでワガママな面がありますが、人気を集めるタイプです。超ポジティブですが空腹になるとネガティブな発言が多くなり、不機嫌がすぐ顔に出るでしょう。笑顔が幸運を引き寄せます。

2024年はこんな年

喜怒哀楽がすぐに言葉や態度に出るタイプですが、とくに今年は疲れてイライラした態度をとってしまったり、口の悪さが出やすくなりそうです。ストレスがたまって暴飲暴食し、急激に太ってしまうこともあるので気をつけて。定期的に体を動かして、ダイエットや体重維持に努めておきましょう。健康運は、気管や肺の調子を崩したり、痛風や糖尿病になる場合があるかも。水を多めに飲むよう心がけ、食事の栄養バランスが偏らないよう十分に注意しておきましょう。

開運アクション

- 自分の機嫌は自分でとる
- 欲望に流されない
- 手料理をご馳走する

銀の羅針盤座

命数 **4**

繊細で おしゃべりな人

もっている星
★専門家になる星
★しゃべりすぎる星
★サプライズに弱い星
★ストレスをためやすい星
★基礎体力づくりが必要な星

ラッキーカラー　ホワイト　イエロー
ラッキーフード　ハンバーグ　グレープフルーツ
ラッキースポット　美術館　森林浴

基本性格　頭の回転が速く感性豊かで一言多い

好きなことをとことん突き詰められる情熱家。頭の回転が速く、なんでも勘で決める人。温和で上品に見えますが、根は短気でやや恩着せがましいところもあるでしょう。芸術的感性も豊かで表現力もありますが、おしゃべりで一言多いでしょう。粘り強いのですが、基礎体力がなく、イライラが表面に出てしまうところも。寝不足や空腹になると機嫌が悪くなり、マイナス思考や不要な発言が多くなってしまうでしょう。

2024年はこんな年

スタミナ不足を感じたり、疲れがなかなか抜けない感じになりそう。元気なときにスクワットなどの筋トレをして、体力をつけておくといいでしょう。水泳やランニングなどで体を鍛えるのもよさそうです。また、睡眠時間を増やしたり、日中仮眠をとるよう心がけておくこと。今年は些細なことでイライラして、周囲との関係が悪くなりやすいため、意識して上品な言葉を使うようにしましょう。健康運は、異変をそのままにしていると、入院や手術をすることになりかねないので要注意。

開運アクション

- 心が安らぐ音楽を聴く
- 愚痴を言うより人をほめる
- スクワットをして体力をつける

銀の羅針盤座 命数 5

品のある器用貧乏

もっている星
★ お金も人も出入りが激しい星
★ 多趣味・多才な星
★ お金持ちが好きな星
★ 散財する星
★ 好きなことが見つけられない星

ラッキーカラー：スカイブルー、ネイビー
ラッキーフード：オムライス、バナナ
ラッキースポット：水族館、コンサート

基本性格 多趣味すぎて好きなもののなかでさまよう

損得勘定が好きで、段取りと情報収集が得意な、幅広く物事を知っている上品でおしゃれな人。好きなことにはじっくり長くハマりますが、視野が広いだけに自分は何が好きなのかを見つけられずにフラフラすることもあるでしょう。多趣味なのはいいのですが、部屋に無駄なものがたまりすぎてしまうことも。お調子者ですが、ややネガティブな情報に振り回されてしまうのと、人付き合いはうまいのに、本音では人が苦手なところがあります。

2024年はこんな年

何かと予定以上に忙しくなり、疲労がたまってしまいそう。時間に余裕をもって行動し、ヒマな日をつくっておくようにしましょう。遊びの誘いや遅い時間帯の付き合いも増えそうですが、急な予定変更は避け、事前に約束しているものだけに参加するほうがよさそうです。興味がわくことを見つけると一気にパワーが出るタイプですが、今年は視野を広げすぎず、何事もゆったり楽しんでみましょう。健康運は、お酒が原因で体調を崩したり、ケガをしてしまうことがあるので気をつけること。

開運アクション

- 予定を詰め込まない
- 安請け合いをしない
- 趣味を楽しむ時間をつくる

銀の羅針盤座 命数 6

受け身で誠実な人

もっている星
★ サポート上手な星
★ 尿路結石の星
★ 地味な星
★ 一途な恋の星
★ 根はMの星

ラッキーカラー：ラベンダー、スカイブルー
ラッキーフード：のり巻き、キウイ
ラッキースポット：スパ、滝

基本性格 品があり臆病でゆっくり進む誠意ある人

真面目でやさしく、じっくりゆっくり物事を進めるタイプ。品はありますが、やや地味になってしまうところもあります。言われたことは完璧にこなすことができるでしょう。現実的に物事を考えるのはいいことですが、臆病になりすぎてしまったり、マイナス情報に振り回されてしまったりと、石橋を叩きすぎてしまうこともあるタイプ。初対面の人や人間関係を広げることが苦手で、つねに一歩引いてしまうところがあるでしょう。

2024年はこんな年

断ることが苦手で、損するとわかっていても面倒なことを引き受けてしまうタイプ。今年は想像以上に忙しくなり、精神的な疲れが一気にたまってしまいそうです。好きな音楽を聴いたり、気を使わずにいられる人と遊ぶ時間をつくるようにしましょう。話しやすい人や、たくさん笑わせてくれる人と一緒に過ごすのもいいでしょう。健康運は、冷えが原因で婦人科系の病気や尿路結石、膀胱炎などになりやすいので要注意。肌荒れに悩むこともありそうです。

開運アクション

- 断る勇気をもつ
- 湯船にしっかり浸かってから寝る
- 好きな音楽を聴く時間をつくる

銀の羅針盤座 命数 7

ネガティブで正義感が強い人

もっている星
- ★ 無謀な行動に走る星
- ★ 人任せな星
- ★ 仕切りたがる星
- ★ 押しに弱い星
- ★ 下半身が太りやすい星

ラッキーカラー ブルー ホワイト
ラッキーフード わかめそば ぶどう
ラッキースポット 動物園 タワー

基本性格 面倒見がいいのに人が苦手で不器用な行動派

自分が正しいと思ったら突っ走る力が強く、せっかちで行動力はありますが、やや雑です。好きなことが見つかると粘り強さを発揮します。正義感があり面倒見が非常にいいのですが、不思議と人が苦手で人間関係をつくることに不器用な面があるでしょう。おだてに極端に弱く、ほめられたらなんでもやってしまうところも。年上の人から好かれることが多いのですが、その人次第で人生が大きく変わってしまうところもあるでしょう。

2024年はこんな年

持ち前の行動力とパワーが弱まりそうな年。これまで頑張ってきたぶん、一息つくタイミングです。無理をせず、しっかり休んで充電しましょう。慌てるとケガをしたり体調を崩してしまいそうです。おだてに弱いため、もち上げてくる人に便利屋のごとく使われないよう気をつけること。健康運は、腰痛や足のケガ、骨折などをしやすくなるので、雑な行動は避けるように。つねに品よく、ていねいな振る舞いを意識しましょう。

開運アクション
- 時間にゆとりをもって動く
- ふざけた行動は控える
- 助けてくれた人に感謝を伝える

銀の羅針盤座 命数 8

常識を守る高貴な人

もっている星
- ★ 気品のある星
- ★ 約束やルールを守る星
- ★ 人間関係が苦手な星
- ★ 精神的に頼れる人が好きな星
- ★ スキンケアが大事な星

ラッキーカラー ブルー ライトブルー
ラッキーフード ウニのパスタ メロン
ラッキースポット 庭園 コンサート

基本性格 お金持ちから好かれるネガティブな貴婦人

礼儀正しく、上品で何事にも几帳面でていねいなタイプ。臆病で人間関係をつくることが苦手ですが、上司や先輩、お金持ちから自然と好かれてしまう人。やさしく真面目ですが、ネガティブに物事をとらえすぎる癖があり、マイナスな発言が多くなってしまう人でしょう。言われたことを完璧にできますが、一方で言われないとなかなかやらないところもあるでしょう。見栄っ張りなところもあり、不要な出費も多くなりそうです。

2024年はこんな年

キッチリした性格がアダになり、精神的な疲れがたまってしまいそう。自分のことだけでなく、ほかの人の雑な部分まで気になってイライラしてしまいそうです。コミュニケーションがうまくとれずにストレスになることも。困ったときは素直に助けを求め、周囲の人に甘えてみると楽になれそうです。健康運は、手荒れ、湿疹など疲れが肌に出てしまうかも。上手にストレスを発散するよう心がけましょう。好きな香りをかぐと、リラックスできそうです。

開運アクション
- 少しくらい雑でもいいと思う
- 楽しく話してくれる人に会う
- 好きな香りをかぐ

銀の羅針盤座

命数

9

斬新な生き方をする臆病な人

もっている星

★革命を起こす星
★超変態な星
★自由に生きる星
★長い恋が苦手な星
★飽きっぽい星

ラッキーカラー　ホワイト　ブルー

ラッキーフード　スープカレー　プリン

ラッキースポット　映画館　美術館

基本性格　人と違った才能をもつ、人が苦手な異端児

上品でていねいですが、自由を求める変わり者。芸術や美術、周囲とは違った才能をもっています。デザインや色彩の才能、企画やアイデアを出すことでひとつの時代をつくれるくらい、不思議な生き方をします。表面的な人付き合いはできますが、本音は人が苦手で束縛や支配から逃げてしまうところも。一族のなかでも変わった生き方をし、突然これまでとはまったく違った世界に飛び込んでしまう場合があり、熱しやすく冷めやすい人でしょう。

2024年はこんな年

いまの環境や仕事に飽きて、急に引っ越しや転職を考えてしまいそうな年。今年の決断はのちの苦労や疲れの原因になるため、2025年まではようすを見るようにしましょう。それまでは自分の得意なことや好きなことを磨いておくといいでしょう。芸術系の習い事をはじめたり、アート作品を観に行ってみると、気持ちも落ち着いてきそうです。また、他人を小馬鹿にするような言葉遣いをしないよう、十分注意すること。健康運は、視力の低下や目の疲れ、首の痛みなどが出てくるかも。

開運アクション

- 現状維持を楽しむ
- 小馬鹿にするようなことを言わない
- 芸術鑑賞に出かける

銀の羅針盤座

命数

10

マイナス思考の研究家

もっている星

★年上から好かれる星
★完璧主義の星
★言い訳が多い星
★理屈と理論の星
★尊敬できないと恋ができない星

ラッキーカラー　パープル　ホワイト

ラッキーフード　鉄火巻き　干し柿

ラッキースポット　書店　神社仏閣

基本性格　物事を突き詰められて、年上に好かれる人間嫌い

つねに冷静に物事を判断して、好きではじめたことは最後まで貫き通し、完璧になるまで突き詰めることができる人。人になかなか心を開きませんが、尊敬すると一気に仲よくなって極端な人間関係をつくる場合も多いタイプ。ただし、基本的には人間関係が苦手です。考えが古いので、年上の人や上司から好かれることも多いでしょう。偏食で好きなものができると飽きるまで食べすぎてしまうところも。疑い深く、ネガティブにもなりやすいでしょう。

2024年はこんな年

疲れがたまって集中しづらくなったり、考えがうまくまとまらなくなりそう。人間関係の面倒事にイライラすることも増えてしまうかも。昼寝などをして睡眠を長くとり、できないときは目を閉じる時間を少しでもつくっておくといいでしょう。また今年は、プライドを手放してみましょう。周囲に頭を下げると、結果的に自分を守ることができるでしょう。健康運は、肩こりや首の痛み、片頭痛や目の疲れなどが原因で集中力が低下しそう。こまめに運動やストレッチをしておきましょう。

開運アクション

- 昼寝をする
- 言葉遣いをやさしくする
- 尊敬できる人に相談する

金のインディアン座 命数 11

好奇心旺盛な心は中学3年生

もっている星

- ★裏表がない星
- ★色気がない星
- ★浪費癖の星
- ★マメな人に弱い星
- ★胃腸が弱い星

ラッキーカラー　ピンク　ブルー

ラッキーフード　たこ焼き　クリームシチュー

ラッキースポット　運動場　キャンプ場

基本性格　誰とでも親しくなれる裏表のない少年

負けず嫌いな頑張り屋。サッパリとした性格で、女性の場合は色気がまったく出ない人が多く、男性はいつまでも少年っぽい印象があるでしょう。心が中学3年生くらいからまったく成長していないので、無邪気で好奇心も旺盛。やや反発心をもっているので若いころは生意気なところがありますが、裏表の少ない性格と誰とでもフレンドリーなところから幅広い知り合いができることも多いでしょう。妄想が激しくなりすぎるのはほどほどに。

2024年はこんな年

もっともマイペースですが、今年は自分のペースを守ったおかげで評価されたり、ほかの人が到達できない場所にまでたどり着くことができるでしょう。気力や責任感もあるタイプなので、信頼も集まってきそうです。付き合いの長い人と組むことで、楽しい時間も増えるでしょう。意見が食い違ったときは、言い方が悪かったと思ってよりよい言葉や表現を学ぶと、あなたの能力をもっと活かせるようになりそうです。健康運は、長く続けられそうな運動をはじめるといいでしょう。

開運アクション

- 表現を学ぶ
- 親友を大切にする
- 自分も周囲も笑顔にする

金のインディアン座 命数 12

冒険が好きな楽観主義者

もっている星

- ★単独行動の星
- ★努力を見せない星
- ★逃げると追いかけたくなる星
- ★一発逆転をねらう星
- ★独自の健康法にハマる星

ラッキーカラー　ブラック　ダークブルー

ラッキーフード　ぶりの照り焼き　ラズベリー

ラッキースポット　古都　音楽フェス

基本性格　時代をつくる才能がある、無邪気なお気楽者

刺激と変化を求める無邪気な人。心は高校1、2年生で止まったままの好奇心旺盛なタイプ。やや落ち着きがなく無計画な行動に突っ走ってしまうところもありますが、新しいことや時代の流れに素早く乗ることができ、ときには時代をつくれる人。誰も知らない情報をいち早く知っていたり、流行のさらに一歩先を進んでいることもあるでしょう。団体行動が苦手で少人数や単独行動のほうが気楽でいいでしょう。

2024年はこんな年

本領を発揮できる年。これまで陰で努力をし頑張りを表に出さないようにしてきた人も、能力の高さを見抜かれ、いよいよ秘めていた力を発揮する流れになりそうです。今年は、心の内で思っていたことや隠していた実力をできるだけ出してみるようにしましょう。周囲が驚くような結果を出せたり、今年から人生が大逆転するような流れをつくることができるでしょう。健康運は、格闘技や筋トレなど、ハードな運動をするのがオススメです。

開運アクション

- 何事も全力で取り組む
- 付き合いの長い人を大切にする
- 思い出のあるアーティストのライブに行く

金のインディアン座

命数

13 一生陽気な中学生

もっている星
★無邪気な星
★言ったことを忘れる星
★助けられる星
★夜の相性が大事な星
★扁桃腺が弱い星

ラッキーカラー ピンク ライトブルー
ラッキーフード さんまの蒲焼き ブルーベリー
ラッキースポット コンサート 遊園地

基本性格 交友関係が広い無邪気な人気者

明るく陽気でおしゃべり、無邪気で楽観主義、見た目も心も若く中学2、3年生からまったく成長していないような人。楽しいことが好きで情報を集めたり、気になることに首を突っ込んだりすることが多いぶん、飽きっぽく落ち着きがないところもあるでしょう。ワガママな部分はありますが、陽気な性格がいろいろな人を引きつけるので、不思議な知り合いができて交友関係も自然と広くなるでしょう。空腹で機嫌が悪くなる点には気をつけて。

2024年はこんな年

おもしろいことや楽しいことを見つけるのがもっともうまいタイプ。今年は、忙しいながらもラッキーなことが多いでしょう。人との関わりも増えていろいろな縁がつながるので、知り合いの輪を広げてみて。多少ワガママを言っても問題ありませんが、冗談のつもりで発した余計な一言が原因で味方が減ってしまうことも。言葉遣いには気をつけ、礼儀や挨拶も忘れないようにしましょう。健康運は、のどを痛めやすいので、こまめにうがいをすること。

開運アクション

- 知り合いに知り合いを紹介する
- やさしい人を大切にする
- 礼儀や挨拶はしっかりする

金のインディアン座

命数

14 瞬発力だけで生きる中学生

もっている星
★語りたがる星
★頭の回転が速い星
★勘で買い物する星
★センスのいい人が好きな星
★短気な星

ラッキーカラー レッド ターコイズブルー
ラッキーフード 冷や奴 チーズ
ラッキースポット アミューズメントパーク 美術館

基本性格 根っから無邪気なおしゃべり

何事も直感で決め、瞬発力だけで生きている人。独特の感性をもち、周囲が驚くような発想をすることもあるでしょう。空腹になると短気になります。生まれつきのおしゃべりで、何度も同じようなことを深く語りますが、根っから無邪気で心は中学生のまま。気になることにドンドンチャレンジするのはいいですが、粘り強さがなく、諦めが早すぎてしまうこともあるでしょう。人情家ですが、執着されることを自然と避けてしまうでしょう。

2024年はこんな年

直感に従って行動することで幸運をつかめる年。遠慮せずに自分のアイデアや思いをドンドン発してみるといいでしょう。ただし、何事も言い方ひとつで変わるものなので、下品な言い方をしないよう気をつけて。品のいい言葉や、相手が受け入れてくれそうな表現を選びましょう。そのためにも、素敵な言葉を学んだり、語彙を増やす努力をすることが大事です。健康運は、筋トレやストレッチをしながら、明るい妄想をするといいでしょう。

開運アクション

- 品のいい言葉を選ぶ
- 直感を信じて粘ってみる
- ていねいに説明する

金のインディアン座

命数 **15**

情報収集が得意な中学生

もっている星
- ★視野が広い星
- ★親友は少ない星
- ★脂肪肝の星
- ★おしゃれな人を好きな星
- ★流行の先を行く星

ラッキーカラー　レッド　ネイビー
ラッキーフード　鮭のバターソテー　フルーツヨーグルト
ラッキースポット　水族館　百貨店

基本性格　計算が得意で広い人脈をもつ情報屋

あらゆる情報を入手することに長けた多趣味・多才な情報屋のような人。段取りと計算が得意で、フットワークも軽くいろいろな体験や経験をする人でしょう。お調子者でその場に合わせたトークもうまいので人脈は広がりますが、知り合い止まりくらいの人間関係を好むでしょう。家に無駄なものやガラクタ、昔の趣味のもの、服などが多くなってしまうのでマメに片付けるように。損得勘定だけで判断するところもあるのでほどほどに。

2024年はこんな年

もっとも情報集めが好きでフットワークが軽いタイプ。今年は多趣味・多才で経験も豊富なあなたの、これまでうまく活かしきれていなかった才能が評価され、独自の価値として受け止めてもらえそうです。これまで出会った人とのつながりも活かせ、おもしろい縁が広がってくるでしょう。過去に苦労したことが、いい経験だったと思えるような出来事もありそうです。健康運は、お酒の飲みすぎに要注意。忙しくなっても睡眠時間はしっかり確保するようにしましょう。

開運アクション
- 懐かしい人にたくさん会う
- お得な情報を発信する
- 守れない約束はしない

金のインディアン座

命数 **16**

誠実で陽気な中学生

もっている星
- ★陽気だが自信はない星
- ★地道なことが好きな星
- ★セールが好きな星
- ★妄想恋愛の星
- ★お酒に注意の星

ラッキーカラー　レッド　スカイブルー
ラッキーフード　切り干し大根　ししゃも
ラッキースポット　海水浴　デパート

基本性格　新しもの好きで情報通の慎重派

真面目でやさしく地道にコツコツと積み重ねるタイプ。好奇心が旺盛で新しいことが好きですが、気になることを見つけても慎重なため情報ばかり集めて、ようす見ばかりで一歩前に進めないことが多いでしょう。断り下手で不慣れなことでも強くお願いをされると受け入れてしまい、なんとなく続けていたもので大きな結果を残すこともできる人。自信がなく、自分のことをおもしろくないと思い、ときどき無謀な行動に走っては後悔することも。

2024年はこんな年

地道な努力をしてきたり、ときには遠回りして苦労や経験をたくさん積んできた人ほど、うれしいことが多い年。長く苦労してきた人は、今年でそれも終わりそうです。チャンスや評価を得られるので、遠慮したり臆病になったりせず、しっかり受け止めましょう。あなたがよろこぶことで周囲も笑顔になるはずです。大きな幸せを手にする順番が回ってきたと思って、積極的な行動や、自分ができることのアピールをしておきましょう。健康運は、白湯を飲む習慣を身につけるとよさそう。

開運アクション
- 悩む前に行動する
- 言いたいことはハッキリ伝える
- 目立つことを恐れない

金のインディアン座

命数

17 妄想好きなリーダー

もっている星
★行動力がある星
★独立心のある星
★顔の濃い人が好きな星
★腰痛の星
★貸したお金は戻ってこない星

ラッキーカラー　レッド　ネイビー
ラッキーフード　カルボナーラ　えびフライ
ラッキースポット　動物園　ホテル

基本性格　おだてに弱く面倒見はいいが大雑把

実行力と行動力があり、気になることがあるとすぐに飛びつく人。視野が広くいろいろなことに興味を示しますが、ややせっかちなため飽きが早く、深く追求しないところがあり、雑な部分が増えてしまうでしょう。心が中学2、3年生のままでおだてに極端に弱く、ほめられたらなんでもやってしまうところがありますが、正義感があり面倒見がいいので先輩・後輩から慕われることも多く、まとめ役としても活躍するタイプでしょう。

2024年はこんな年

自分でも驚くほど行動力が増し、結果もついてくる年。遠慮はいらないので、己の勘を信じてドンドン動いてみましょう。ただ、新たな挑戦は年末にするのがオススメです。それまでは、これまでの経験や人脈を最大限に活かして動くといいでしょう。後輩や部下の面倒を見ることで、いい仲間もできそうです。発言が雑になりやすいタイプなので、ていねいな言葉を選び、自分にしかわからないような言い方は避けるように。健康運は、腰痛に注意したほうがよさそうです。

開運アクション

- 目立つポジションを選ぶ
- 若い人と遊ぶ
- ハッキリ言うときほど言葉を選ぶ

金のインディアン座

命数

18 上品な中学生

もっている星
★他人と争わない星
★うっかりミスが多い星
★白いものを買う星
★外見で恋をする星
★日焼けに弱い星

ラッキーカラー　ピンク　ライトブルー
ラッキーフード　からあげ　空心菜
ラッキースポット　コンサート　花火大会

基本性格　お金持ちから好かれやすい気遣い上手

無邪気ですが上品で礼儀正しい人。好奇心旺盛でいろいろなことに興味を示しますが、慎重に情報を集めてていねいに行動するタイプ。楽観的に見えても気遣いをすることが多く、精神的に疲れやすいところもあるでしょう。目上の人やお金持ちの人から好かれやすく、不思議な人脈もできやすいですが、根は図々しいところがあります。心は中学2、3年生から変わっていないのでどこか子どもっぽいところがあり、見た目も若い雰囲気でしょう。

2024年はこんな年

マイペースですが真面目で上品なところがあるタイプ。今年は、何事もていねいに進めてきたあなたが認められそうです。これまでの人脈がつながっていい縁ができたり、チャンスがめぐってくるので、臆病にならず、周囲の期待に応えるつもりで全力をつくすといいでしょう。尊敬や憧れの対象だった人とお近づきになれたり、運よく仲よくなれることもありそうです。健康運は、ヨガやダンスなどで汗を流すと、肌の調子も整うでしょう。

開運アクション

- チャンスに臆病にならない
- 考える前に行動する
- 恋も仕事も両方頑張る

金のインディアン座 命数 19 好奇心旺盛な変わり者

もっている星
- ★好奇心旺盛な星
- ★不思議な話が好きな星
- ★妙なものにお金を使う星
- ★特殊な才能に惚れる星
- ★束縛が大嫌いな星

ラッキーカラー　レッド　ブルー
ラッキーフード　ひつまぶし　甘納豆
ラッキースポット　映画館　美術館

基本性格　理屈っぽいが無邪気な子どもで自由人

好奇心豊かで、気になることをなんでも調べる探求心と追求心があるタイプ。熱しやすくて冷めやすく、つねに新しいことや人とは違う何かを追い求めてしまう人。理屈好きで屁理屈も多いので周囲から変わった人だと思われてしまうことも多いでしょう。心は小学6年生くらいで止まったままの子どものように無邪気な自由人。芸術や美術など創作する能力がありますが、飽きっぽいため好きなことが見つかるまでいろいろなことをするでしょう。

2024年はこんな年

あなたの個性的な発想力や才能が認められる年。ほかの人とは違う情報や知識をもっていたり、屁理屈が多いので、いままでは「変わり者」と思われていたかもしれませんが、今年は、それが「才能」だと気づいてもらえるでしょう。熱しやすく冷めやすい面もありますが、今年は簡単に諦めないように。これまでに得た知識や経験でほかの人の役に立てるよう工夫してみると、一気に注目を集められるでしょう。健康運は、目の病気になりやすいので、こまめに手を洗うこと。

開運アクション

- ほめられたら素直によろこぶ
- ほかの人の個性や才能を認める
- 飽きても途中で諦めず、粘ってみる

金のインディアン座 命数 20 理屈が好きな中学生

もっている星
- ★他人に頼らない星
- ★尊敬できる人を崇拝する星
- ★めったに心を開かない星
- ★知識のある人を好きになる星
- ★目の病気の星

ラッキーカラー　レッド　ピンク
ラッキーフード　鮭のおにぎり　オクラサラダ
ラッキースポット　神社仏閣　劇場

基本性格　探求心旺盛で上から目線になりやすい理屈屋

中学生のような純粋さと知的好奇心をもち、情報を集めることが好きな人。周囲から「いろいろ知ってますね」と言われることも多い人。探求心もあるので、一度好奇心に火がつくと深くじっくり続けることができます。見た目が若くても心が60歳なので、冷静で落ち着きがありますが、理屈が多くなったり評論したりと上から目線の言葉も多くなってしまいそう。友人は少なくてもよく、表面的な付き合いはうまいですが、めったに心を開かない人でしょう。

2024年はこんな年

「金のインディアン座」のなかではもっとも冷静で落ち着いているタイプ。無邪気なときと大人っぽいときとで差がありますが、物事を突き詰める才能をもち、知的好奇心が旺盛で伝統や文化にも理解があります。今年は、これまでに得た知識や技術をうまく活かすことができたり、若手の育成や教育係としての能力に目覚めそう。苦労や困難を乗り越えた経験はすべて、話のネタやあなたの価値に変わっていくでしょう。健康運は、食事のバランスを整えるよう意識しましょう。

開運アクション

- 尊敬している人に会いに行く
- 仕事は細部までこだわってみる
- 経験や学んできたことを若い人に伝える

銀のインディアン座

命数

11 マイペースな子ども大人

もっている星

★超マイペースな星
★反発心がある星
★指のケガの星
★身近な人を好きになる星
★胃腸が弱い星

ラッキーカラー　イエロー　ブルー

ラッキーフード　たら鍋　柿

ラッキースポット　キャンプ場　スポーツ観戦

基本性格　サバサバしていて反発心がある頑張り屋

超マイペースな頑張り屋。負けず嫌いなところがありますが、他人に関心は薄く、深入りすることやベッタリされることを避けてしまう人。心は中学3年生からまったく成長しないままで、サバサバした性格と反発心があるので、「でも、だって」が多くなってしまうでしょう。妄想が好きでつねにいろいろなことを考えすぎてしまいますが、土台が楽観的なので「まあいいや」とコロッと別のことに興味が移って、そこでまた一生懸命になるでしょう。

2024年はこんな年

「銀のインディアン座」のなかでもっとも勝ち負けにこだわる頑張り屋ですが、今年は負けたり差をつけられても気にせず、勝ちを素直に譲るようにしましょう。スポーツや趣味の時間を楽しむなどして、心と体をしっかり充電させておくと、2025年からの運気の流れにうまく乗れそうです。今年は「本気で遊ぶ」を目標にするといいでしょう。ただし、お金の使いすぎには要注意。健康運は、食べすぎで胃腸が疲れてしまうことがあるかも。

開運アクション

- 無駄な反発はしない
- スポーツや趣味を楽しむ
- 勝ちを譲る

銀のインディアン座

命数

12 やんちゃな中学生

もっている星

★斬新なアイデアを出す星
★都合の悪い話は聞かない星
★旅行が好きな星
★刺激的な恋をする星
★ゴールを見ないで走る星

ラッキーカラー　ブラック　オレンジ

ラッキーフード　穴子寿司　さくらんぼ

ラッキースポット　リゾート地　イベント会場

基本性格　内と外の顔が異なる単独行動派

淡々とマイペースに生きていますが、刺激と変化が大好きで、一定の場所でおとなしくしていられるタイプではないでしょう。表面的な部分と内面的な部分とが大きく違う人なので、家族の前と外では別人のようなところもある人。他人の話を最後まで聞かずに先走ってしまうほど無謀な行動が多いですが、無駄な行動は嫌いです。団体行動が嫌いで、たくさんの人が集まると面倒に感じてしまい、単独行動に走ってしまうタイプでしょう。

2024年はこんな年

旅行やライブに出かける機会が増え、楽しい刺激をたくさん受けられる年。仕事を最小限の力でうまく回せるようにもなるでしょう。ただし、周囲からサボっていると思われないよう、頑張っている姿を見せることが大切です。連休の予定を早めに立てて、予約なども先に済ませておくと、やる気がわいてくるでしょう。ダラダラ過ごすくらいなら思い切って遠方のイベントに行ってみるなど、持ち前の行動力を発揮してみて。健康運は、睡眠時間を削らないよう心がけること。

開運アクション

- 相手をよく観察する
- 頑張っている姿を見せる
- 旅行やライブに行く予定を組む

銀のインディアン座 命数13

愛嬌がある アホな人

もっている星
★超楽観的な星
★よく笑う星
★空腹で不機嫌になる星
★楽しく遊べる人を好きになる星
★体型が丸くなる星

ラッキーカラー パープル ライトブルー
ラッキーフード かれいの煮付け いちご
ラッキースポット コンサート 遊園地

基本性格 運に救われるサービス精神旺盛な楽天家

明るく陽気な超楽観主義者。何事も前向きにとらえることができますが、自分で言ったことをすぐに忘れてしまったり、気分で言うことがコロコロ変わったりするシーンも多いでしょう。空腹が耐えられずに、すぐに機嫌が悪くなってしまい、ワガママを言うことも多いでしょう。心は中学2、3年生からまったく成長していませんが、サービス精神が豊富で周囲を楽しませることに長けています。運に救われる場面も多い人でしょう。

2024年はこんな年

遊び心とサービス精神の塊のような人で、いつも明るく元気なタイプですが、今年はさらにパワーアップできる運気です。楽しいことやおもしろいことが増え、最高の年になるでしょう。一方で、忘れ物やうっかりミスをしたり、ワガママな発言が増えてしまうことも。食べすぎで急に体重が増えてしまうこともあるので、快楽に流されないよう気をつけておきましょう。健康運は、遊びすぎに要注意。疲れをためると、のどの不調につながりそうです。

開運アクション

- いつも明るく元気よく、サービス精神を忘れない
- 品よくていねいな言葉遣いを意識する
- 勢いで買い物をしない

銀のインディアン座 命数14

語りすぎる 人情家

もっている星
★頭の回転が速い星
★一言多い星
★直感で行動する星
★スリムな人を好きになる星
★体力がない星

ラッキーカラー ホワイト イエロー
ラッキーフード ヒラメの刺身 ピーナッツ
ラッキースポット 劇場 旅館

基本性格 人のために行動するが、極端にマイペース

頭の回転が速いですが、おしゃべりでつねに一言多く、語ることが好きです。何度も同じ話を繰り返してしまうことも多いでしょう。極端にマイペースで心は中学3年生からまったく成長していない人です。短気で恩着せがましいところもあります。また、人情家で他人のために考えて行動することが好きなところがある一方で、深入りされるのを面倒に感じるタイプ。空腹と睡眠不足になると不機嫌な態度になってしまう癖もあるでしょう。

2024年はこんな年

何事も直感で決めるタイプですが、今年は気分で判断すると大きなミスにつながる場合があるので注意しましょう。とくに、寝不足や疲れた状態が続くと、勘が外れやすくなってしまいます。また、発言がキツくなることもあるため、言いすぎたり短気を起こさないよう気をつけること。相手のことを考えて言葉を選び、品のある伝え方を学んでみるといいでしょう。健康運は、楽しみながらスタミナをつけられる運動や趣味をはじめるとよさそうです。

開運アクション

- たくさん遊んでストレスを発散する
- 大事なことはメモをとる
- 口が滑ったらすぐに謝る

銀のインディアン座

命数

15 多趣味・多才で不器用な中学生

もっている星
- ★ 予定を詰め込む星
- ★ 視野が広い星
- ★ 知り合いが多い星
- ★ 趣味のものが多い星
- ★ ペラい人にハマる星

ラッキーカラー　スカイブルー　ホワイト

ラッキーフード　あんこう鍋　ピスタチオ

ラッキースポット　水族館　アミューズメントパーク

基本性格　先見の明があり、妄想話を繰り返す情報通

多趣味・多才で情報収集能力が高く、いろいろなことを知っているタイプ。段取りと計算が得意ですが、根がいい加減なので詰めが甘いところがあるでしょう。基本的に超マイペースですが、先見の明があり、流行のさらに一歩先を行っているところもあります。家に無駄なものやガラクタが集まりやすいので、いらないものはマメに処分しましょう。妄想話が好きなうえに、何度も同じような話をすることが多く、心は中学3年生のままでしょう。

2024年はこんな年

もともと情報収集が好きですが、今年は間違った情報に振り回されてしまいそうです。遊ぶ時間や衝動買いが増え、出費もかさんでしまうかも。楽しむのはいいですが、詰めの甘さが出たり、欲張ると逆に損をすることもあるので注意しておきましょう。多趣味な一面もありますが、今年は趣味にお金をかけすぎないよう工夫し、自分だけでなく周囲も楽しめるアイデアを考えてみましょう。健康運は、お酒の飲みすぎや予定の詰め込みすぎで、疲労をためないように。

開運アクション

- 情報をよく確認する
- 自分の得だけを考えない
- 新しい趣味をつくる

銀のインディアン座

命数

16 やさしい中学生

もっている星
- ★ なんとなく続ける星
- ★ 真面目で誠実な星
- ★ 謙虚な星
- ★ 片思いが長い星
- ★ 冷えに弱い星

ラッキーカラー　レッド　ホワイト

ラッキーフード　雑炊　鶏肉のカシューナッツ炒め

ラッキースポット　映画館　スパ

基本性格　社会に出てから才能が光る超マイペース

真面目で地味なことが好き。基本的に人は人、自分は自分と超マイペースですが、気遣いはできます。ただし遠慮して一歩引いてしまうところがあるでしょう。自分に自信がなく、中学まではパッとしない人生を送りますが、社会に出てからジワジワと能力を発揮するようになります。やさしすぎて便利屋にされることもありますが、友人の縁を思い切って切り、知り合い止まりの人間関係ができると才能を開花させられるでしょう。

2024年はこんな年

ケチケチせずに、しっかり遊んで楽しむことが大切な年。人生でもっとも遊んだと言えるくらい思い切ってみると、のちの運気もよくなるでしょう。旅行に出かけたり、気になるイベントやライブに足を運ぶのもオススメです。ただ、今年出会った人とは一歩引いて付き合うほうがいいでしょう。とくに、調子のいいことを言う人には気をつけておくこと。お得に思える情報にも振り回されないように。健康運は、手のケガをしやすくなるので注意が必要です。

開運アクション

- 明るい感じにイメチェンする
- 自ら遊びに誘ってみる
- 遊ぶときはケチケチしない

銀のインディアン座

命数

17 パワフルな中学生

もっている星

★ 面倒見がいい星
★ 根は図々しい星
★ 無計画なお金遣いの星
★ ギックリ腰の星
★ ほめてくれる人を好きになる星

ラッキーカラー ホワイト ネイビー

ラッキーフード そうめん さばの塩焼き

ラッキースポット 遊園地 食フェス

基本性格 不思議な友人がいるマイペースなリーダー

実行力と行動力とパワーがあるタイプ。おだてに極端に弱く、ほめられたらなんでもやってしまう人です。面倒見のいいリーダー的な人ですが、かなりのマイペースなので、突然他人任せの甘えん坊になってしまうことも多いでしょう。行動が雑なので、うっかりミスや打撲などにも注意。何事も勢いで済ませてしまう傾向がありますが、その図々しい性格が不思議な知り合いの輪をつくり、驚くような人と仲よくなることもあるでしょう。

2024年はこんな年

雑な行動が目立ってしまいそうな年。勢いがあるのはいいですが、調子に乗りすぎると恥ずかしい失敗をしたり、失言やドジな出来事が増えやすいので気をつけましょう。ほめられると弱いタイプだけに、悪意のある人にもち上げられる場合も。相手が信頼できる人なのか、しっかり見極めるようにしましょう。後輩や部下と遊んでみると、いい関係をつくれそうです。健康運は、段差でジャンプして捻挫したり、腰痛になるかも。とくに足のケガには注意すること。

開運アクション

- おだてられても調子に乗らない
- 職場の人間関係を楽しむ
- 雑な言動をしないよう気をつける

銀のインディアン座

命数

18 マイペースな常識人

もっている星

★ 性善説の星
★ 相手の出方を待つ星
★ 本当はドジな星
★ 肌が弱い星
★ 清潔感あるものを買う星

ラッキーカラー レッド ライトブルー

ラッキーフード うなぎの白焼き 甘酒

ラッキースポット 音楽フェス お祭り

基本性格 上品でキッチリしつつ楽観的で忘れっぽい

礼儀とマナーをしっかりと守り上品で気遣いができる人。マイペースで警戒心が強く、他人との距離を上手にとるタイプです。キッチリしているようで楽観的なので、時間にルーズなところや自分の言ったことをすぐに忘れてしまうところがあるでしょう。心が中学2、3年生から変わっていないので、見た目は若く感じるところがあります。妄想や空想の話が多く、心配性に思われることもあるでしょう。

2024年はこんな年

小さなミスが増えてしまいそうです。もともと几帳面なタイプですが、めったにしない寝坊や遅刻、忘れ物をして、周囲を驚かせてしまうことがあるかも。一方で今年は、遊ぶといい運気でもあります。とくにこれまで経験したことのない遊びに挑戦してみると、いい思い出になるでしょう。イベントやライブ、フェスでいい経験ができたり、遊び方やノリを教えてくれる人にも出会えるでしょう。健康運は、日焼け対策を念入りにしておかないと、後悔することになりそうです。

開運アクション

- イベントやライブなどに行く
- モテを意識した服を着る
- 遊ぶときは本気で楽しむ

銀のインディアン座

命数

19 小学生芸術家

もっている星
★時代を変えるアイデアを出す星
★言い訳の星
★屁理屈の星
★あまのじゃくな恋の星
★お金が貯まらない星

ラッキーカラー　ホワイト　ブルー
ラッキーフード　煮込みうどん　シナモンロール
ラッキースポット　劇場　イベント会場

基本性格　好きなことと妄想に才能を見せるあまのじゃく

超マイペースな変わり者。不思議な才能と個性をもち、子どものような純粋な心を備えていますが、あまのじゃくなひねくれ者。臆病で警戒心はありますが、変わったことや変化が大好きで、理屈と屁理屈、言い訳が多くなります。好きなことになると驚くようなパワーと才能、集中力を出すでしょう。飽きっぽく継続力がなさそうですが、なんとなく続けていることでいい結果を残せるでしょう。妄想が才能となる人でもあります。

2024年はこんな年

視野が広がり、おもしろい出来事が増える年。何もかも手放して自由になりたくなることがあるかもしれませんが、現状の幸せは簡単に手放さないように。海外旅行などをして、これまで行ったことのない場所を訪れたり未経験のことに挑戦すると、いい刺激になり人生がおもしろくなってくるでしょう。いままで出会ったことのないタイプの人と仲よくなって、楽しい時間を過ごすこともできそうです。健康運は、結膜炎になる可能性があるので注意しておくこと。

開運アクション

- 見知らぬ土地を旅行する
- おもしろそうな人を探す
- 美術館や劇場に行く

銀のインディアン座

命数

20 マイペースな芸術家

もっている星
★深い話が好きな星
★理屈っぽい星
★冷たい言い方をする星
★芸術にお金を使う星
★互いに成長できる恋が好きな星

ラッキーカラー　ホワイト　藍色
ラッキーフード　ふぐ　梅干し
ラッキースポット　美術館　老舗旅館

基本性格　不思議なことにハマる空想家

理論と理屈が好きで、探求心と追求心のある人。つねにいろいろなことを考えるのが大好きで、妄想と空想ばかりをする癖があります。表面的には人間関係がつくれますが、本音は他人に興味がなく、芸術や美術、不思議な物事にハマることが多いでしょう。非常に冷静で大人な対応ができますが、テンションは中学3年生くらいからまったく変わっていないでしょう。尊敬できる人を見つけると心を開いてなんでも言うことを聞くタイプです。

2024年はこんな年

完璧主義な性格ですが、今年は80点の出来でも「よくできた」と自分をほめるように。物事に集中しづらくもなりそうですが、遊びや趣味を楽しんでみると、やる気を復活させられるでしょう。ふだんならしっかり準備することも、今年は「このくらいでいいかな」と雑な感じになりそうです。ただ、それでもうまくいくことがわかって、少し余裕ができるかも。失言もしやすくなるので、エラそうな言い方はしないこと。健康運は、趣味にハマりすぎて睡眠時間を削らないよう注意して。

開運アクション

- やさしい言葉を使う
- 失敗をおもしろく話す
- 趣味の勉強をする

金の鳳凰座

命数

21 頑固な高校1年生

もっている星
- ★忍耐力のある星
- ★昔の仲間に執着する星
- ★計算が苦手な星
- ★好きなタイプが変わらない星
- ★夜が強い星

ラッキーカラー　イエロー　ブルー
ラッキーフード　こんにゃくの煮物　スイートポテト
ラッキースポット　スポーツ観戦　キャンプ場

基本性格　仲間意識を強くもつが、ひとりでいるのが好きな人

サッパリと気さくな性格ですが、頑固で意地っ張りな人。負けず嫌いな努力家で、物事をじっくり考えすぎてしまうことが多いでしょう。仲間意識を強くもちますが、ひとりでいることが好きで、単独行動が自然と多くなったり、ひとりで没頭できる趣味に走ったりすることも多いでしょう。しゃべりが苦手で反発心を言葉に出してしまいますが、一言足りないことでケンカになってしまうなど、損をすることが多い人でしょう。

2024年はこんな年

負けず嫌いを押し通して問題ない年。12月まで絶対に諦めない気持ちで頑張り続けるといいでしょう。すでに結果が出ている場合は、謙虚な姿勢を忘れないことが大切。上半期は、よきライバルやともに頑張る仲間ができるため、協力し合うことを素直に楽しんでみて。一緒にスポーツをすると、ストレス発散にもなってよさそうです。健康運は、下半期に胃腸の調子を崩しやすいので、バランスのとれた食事を意識しましょう。

開運アクション

- 協力を楽しんでみる
- 異性の友人を大切にする
- 年末まで諦めない

金の鳳凰座

命数

22 単独行動が好きな忍耐強い人

もっている星
- ★陰で努力する星
- ★孤独が好きな星
- ★豪快にお金を使う星
- ★刺激的な恋にハマる星
- ★夜無駄に起きている星

ラッキーカラー　ブラック　ダークブルー
ラッキーフード　麻婆豆腐　みかん
ラッキースポット　ライブハウス　スポーツジム

基本性格　内なるパワーが強く、やり抜く力の持ち主

向上心や野心があり、内に秘めるパワーが強く、頑固で自分の決めたことを貫き通す人。刺激が好きで、ライブや旅行に行くと気持ちが楽になりますが、団体行動が苦手でひとりで行動することが好きなタイプ。決めつけがかなり激しく、他人の話の最初しか聞いていないことも多いでしょう。心は高校3年生のようなところがあり、自我はかなり強いですが、頑張る姿や必死になっているところを他人には見せないようにする人です。

2024年はこんな年

長年の夢や希望が叶う年。がむしゃらに頑張る姿を見せないぶん、周囲からなかなか評価されないタイプですが、今年はあなたの実力や陰の努力を認めてくれる人にやっと出会えるでしょう。秘めていた力を発揮する機会も訪れそう。趣味や遊びで続けていたことが、無駄ではなかったと思えるような出来事が起きる場合もあるため、遠慮せず自分をアピールしてみるといいでしょう。健康運は、年末に独自の健康法がアダになってしまうことがあるので、気をつけるように。

開運アクション

- 秘めていた能力を出してみる
- フットワークを軽くする
- 仲間をつくって大切にする

金の鳳凰座 命数

23 陽気なひとり好き

もっている星
★ おおらかな星
★ 楽しくないと愚痴る星
★ とりあえず付き合う星
★ 間食の星
★ 趣味にお金をたくさん使う星

ラッキーカラー　レッド　ライトブルー
ラッキーフード　ハヤシライス　グレープフルーツ
ラッキースポット　レストラン　コンサート

基本性格　運に救われる明るい一匹オオカミ

ひとつのことをじっくり考えることが好きですが、楽観主義の人。頑固で決めたことを貫き通しますが、「まあなんとかなるかな」と考えるため、周囲からもどっちのタイプかわからないと思われがち。サービス精神はありますが、本音はひとりが好きなため、明るい一匹オオカミのような性格。空腹が苦手で、お腹が空くと何も考えられなくなり、気分が顔に出やすくなるでしょう。不思議と運に救われますが、余計な一言に注意は必要。

2024年はこんな年

運のよさを実感でき楽しく過ごせる年。自分だけでなく周囲も楽しませるつもりで、持ち前のサービス精神をドンドン発揮してみましょう。いい人脈ができ、おもしろい仲間も集まってきそうです。ただし、調子に乗りすぎて余計な発言や愚痴、不満を口にしていると、信用を失ってしまいます。冗談のつもりでも、笑えなければただの悪口で、自ら評判を落とすだけだと思っておきましょう。健康運は、下半期からはとくに運動するよう心がけ、食事は腹八分目を意識しましょう。

開運アクション

- おいしいお店を見つけて周囲に教える
- 調子に乗っても「口は災いのもと」を忘れない
- カラオケやダンスをする

金の鳳凰座 命数

24 冷静で勘のいい人

もっている星
★ 決めつけが強い星
★ 過去にこだわる星
★ 思い出にすがる星
★ 第一印象で決める星
★ 寝不足でイライラする星

ラッキーカラー　オレンジ　ターコイズブルー
ラッキーフード　じゃがバター　きなこ餅
ラッキースポット　神社仏閣　ショッピングモール

基本性格　機嫌が言葉に出やすい感性豊かな頑固者

じっくり物事を考えながらも最終的には「勘で決める人」。根はかなりの頑固者で自分の決めたルールを守り通したり、簡単に曲げたりしないタイプ。土台は短気で、機嫌が顔に出て、言葉にも強く出がちですが、余計な一言は出るのに、肝心な言葉が足りないことが多いでしょう。想像力が豊かで感性もあるため、アイデアや芸術系の才能を活かせれば力を発揮する人でもあるでしょう。過去に執着する癖はほどほどに。

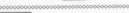

2024年はこんな年

上半期は直感を信じて動き、下半期は嫌な予感がしたら立ち止まって冷静に判断するといいでしょう。頭の回転が速くなり、いい判断ができたりアイデアも冴えて、自分でも驚くような才能を開花させられる年になりそうです。とくに長く続けてきたことで大きな結果が出るので、評価をしっかりよろこんでおきましょう。ただし、順調に進むとワガママな発言が増えてくるため、言葉はきちんと選ぶように。健康運は、年末に向けてスタミナをつける運動をしておきましょう。

開運アクション

- 「過去は過去」「いまはいま」と切り替える
- いい言葉を口にする
- 資格取得のための勉強をはじめる

金の鳳凰座

命数

25 ひとりの趣味に走る情報屋

もっている星

★計画が好きな星
★ひとりの趣味に走る星
★趣味で出費する星
★おしゃれな人を好きになる星
★深酒をする星

ラッキーカラー　オレンジ　ネイビー

ラッキーフード　ラタトゥイユ　グレープフルーツ

ラッキースポット　温泉旅館　百貨店

基本性格　偏った情報や無駄なものまで集まってくる

段取りと情報収集が好きで、つねにじっくりゆっくりいろいろなことを考える人。幅広く情報を集めているようで、土台が頑固なため、情報が偏っていることも。計算通りに物事を進めますが、計算自体が違っていたり勘違いで突き進むことも多いでしょう。部屋に無駄なものや昔の趣味のもの、着ない服などが集まりやすいのでマメに片付けましょう。気持ちを伝えることが下手で、つねに一言足りないでしょう。

2024年はこんな年

計画していた以上の結果に、自分でも驚くことがありそうです。仕事もプライベートも忙しくなり、あっという間に1年が過ぎてしまうでしょう。ひとりの趣味を楽しむのもいいですが、今年は交友関係が広がるような趣味をはじめるのもオススメの運気です。また、美意識をもっと高めてみてもいいでしょう。健康運は、お酒の席が増えたり夜更かしが続くと、下半期に疲れが出るので気をつけましょう。予定を詰め込みすぎず、ゆっくり休む日をあらかじめつくっておくとよさそうです。

開運アクション

- フットワークを軽くする
- 趣味を増やす
- 価値観の違う人と話す

金の鳳凰座

命数

26 我慢強い真面目な人

もっている星

★我慢強い星
★引き癖の星
★貯金の星
★温泉の星
★つくしすぎてしまう星

ラッキーカラー　オレンジ　イエロー

ラッキーフード　おからの煮物　豚のしょうが焼き

ラッキースポット　温泉　音楽ライブ

基本性格　ひとりで慎重に考えてゆっくり進む

頑固で真面目で地味な人。言葉を操るのが苦手です。受け身で待つことが多く、反論することや自分の意見を言葉に出すことが苦手で、一言二言足りないことがあるでしょう。寂しがり屋ですが、ひとりが一番好きで音楽を聴いたり本を読んだりしてのんびりする時間がもっとも落ち着くでしょう。何事も慎重に考えるため、すべてに時間がかかり、石橋を叩きすぎてしまうところがあります。過去に執着しすぎてしまうことも多いでしょう。

2024年はこんな年

結果が出るまでに、もっとも時間のかかるタイプ。注目されるのを避けすぎると、せっかくのいい流れに乗れなくなってしまうこともあるので、今年は目立つポジションも遠慮せずに受け入れてみましょう。何事もできると信じ、不慣れなことでも時間をかけて取り組むように。周囲の信頼に応えられるよう頑張ってみましょう。健康運は、下半期は冷えが原因で体調を崩しやすくなりそうです。基礎代謝を上げるためにも定期的な運動をしておきましょう。

開運アクション

- 勇気を出して行動する
- 自分をもっと好きになってみる
- 言いたいことはハッキリ言う

金の鳳凰座

命数

27 猪突猛進なひとり好き

もっている星

★パワフルな星
★行動が雑な星
★どんぶり勘定の星
★押しに弱い星
★足をケガする星

ラッキーカラー　オレンジ　ネイビー
ラッキーフード　トマトソースパスタ　メロン
ラッキースポット　映画館　空港

基本性格　ほめられると面倒見がよくなる行動派

自分が正しいと思ったことを頑固に貫き通す正義の味方。曲がったことが嫌いで、自分の決めたことを簡単には変えられない人ですが、面倒見がよく、パワフルで行動的です。ただし、言葉遣いが雑で、一言足りないケースが多いでしょう。おだてに極端に弱く、ほめられるとなんでもやってしまいがちで、後輩や部下がいるとパワーを発揮しますが、本音はひとりが一番好きなタイプ。自分だけの趣味に走ることも多いでしょう。

2024年はこんな年

実力でポジションを勝ちとれる年。一度決めたことを貫き通す力がもっともあるタイプなので、これまでうまくいかなかったことでも流れを変えられたり、強力な味方をつけることができそうです。おだてに乗れるときはドンドン乗り、自分だけでなく周囲の人にもよろこんでもらえるよう努めると、さらにいい縁がつながっていくでしょう。健康運は、パワフルに行動するのはいいですが、下半期は足のケガや腰痛に気をつけましょう。

開運アクション

- ほめられたら素直によろこぶ
- まとめ役やリーダーになる
- せっかちにならないよう気をつける

金の鳳凰座

命数

28 冷静で常識を守る人

もっている星

★安心できるものを購入する星
★親しき仲にも礼儀ありの星
★勘違いの星
★しゃべりが下手な星
★寂しがり屋のひとり好きな星

ラッキーカラー　ブルー　ホワイト
ラッキーフード　ゆば　あじフライ
ラッキースポット　ホテル　美術館

基本性格　気にしすぎてしまう繊細な口ベタ

礼儀正しく上品で、常識をしっかり守れる人ですが、根が頑固で融通がきかなくなってしまうタイプ。繊細な心の持ち主ですが、些細なことを気にしすぎてしまったり、考えすぎてしまったりすることも。しゃべりは自分が思っているほど上手ではなく、手紙やメールのほうが思いが伝わることが多いでしょう。過去の出来事をいつまでも考えすぎてしまうところがあり、新しいことになかなか挑戦できない人です。

2024年はこんな年

順序や手順をしっかり守るのはいいですが、臆病なままではチャンスをつかめません。今年はワガママを通してみるくらいの気持ちで自分に素直になってみましょう。失敗を恐れて動けなくなってしまうところがありますが、今年は何事も思った以上にうまくいく運気なので、積極的に行動を。周りの人を信じれば、いい味方になってくれるでしょう。健康運は、ストレスが肌に出やすいので、スキンケアを念入りに。運動で汗を流すのもよさそうです。

開運アクション

- ビビらずに行動する
- 笑顔と愛嬌を意識する
- 他人の雑なところを許す

金の鳳凰座

命数

29 頑固な変わり者

もっている星
★自由に生きる星
★おもしろい発想ができる星
★束縛されると逃げる星
★お金に縁がない星
★寝不足の星

ラッキーカラー　オレンジ　ブルー
ラッキーフード　カリフォルニアロール　えだまめ
ラッキースポット　美術館　劇場

基本性格　理屈っぽくて言い訳の多いあまのじゃく

自由とひとりが大好きな変わり者。根は頑固で自分の決めたルールや生き方を貫き通しますが、素直ではない部分があり、わざと他人とは違う生き方や考え方をすることが多いでしょう。芸術や美術など不思議な才能をもち、じっくりと考えて理屈っぽくなってしまうことも。しゃべりは下手で一言足りないことも多く、団体行動が苦手で、つねに他人とは違う行動を取りたがります。言い訳ばかりになりやすいので気をつけましょう。

2024年はこんな年

上半期は、あなたの自由な発想や才能、個性が評価される運気。遠慮せずドンドン自分の魅力をアピールするといいでしょう。独立したりフリーで活動したくなりますが、お金の管理ができないならやめておいたほうがいいでしょう。現状を維持しながら趣味を広げるのがよさそうです。時間を見つけて海外など見知らぬ土地へ行ってみると、大きな発見があるでしょう。健康運は、下半期に目の病気や視力の低下が見つかりやすいので注意して。

開運アクション

- アイデアをドンドン出す
- 異性の前では素直になる
- 現状に飽きたときほど学ぶことを探す

金の鳳凰座

命数

30 理屈が好きな職人

もっている星
★年配の人と仲よくなれる星
★考えすぎる星
★同じものを買う星
★心を簡単に開かない星
★睡眠欲が強い星

ラッキーカラー　朱色　パープル
ラッキーフード　大豆の煮物　バナナ
ラッキースポット　神社仏閣　劇場

基本性格　好きな世界にどっぷりハマる頑固な完璧主義者

理論と理屈が好きで、探求心と追求心があり、自分の決めたことを貫き通す完璧主義者で超頑固な人。交友関係が狭くひとりが一番好きなので、自分の趣味にどっぷりハマってしまうことも多いでしょう。芸術や美術、神社仏閣などの古いものに関心があり、好きなことを深く調べるので知識は豊富ですが、視野が狭くなってしまう場合も。他人を小馬鹿にしたり評論する癖はありますが、人をほめることで認められる人になるでしょう。

2024年はこんな年

長い時間をかけて取り組んでいたことや研究していたことが役に立ったり、評価される運気。かなり年上の人とも仲よくなれ、味方になってもらえるでしょう。尊敬できる人にも出会えそうです。長らく評価されなかった人や誤解されていた人も、この1年で状況が大きく変わることがあるので、最後まで諦めず、粘り続けてみましょう。健康運は、年末にかけて肩こりや目の疲れが出やすいため、こまめに運動しておくこと。

開運アクション

- 尊敬している人と仲よくなる
- 言い訳をしない
- 頑張っている人をほめる

銀の鳳凰座

命数

21 覚悟のある意地っ張りな人

もっている星
- ★根性のある星
- ★しゃべりが下手な星
- ★ギャンブルに注意な星
- ★過去の恋を引きずる星
- ★冬に強い星

ラッキーカラー　オレンジ　ブルー

ラッキーフード　山芋ステーキ　くるみ

ラッキースポット　スポーツジム　スタジアム

基本性格　一度思うと考えを変えない自我のかたまり

超負けず嫌いな頑固者。何事もじっくりゆっくり突き進む根性がある人。体力と忍耐力はありますが、そのぶん色気がなくなってしまい、融通がきかない生き方をすることが多いでしょう。何事も最初に決めつけてしまうため、交友関係に問題があってもなかなか縁が切れなくなったり、我慢強い性格が裏目に出てしまうことも。時代に合わないことをし続けがちなので、最新の情報を集めたり、視野を広げる努力が大事でしょう。

2024年はこんな年

目標をしっかり定めることで、パワーや才能を発揮できるタイプ。今年はライバルに勝つことができたり、目標や目的を達成できる運気です。何があっても諦めず、出せる力をすべて出し切るくらいの気持ちで取り組むといいでしょう。ただ、頑固な性格で、人に相談せずなんでもひとりで頑張りすぎてしまうところがあるので、周囲の話に耳を傾け、アドバイスをもらうことも大切に。いい情報を聞けたり、自分の魅力をもっとうまく出せるようになるはずです。

開運アクション
- 全力を出し切ってみる
- 目標をしっかり定める
- 協力することを楽しむ

銀の鳳凰座

命数

22 決めつけが激しい高校3年生

もっている星
- ★秘めたパワーがある星
- ★過信している星
- ★ものの価値がわかる星
- ★寒さに強い星
- ★やんちゃな恋にハマる星

ラッキーカラー　オレンジ　ダークブルー

ラッキーフード　ねぎま　ヨーグルト

ラッキースポット　ライブハウス　リゾート地

基本性格　人の話を聞かない野心家

かなりじっくりゆっくり考えて進む、超頑固な人ですが、刺激や変化を好み、合理的に生きようとします。団体行動が苦手でひとりの時間が好き。旅行やライブに行く機会も自然に増えるタイプでしょう。向上心や野心はかなりありますが、ふだんはそんなそぶりを見せないように生きています。他人の話の前半しか聞かずに飛び込んでしまったり、周囲からのアドバイスはほぼ聞き入れないで、自分の信じた道を突き進むでしょう。

2024年はこんな年

密かに頑張ってきたことで力を発揮できる年。今年は、一生懸命になることをダサいと思わず、本気で取り組んでいる姿や周囲とうまく協力する姿勢を見せるようにしましょう。周りに無謀だと思われるくらい思い切って行動すると、大成功や大逆転につながる可能性も。これまでの努力や自分の実力を信じてみるといいでしょう。多少の困難があったほうが、逆に燃えそうです。健康運は、ひとりで没頭できる運動をするといいでしょう。

開運アクション
- 得意なことをアピールする
- 手に入れたものへの感謝を忘れない
- 自分の理論を信じて行動する

銀の鳳凰座 命数 23 頑固な気分屋

もっている星
- ★楽天家の星
- ★空腹になると不機嫌になる星
- ★欲望に流される星
- ★ノリで恋する星
- ★油断すると太る星

ラッキーカラー　オレンジ　レッド
ラッキーフード　揚げ出し豆腐　みかん
ラッキースポット　コンサート　レストラン

基本性格　陽気で仲間思いだけど、いい加減な頑固者

明るく陽気ですが、ひとりの時間が大好きな人。サービス精神が豊富で楽しいことやおもしろいことが大好き。昔からの友人を大切にするタイプ。いい加減で適当なところがありますが、根は超頑固で、周囲からのアドバイスには簡単に耳を傾けず、自分の生き方を貫き通すことが多いでしょう。空腹になると機嫌が悪くなり態度に出やすいのと、余計な一言が多いのに肝心なことを伝えきれないところがあるでしょう。

2024年はこんな年

「銀の鳳凰座」のなかでもっとも喜怒哀楽が出やすいタイプですが、とくに今年は、うれしいときにしっかりよろこんでおくと、さらによろこべることが舞い込んできそう。遠慮せず、楽しさやうれしさを表現しましょう。関わるすべての人を笑わせるつもりで、みんなを笑顔にできるよう努めると、運を味方にできそうです。あなたに協力してくれる人が集まって、今後の人生が大きく変わるきっかけになることも。健康運は、ダンスやヨガをはじめると、健康的な体づくりができるでしょう。

開運アクション

- お礼と感謝をしっかり伝える
- 明るい色の服を着る
- 笑顔を意識する

銀の鳳凰座 命数 24 忍耐力と表現力がある人

もっている星
- ★直感力が優れている星
- ★過去を引きずる星
- ★情にもろい星
- ★一目惚れする星
- ★手術する星

ラッキーカラー　オレンジ　シルバー
ラッキーフード　オニオンリング　レモン
ラッキースポット　劇場　百貨店

基本性格　意志を貫く感性豊かなアイデアマン

じっくり物事を考えているわりには直感を信じて決断するタイプ。超頑固で一度決めたことを貫き通す力が強く、周囲からのアドバイスを簡単には受け入れないでしょう。短気で毒舌なところもあり、おっとりとした感じに見えてもじつは攻撃的な人。過去の出来事に執着しやすく、恩着せがましい部分もあるでしょう。感性は豊かで、新たなアイデアを生み出したり、芸術的な才能を発揮したりすることもあるでしょう。

2024年はこんな年

しっかり考えたうえで最後は直感で動くタイプ。今年は勘が鋭くなって的確な判断ができ、いいアイデアも浮かぶでしょう。運気の流れはいいですが、調子に乗りすぎると短気を起こし、余計な発言をしてしまう場合があるので十分注意すること。本や舞台などで使われている表現を参考にしてみると、伝え上手になり、さらにいい人脈ができそうです。トーク力のある人に注目するのもオススメ。健康運は、こまめにストレスを発散すれば、体調を崩すことはなさそうです。

開運アクション

- 直感を信じて行動する
- やさしい言葉や表現を学ぶ
- ひとつのことを極める努力をする

銀の鳳凰座

命数

25 忍耐力がある商売人

もっている星

★情報収集が得意な星
★夜はお調子者の星
★お得な恋が好きな星
★疲れをためやすい星
★お金の出入りが激しい星

ラッキーカラー　オレンジ　ネイビー

ラッキーフード　きんぴらごぼう　マスカット

ラッキースポット　旅館　ショッピングモール

基本性格　お調子者に見えて根は頑固

フットワークが軽く、情報収集も得意で段取りも上手にできる人ですが、頑固で何事もゆっくり時間をかけて進めるタイプ。表面的には軽い感じに見えても、芯がしっかりしています。頑固なため、視野が狭く情報が偏っている場合も多いでしょう。お調子者ですが、本音はひとりの時間が好き。多趣味で買い物好きになりやすいので、部屋には使わないものや昔の趣味の道具が集まってしまうことがあるでしょう。

2024年はこんな年

物事が予定通りに進み、忙しくも充実する年。計算通りに目標を達成して満足できるでしょう。ただしそこで油断せず、次の計画もしっかり立てておくことが大切です。自分の得ばかりではなく、周囲の人や全体が得する方法を考えてみると、いい仲間ができるでしょう。小さな約束でも必ず守ることで、いい人間関係も築けそうです。できない約束は、最初からしないように。健康運は、睡眠不足で疲れをためないよう、就寝時間を決めて生活リズムを整えましょう。

開運アクション

- 自分も周囲も得することを考えて行動に移す
- どんな約束も守る
- 新たな趣味を見つける

銀の鳳凰座

命数

26 忍耐力がある現実的な人

もっている星

★粘り強い星
★言いたいことを我慢する星
★ポイントをためる星
★初恋を引きずる星
★音楽を聴かないとダメな星

ラッキーカラー　オレンジ　スカイブルー

ラッキーフード　ホルモン炒め　蜂蜜

ラッキースポット　アウトレット　水族館

基本性格　じっと耐える口ベタなカタブツ

超がつくほど真面目で頑固。他人のために生きられるやさしい性格で、周囲からのお願いを断れずに受け身で生きる人ですが、「自分はこう」と決めた生き方を簡単に変えられないところがあり、昔のやり方や考えを変えることがとても苦手でしょう。臆病で寂しがり屋ですが、ひとりが大好きで音楽を聴いて家でのんびりする時間が欲しい人。気持ちを伝えることが非常に下手で、つねに一言足りないので会話も聞き役になることが多いでしょう。

2024年はこんな年

地味で目立たないタイプですが、今年は信頼を得られ、大きなチャンスがめぐってくるでしょう。ここで遠慮したり引いてしまうと、いい運気の流れに乗れないどころか、マイナスな方向に進んでしまいます。これまで頑張ってきたご褒美だと思って、流れを受け入れるようにしましょう。「人生でもっとも欲張った年」と言えるくらい幸せをつかみにいき、ときにはワガママになってみてもいいでしょう。健康運は、不調を我慢していた人は体調を崩しやすい時期。温泉に行くのがオススメです。

開運アクション

- 貪欲に生きる
- 言いたいことはハッキリ伝える
- 勇気と度胸を忘れない

銀の鳳凰座 命数 27

落ち着きがある正義の味方

もっている星
★行動すると止まらない星
★甘えん坊な星
★押しに弱い星
★打撲が多い星
★ほめられたら買ってしまう星

ラッキーカラー　オレンジ　ネイビー
ラッキーフード　担々麺　キウイ
ラッキースポット　動物園　デパート

基本性格　ほめられると弱い正義感のかたまり

頑固でまっすぐな心の持ち主で、こうと決めたら猪突猛進するタイプ。正義感があり、正しいと思い込んだら簡単に曲げられませんが、強い偏見をもってしまうこともあり、世界が狭くなることが多いでしょう。つねに視野を広げるようにして、いろいろな考え方を学んでおくといいでしょう。また、おだてに極端に弱く、ほめられたらなんでもやってしまうところがあり、しゃべりも行動も雑なところがあるでしょう。

2024年はこんな年

駆け引きや臨機応変な対応が苦手で、人生すべてが直球勝負のまっすぐな人。今年は持ち前の正義感や意志の強さを活かせて、目標や夢を達成できるでしょう。不器用ながらも、自分の考えを通し切ってよかったと思えることもありそうです。人とのつながりが大切な年なので、好き嫌いをハッキリさせすぎないように。相手のいい部分に注目したり、多少の失敗は大目に見るといいでしょう。健康運は、パワフルに動きすぎて疲れをためないよう、こまめに休むことが大切です。

開運アクション

- 自分の意志を通す
- 人をたくさんほめて認める
- 後輩や部下の面倒を見る

銀の鳳凰座 命数 28

ゆっくりじっくりで品のある人

もっている星
★ゆっくりじっくりの星
★人前が苦手な星
★割り勘が好きな星
★恋に不器用な星
★口臭を気にする星

ラッキーカラー　オレンジ　シルバー
ラッキーフード　卵焼き　桃
ラッキースポット　音楽フェス　ホテル

基本性格　気持ちが曲げられない小心者

上品で常識やルールをしっかり守る人ですが、根が超頑固で曲がったことができない人です。ひとりが好きで単独行動が多くなりますが、寂しがり屋で人のなかに入りたがるところがあるでしょう。自分の決めたことを曲げない気持ちが強いのに、臆病で考えすぎてしまったり、後悔したりすることも多いタイプ。思ったことを伝えるのが苦手で、一言足りないことが多いでしょう。ただし、誠実さがあるので時間をかけて信頼を得るでしょう。

2024年はこんな年

品と順序を守り、時間をかけて信頼を得るタイプ。今年はあなたに注目が集まる運気です。ただし、恥ずかしがったり失敗を恐れて挑戦できずにいると、チャンスを逃してしまいます。今年は失敗してもすべていい経験になるので、何事も勇気を出してチャレンジしてみるといいでしょう。周囲から頼られたり期待を寄せられたら、最善をつくしてみると、実力以上の結果を残せて、いい人脈もできそうです。健康運は、汗をかく程度の運動を定期的にしておきましょう。

開運アクション

- 心配や不安を手放す
- 年上の人に会う
- チャンスに臆病にならない

銀の鳳凰座

命数

29 覚悟のある自由人

もっている星

★人と違う生き方をする星
★独特なファッションの星
★お金に執着しない星
★不思議な人を好きになる星
★睡眠欲が強いが夜更かしする星

ラッキーカラー　オレンジ　レッド

ラッキーフード　カレーライス　みょうが

ラッキースポット　劇場　海外旅行

基本性格　発想力豊かで不思議な才能をもつ変人

独特な世界観をもち他人とは違った生き方をする頑固者。自由とひとりが好きで他人を寄せつけない生き方をし、独自路線に突っ走る人。不思議な才能や特殊な知識をもち、言葉数は少ないですが、理論と理屈を語るでしょう。周囲から「変わってる」と言われることも多く、発想力が豊かで、理解されると非常におもしろい人だと思われますが、基本的に他人に興味がなく、尊敬できないと本音で話さないのでそのチャンスも少ないでしょう。

2024年はこんな年

変わり者ですが独特の感性をもっているタイプ。今年はあなたの発想力や個性、才能や魅力が認められる年です。とくにアイデアや芸術系の才能が注目されるため、自分の意見を素直に伝えてみるといいでしょう。プライドの高さとあまのじゃくなところが邪魔をして、わざとチャンスを逃してしまう場合がありますが、今年はしっかり自分を出すことが大切です。厳しい意見も、自分のためになると思って受け止めましょう。健康運は、睡眠時間を削らないように。

開運アクション

- 屁理屈と言い訳を言わない
- 恋も仕事も素直に楽しむ
- 学んだことを教える

銀の鳳凰座

命数

30 頑固な先生

もっている星

★心が60歳の星
★冷静で落ち着いている星
★他人を受け入れない星
★賢い人が好きな星
★目の病気の星

ラッキーカラー　オレンジ　藍色

ラッキーフード　すき焼き　アスパラ串

ラッキースポット　書店　劇場

基本性格　自分の好きな世界に閉じ込もる完璧主義者

理論と理屈が好きな完璧主義者。おとなしそうですが、秘めたパワーがあり、自分の好きなことだけに没頭するタイプ。何事にもゆっくりで冷静ですが、心が60歳なため、神社仏閣など古いものや趣深い芸術にハマることが多いでしょう。尊敬する人以外のアドバイスは簡単に聞き入れることがなく、交友関係も狭く、めったに心を開きません。「自分のことを誰も理解してくれない」と思うこともあるほどひとりの時間を大事にするでしょう。

2024年はこんな年

長年積み重ねてきたことや、続けていた研究・勉強に注目が集まる年。密かに集めていたデータ、独自の分析などが役に立つでしょう。身につけたスキルを教える立場になったり、先生や指導者としての能力に目覚めることも。プライドが高く自信家なのはいいですが、周囲に助けを求められないところや、協力してもらいたくてもなかなか頭を下げられない一面があります。今年は素直に助けてもらうようにしましょう。健康運は、栄養バランスの整った食事を意識しておくこと。

開運アクション

- 他人のいいところを見つけてほめる
- 資格取得に向けて勉強する
- やさしい表現や言葉を学ぶ

金の時計座

命数

31 誰にでも平等な高校1年生

もっている星
★誰とでも対等の星
★メンタルが弱い星
★友情から恋に発展する星
★肌荒れの星
★お金より人を追いかける星

ラッキーカラー　ピンク　イエロー
ラッキーフード　かに　ミックスナッツ
ラッキースポット　庭園　喫茶店

基本性格　仲間を大切にする少年のような人

心は庶民で、誰とでも対等に付き合う気さくな人です。情熱的で「自分も頑張るからみんなも一緒に頑張ろう!」と部活のテンションのような生き方をするタイプで、仲間意識や交友関係を大事にします。一見気が強そうですが、じつはメンタルが弱く、周囲の意見などに振り回されてしまうことも多いでしょう。サッパリとした性格ですが、少年のような感じになりすぎて、色気がまったくなくなることもあるでしょう。

2024年はこんな年

ライバルに先を越されたり、頑張りが裏目に出てしまいがちな年。意地を張るより、素直に負けを認めて相手に道を譲るくらいのほうがいいでしょう。あなたの誰とでも対等でいようとする姿勢が、生意気だと思われてしまうこともあるため、上下関係はしっかり意識するように。出会った人には年齢に関係なく敬語を使うつもりでいるとよさそうです。健康運は、胃腸の調子を崩したり、不眠を感じることがあるかも。ひとりで没頭できる運動をすると、スッキリするでしょう。

開運アクション

- 得意・不得意を見極める
- 旅行やライブを楽しむ
- 無駄な反発はしない

金の時計座

命数

32 刺激が好きな庶民

もっている星
★話の先が読める星
★裏表がある星
★夢追い人にお金を使う星
★好きな人の前で態度が変わる星
★胃炎の星

ラッキーカラー　ピンク　ダークブルー
ラッキーフード　焼き鳥　梨
ラッキースポット　避暑地　美術館

基本性格　寂しがり屋だけど、人の話を聞かない

おとなしそうで真面目な印象ですが、根は派手なことや刺激的なことが好きで、大雑把なタイプ。心が庶民なわりには一発逆転を目指して大損したり、大失敗したりすることがある人でしょう。人が好きですが団体行動は苦手で、ひとりか少人数での行動のほうが好きです。頭の回転は速いですが、そのぶん他人の話を最後まで聞かないところがあるでしょう。ヘコんだ姿を見せることは少なく、我慢強い面をもっていますが、じつは寂しがり屋な人です。

2024年はこんな年

物事を合理的に進められなくなったり、空回りが続いてイライラしそうな年。周囲とリズムが合わないからといって、イライラしないようにしましょう。また、今年だけの仲間もできますが、付き合いが浅い人からの誘いで刺激や欲望に流されないよう注意しておくように。今年はスポーツで汗を流してストレス発散することで、健康的でいい1年を過ごすことができそうです。ただし、色気をなくしたり、日焼けしすぎてシミをつくらないよう気をつけましょう。

開運アクション

- 周囲に協力する
- スポーツで定期的に汗を流す
- 本音を語れる友人をつくる

金の時計座

命数

33 サービス精神豊富な明るい人

もっている星
★友人が多い星
★適当な星
★食べすぎる星
★おもしろい人が好きな星
★デブの星

ラッキーカラー パープル ライトブルー
ラッキーフード 餃子 玉子豆腐
ラッキースポット 喫茶店 動物園

基本性格 おしゃべりで世話好きな楽観主義者

明るく陽気で、誰とでも話せて仲よくなれる人です。サービス精神が豊富で、ときにはお節介なほど自分と周囲を楽しませることが好きなタイプ。おしゃべりが好きで余計なことや愚痴や不満を言うこともありますが、多くはよかれと思って発していることが多いでしょう。ただし、空腹になると機嫌が悪くなり、それが顔に出てしまいます。楽観的ですが、周囲の意見に振り回されて心が疲れてしまうこともあるでしょう。

2024年はこんな年

感性が鋭くなる年。頭の回転が速くなったりいいアイデアが浮かぶなど、秘めていた才能が開花しそうです。一方で、人の考えや思いを感じすぎてイライラすることや、口が悪くなってしまうこともあるでしょう。イライラはスタミナ不足によるところが大きいので、しっかり運動をして体力をつけるように。愚痴や不満を言うだけの飲み会が増えてしまうことも体調を崩す原因になるため、前向きな話や楽しい話ができる人の輪に入るようにしましょう。

開運アクション

- 自分も相手もうれしくなる言葉を使う
- 軽い運動をする
- たくさん笑う

金の時計座

命数

34 最後はなんでも勘で決めるおしゃべりな人

もっている星
★直感で生きる星
★情で失敗する星
★デブが嫌いな星
★しゃべりすぎる星
★センスのいいものを買う星

ラッキーカラー ホワイト ターコイズブルー
ラッキーフード お雑煮 とろろ
ラッキースポット 神社仏閣 レストラン

基本性格 情に厚く人脈も広いが、ハッキリ言いすぎる

頭の回転が速くおしゃべりですが、一言多いタイプ。交友関係が広く不思議な人脈をつなげることも上手な人です。何事も勘で決めようとするところがありますが、周囲の意見や情報に振り回されてしまうことも多く、それがストレスの原因にもなります。空腹や睡眠不足で短気を起こしたり、機嫌の悪さが表面に出たりしやすいでしょう。人情家で人の面倒を見すぎたり、よかれと思ってハッキリと言いすぎてケンカになったりすることも多いでしょう。

2024年はこんな年

気分のアップダウンが激しくなる年。誘惑や快楽に流されてしまわないよう注意が必要です。自分も周囲も楽しめるように動くと、いい方向に進みはじめたり、大きなチャンスをつかめるでしょう。サービス精神を出し切ることが大切です。健康運は、疲れが一気に出たり、体重が急に増えてしまうことがあるので、定期的に運動やダンスをするといいでしょう。うまくいかないことがあっても、ヤケ食いはしないように。

開運アクション

- 前向きな言葉を口にする
- 気分ではなく気持ちで仕事をする
- 暴飲暴食をしない

金の時計座 命数 35

社交的で多趣味な人

もっている星

- ★おしゃれな星
- ★トークが薄い星
- ★ガラクタが増える星
- ★テクニックのある人に弱い星
- ★お酒で失敗する星

ラッキーカラー　ピンク　ホワイト

ラッキーフード　蒸し牡蠣　すいか

ラッキースポット　温泉　映画館

基本性格　興味の範囲が広いぶん、ものがたまり心も揺れる

段取りと情報収集が得意で器用な人。フットワークが軽く人間関係を上手につくることができるタイプです。心が庶民なので差別や区別をしませんが、本音では損得で判断するところがあります。使わないものをいつまでも置いておくので、ものが集まりすぎてしまうところも。マメに断捨離をしたほうがいいでしょう。視野が広いのは長所ですが、そのぶん気になることが多くなりすぎて、心がブレてしまうことが多いでしょう。

2024年はこんな年

地道な努力と遠回りが必要になる年。非効率で無駄だと思っても、今年頑張れば精神的に成長する経験ができるでしょう。ただ、強引な人に利用されたり、うっかりだまされてしまうこともあるので警戒心はなくさないように。自分が得することばかりを考えず、損な役回りを引き受けることで、危険な場面を上手に避けられそうです。健康運は、お酒がトラブルや体調不良の原因になりやすいので、ほどほどにしておきましょう。

開運アクション

- 損な役割を買って出る
- 好きな音楽を聴く時間をつくる
- 節約生活を楽しむ

金の時計座 命数 36

誠実で真面目な人

もっている星

- ★お人よしの星
- ★好きな人の前で緊張する星
- ★安い買い物が好きな星
- ★手をつなぐのが好きな星
- ★寂しがり屋の星

ラッキーカラー　ピンク　ホワイト

ラッキーフード　グラタン　目玉焼き

ラッキースポット　スパ　図書館

基本性格　やさしくて真面目だけど、強い意見に流されやすい

とても真面目でやさしく誠実な人です。現実的に物事を考えて着実に人生を進めるタイプですが、何事も時間がかかってしまうところと、自分に自信がもてなくてビクビク生きてしまうところがあるでしょう。他人の強い意見に弱く、自分が決めても流されてしまうことも多いでしょう。さまざまなタイプの人を受け入れることができますが、そのぶんだまされやすかったり、利用されやすかったりもするので気をつけましょう。

2024年はこんな年

華やかにイメチェンしたり、キャラが大きく変わって人生が変化する年。言いたいことはハッキリ伝え、ときには「嫌われてもいい」くらいの気持ちで言葉にしてみましょう。あなたを利用してくる人や悪意のある人とは、バッサリ縁を切ることも大切です。ズルズルした交友関係を終わらせることができ、スッキリするでしょう。健康運は、体が冷えやすくなったり、肌が弱くなりそう。こまめな水分補給を心がけ、膀胱炎や尿路結石にも気をつけておきましょう。

開運アクション

- 言いたいことはハッキリ言う
- 別れは自分から切り出す
- 甘い言葉や誘惑に注意する

金の時計座

命数

37 面倒見がいい甘えん坊

もっている星
- ★責任感の強い星
- ★お節介な星
- ★ご馳走が好きな星
- ★恋に空回りする星
- ★麺類の星

ラッキーカラー　ホワイト　ネイビー

ラッキーフード　野菜タンメン　かつおのたたき

ラッキースポット　展望台　映画館

基本性格　正義感あふれるリーダーだが、根は甘えん坊

行動力とパワーがあり、差別や区別が嫌いで面倒見のいいタイプ。自然と人の役に立つポジションにいることが多く、人情家で正義感もあり、リーダー的存在になっている人もいるでしょう。自分が正しいと思ったことにまっすぐ突き進みますが、周囲の意見に振り回されやすく、心がブレてしまうことも。根の甘えん坊が見え隠れするケースもあるでしょう。おだてに極端に弱く、おっちょこちょいなところもあり、行動が雑で先走ってしまいがちです。

2024年はこんな年

積極的な行動が空回りし、落ち込みやすい年。面倒見のよさが裏目に出たり、リーダーシップをとって頑張っているつもりが、うまく伝わらないこともありそうです。ヤケを起こして無謀な行動に走るのではなく、スポーツでしっかり汗を流したり、座禅を組んで心を落ち着かせるといいでしょう。今年は、心と体を鍛える時期だと思っておくのがよさそうです。厳しい指摘をしてきた人を見返すくらいのパワーを出してみましょう。

開運アクション

- 行動する前に計画を立てる
- 瞑想する時間をつくる
- 年下の友人をつくる

金の時計座

命数

38 臆病な庶民

もっている星
- ★温和で平和主義の星
- ★精神が不安定な星
- ★清潔にこだわる星
- ★純愛の星
- ★肌に悩む星

ラッキーカラー　オレンジ　ライトブルー

ラッキーフード　チーズオムレツ　パイナップル

ラッキースポット　庭園　花火大会

基本性格　上品な見栄っ張りだが、人に振り回されやすい

常識やルールをしっかり守り、礼儀正しく上品ですが、庶民感覚をしっかりもっている人。純粋に世の中を見ていて、差別や区別が嫌いで幅広く人と仲よくできますが、不衛生な人と権力者とエラそうな人だけは避けるようにしています。気が弱く、周囲の意見に振り回されてしまうことや、目的を定めてもグラついてしまうことが多いでしょう。見栄っ張りなところや、恥ずかしがって自分を上手に出せないところもあるでしょう。

2024年はこんな年

精神的に落ち込みやすい年。気分が晴れないときは、話を聞いてくれる人に連絡し本音を語ってみるとよさそうです。愚痴や不満よりも、前向きな話やおもしろい話で笑う時間をつくってみましょう。人との縁が切れてもヘコみすぎず、これまでに感謝するように。健康運は、肌の調子を崩しやすいので、白湯や常温の水をふだんより多めに飲むといいでしょう。運動して汗を流すのもオススメです。

開運アクション

- たくさん笑う
- 落ち着く音楽を聴く
- 白湯を飲む習慣を身につける

金の時計座

命数

39 常識にとらわれない自由人

もっている星

★芸術家の星
★変態の星
★独自の価値観の星
★才能に惚れる星
★食事のバランスが悪い星

ラッキーカラー　ピンク　ホワイト

ラッキーフード　あじの開き　オリーブ

ラッキースポット　美術館　劇場

基本性格　束縛嫌いで理屈好きな変わり者

自分ではふつうに生きていると思っていても、周囲から「変わっているね」と言われることが多い人です。心は庶民ですが常識にとらわれない発想や言動が多く、理屈や屁理屈が好きなタイプ。自由を好み、他人に興味はあるけれど束縛や支配はされないように生きる人でもあります。心は中学1年生のような純粋なところがありますが、素直になれなくて損をしたり、熱しやすく飽きっぽかったりして、心がブレてしまうことも多いでしょう。

2024年はこんな年

興味をもつものが変わり、これまで学んでいなかったことを勉強するようになる年。少し難しいと思う本を読んでみたり、お金に関わる勉強をしてみるといいでしょう。マナー教室に行くのもオススメです。また、歴史のある場所や美術館、博物館などに足を運んでみると気持ちが落ち着くでしょう。今年は人との関わりも変化し、これまで縁がなかった年齢の離れた人や、専門的な話ができる人と仲よくなれそうです。健康運は、目の病気に注意しておきましょう。

開運アクション

- 学んでみたいことに素直になる
- 年上の友人をつくってみる
- 歴史のある場所に行く

金の時計座

命数

40 下町の先生

もっている星

★教育者の星
★言葉が冷たい星
★先生に惚れる星
★視力低下の星
★勉強にお金を使う星

ラッキーカラー　パープル　藍色

ラッキーフード　さばの味噌煮　チーズケーキ

ラッキースポット　書店　美術館

基本性格　好き嫌いがハッキリした上から目線タイプ

自分の学んだことを人に教えたり伝えたりすることが上手な先生のような人。理論や理屈が好きで知的好奇心があり、文学や歴史、芸術、美術に興味や才能をもっています。基本的には人間関係をつくることが上手ですが、知的好奇心のない人や学ぼうとしない人には興味がなく、好き嫌いが激しいところがあります。ただし、それを表には見せないでしょう。「エラそうな人は嫌い」というわりには、自分がやや上から目線の言葉を発してしまうところも。

2024年はこんな年

発想力が増し、興味をもつことも大きく変わる年。新しいことに目が向き、仲よくなる人も様変わりするでしょう。若い人や才能のある人、頑張っている人といい縁がつながりそうです。あなたもこれまで学んできたことを少しでも教えるようにすると、感謝されたり相手のよさをうまく引き出すことができるでしょう。今年は、ひとり旅やこれまでとは違った趣味をはじめても楽しめそうです。健康運は、頭痛に悩まされがちなので、ふだんから軽い運動をしておくのがオススメ。

開運アクション

- 若い知り合いや友達をつくる
- 「新しい」ことに注目してみる
- 失敗から学ぶ

銀の時計座 命数 31

心がブレる高校1年生

もっている星
- ★平等心の星
- ★負けを認められない星
- ★同級生が好きな星
- ★胃に注意が必要な星
- ★友人と同じものを欲しがる星

ラッキーカラー イエロー ブルー
ラッキーフード 豆腐ステーキ しらす干し
ラッキースポット 公園 図書館

基本性格 仲間に囲まれていたいが、振り回されやすい

負けず嫌いの頑張り屋で、気さくでサッパリとした性格です。色気があまりなく、交友関係は広いでしょう。反発心や意地っ張りなところはありますが、本当は寂しがり屋でつねに人のなかにいて友人や仲間が欲しい人。頑張るパワーはありますが、周囲の人に振り回されてしまったり、自ら振り回されにいったりするような行動に走ってしまうことも。心は高校1年生くらいからほぼ変わらない感じで、学生時代の縁がいつまでも続くでしょう。

2024年はこんな年

期待していたほど結果が出ないことや評価されないことに、不満がたまってしまうかも。同期やライバルなど、自分と同じくらい努力してきた人に負けたり、差をつけられてしまう場合もありそうです。意地っ張りな一方でメンタルが弱く、一度落ち込むとなかなか立ち直れないタイプですが、気分転換にスポーツをして汗を流したり、じっくり読書する時間をつくると、気持ちが回復してくるでしょう。偉人の伝記を読んでみると、苦労しても「落ち込んでいる場合ではない」と思えそうです。

開運アクション
- 自分らしさにこだわらない
- 読書する時間をつくる
- 素直に謝る

銀の時計座 命数 32

雑用が嫌いなじつは野心家

もっている星
- ★野心家の星
- ★頑張りを見せない星
- ★ライブ好きの星
- ★ヤケ酒の星
- ★好きになると止まらない星

ラッキーカラー ピンク ダークブルー
ラッキーフード ごぼうの甘辛炒め よもぎ饅頭
ラッキースポット スポーツジム 博物館

基本性格 一発逆転の情熱をもって破天荒に生きる

庶民的で人間関係をつくることが上手な人ですが、野心や向上心を強くもっています。どこかで一発逆転したい、このままでは終わらないという情熱をもっていて、刺激や変化を好むところがあるでしょう。人は好きですが団体行動が苦手で、結果を出している人に執着する面があり、ともに成長できないと感じた人とは距離をあけてしまうことも。意外な人生や破天荒な人生を自ら歩むようになったり、心が大きくブレたりすることもある人です。

2024年はこんな年

合理的で頭の回転が速いタイプですが、今年は詰めの甘さを突っ込まれたり、締めくくりの悪さが表に出てしまいそうです。「終わりよければすべてよし」を心に留めて、何事も最後まで気を抜かず、キッチリ終わらせるようにしましょう。最初の挨拶以上に、別れの挨拶を大切にすること。お礼をするときは「4回するのがふつう」と思って、その場だけでなく何度でも感謝を伝えるといいでしょう。健康運は、太りやすくなるので、軽い運動をしておきましょう。

開運アクション
- 締めくくりをしっかりする
- ヤケを起こさない
- 運動して汗を流す

銀の時計座

命数

33 明るい気分屋

もっている星

★愛嬌のある星
★愚痴の星
★遊びすぎる星
★スケベな星
★気管が弱い星

ラッキーカラー　レッド　ライトブルー
ラッキーフード　イクラ　ちりめん山椒
ラッキースポット　レストラン　コンサート

基本性格　天真爛漫に人をよろこばせると幸せになれる

誰よりも人を楽しませることが好きなサービス精神豊富な人。空腹が苦手で気分が顔に出やすいところはありますが、楽しいことおもしろいことが大好きです。不思議な人脈をつくることができ、つねに天真爛漫ですが、心がブレやすいので目的を見失ってしまい、流されてしまうことも多いでしょう。人気者になり注目を浴びたい、人にかまってほしいと思うことが多いぶん、他人をよろこばせることに力を入れると幸せになれるでしょう。

2024年はこんな年

これまで甘えてきたことのシワ寄せがきて、厳しい1年になりそうです。どんな状況でも楽しんで、物事のプラス面を探すようにすると、進むべき道が見えてくるでしょう。口の悪さが原因で、せっかくの仲間が離れてしまうおそれもあるため、余計なことは言わず、よろこんでもらえる言動を意識するといいでしょう。短気を起こして、先のことを考えずに行動しないよう気をつけること。健康運は、スタミナがつく運動をすると、ダイエットにもなってよさそうです。

開運アクション

- 「自分さえよければいい」と思って行動しない
- 周りをよろこばせる
- スタミナのつく運動をする

銀の時計座

命数

34 一言多い人情家

もっている星

★表現力豊かな星
★短気な星
★ストレス発散が下手な星
★デブが嫌いな星
★疲れやすい星

ラッキーカラー　イエロー　ターコイズブルー
ラッキーフード　桜えび　豆腐の味噌汁
ラッキースポット　神社仏閣　劇場

基本性格　隠しもった向上心で驚くアイデアを出す

何事も直感で判断して突き進む人です。人情家で面倒見がいいのですが、情が原因で苦労や困難を招いてしまうことが多く、余計な一言や、しゃべりすぎてしまうところ、恩着せがましいところが表面に出やすい人でしょう。ストレス発散が苦手で些細なことでイライラしたり、機嫌が簡単に表情に出てしまったりすることも多いでしょう。向上心を隠しもち、周囲が驚くようなアイデアを生み出すことができる人です。

2024年はこんな年

直感力があるタイプですが、今年は勘が外れやすくなりそうです。疲れからイライラして、冷静な判断ができなくなることも。運動して基礎体力をしっかりつけ、上手にストレスを発散するようにしましょう。短気を起こして無責任な発言をすると、自分を苦しめる原因になってしまいそうです。余計な言葉を慎み、できるだけ相手の話を聞くようにしましょう。健康運は、体調に異変を感じたらそのままにせず、早めに病院で診てもらうように。

開運アクション

- 情に流されない
- 何事も長い目で見る
- 自分で自分の頑張りをほめる

銀の時計座 命数 35

人のために生きられる商売人

もっている星
- ★フットワークが軽い星
- ★ウソが上手な星
- ★買い物好きな星
- ★貧乏くさい人が嫌いな星
- ★膀胱炎の星

ラッキーカラー	ピンク スカイブルー
ラッキーフード	ライ麦パン 豚しゃぶ
ラッキースポット	スパ 科学館

基本性格 多趣味で視野が広く、計算して振る舞える

フットワークが軽く情報収集が得意な人で、ひとつ好きなことを見つけると驚くような集中力を見せます。視野が広いため、ほかに気になることを見つけると突っ走ってしまうことが多いでしょう。何事も損得勘定でしっかり判断でき、計算をすることが上手で、自分の立場をわきまえた臨機応変な対応もできます。多趣味・多才なため人脈も自然に広がり、知り合いや友人も多いでしょう。予定の詰め込みすぎには注意が必要です。

2024年はこんな年

これまでならおもしろがってもらえていたような軽い発言が、今年は「信頼できない人」と思われる原因になってしまいそうです。適当なことを言わないよう注意しましょう。また、あなたのフットワークの軽さや多才なところが裏目に出たり、ソリが合わない人と一緒に過ごす時間が増えてしまうことも。地味で不得意な役割を任される場面もありそうですが、いまは地道に努力して学ぶ時期だと思っておきましょう。健康運は、お酒の飲みすぎに気をつけること。

開運アクション

- 自分の発言に責任をもつ
- 計算や計画の間違いに気をつける
- 損な役割を楽しんでみる

銀の時計座 命数 36

世話が好きな真面目な人

もっている星
- ★思いやりの星
- ★自信のない星
- ★ケチな星
- ★つくしすぎる星
- ★水分バランスが悪い星

ラッキーカラー	ホワイト ラベンダー
ラッキーフード	里芋の煮物 わかめのサラダ
ラッキースポット	温泉 プラネタリウム

基本性格 理想と現実の間で心が揺れやすい

何事も真面目に地道にコツコツと努力ができ、自分のことよりも他人のために生きられるやさしい人です。ただし、自己主張が苦手で一歩引いてしまうところがあるので、チャンスを逃しやすく、人と仲よくなるのにも時間がかかるでしょう。現実的に物事を考える面と理想との間で心が揺れてしまい、つねに周囲の意見に揺さぶられてしまうタイプ。真面目がコンプレックスになり、無謀な行動に走ってしまうときもあるでしょう。

2024年はこんな年

真面目に取り組むのがバカらしく感じてしまうことがありそうですが、今年は真面目にじっくり努力することを、もっと楽しんでみるといいでしょう。あえて遠回りをするのもよさそうです。自分磨きも楽しむことを忘れなければ、思った以上に輝くことができるでしょう。ときには開き直って言いたいことを伝えてみると、周囲が動いてくれることもありそうです。健康運は、ストレスが肌の不調につながりやすいため、こまめに気分転換をしましょう。

開運アクション

- 気分転換をしっかりする
- 地味で真面目なところをコンプレックスに思わない
- 後輩や部下の面倒を見る

銀の時計座

命数

37 世話好きな正義の味方

もっている星
★社長の星
★人に巻きつきたがる星
★勢いで買い物する星
★ほめられたら好きになる星
★膝のケガの星

ラッキーカラー　ピンク　ホワイト

ラッキーフード　クリームパスタ　バンバンジー

ラッキースポット　動物園　タワー

基本性格　ほめられるとパワーが出る行動力のある人

自分が正しいと思ったら止まることを知らずに突き進む力が強い人です。とくに正義感があり、面倒見がよく、自然と周囲に人を集めることができるでしょう。ただし、せっかちで勇み足になることが多く、行動に雑なところがあるので、動く前に計画を立ててみることや慎重になることも重要です。おだてに極端に弱く、ほめられたらなんでもやってしまうことも多いでしょう。向上心があり、つねに次に挑戦したくなる、行動力のある人でしょう。

2024年はこんな年

パワフルで行動力のあるタイプですが、今年は行動することで苦労や困難を引き寄せてしまいそうです。もともと面倒見がいいので自然と人が集まってくるものの、トラブルにもつながりやすいため用心しておきましょう。じつは甘えん坊で人任せな面や、行動が雑なところを突っ込まれてしまうこともありそうです。素直に非を認めたほうが、味方を集められるでしょう。健康運は、骨折や足のケガ、ギックリ腰などに十分注意しておきましょう。

開運アクション

- 仕切るなら最後まで仕切る
- 情で好きにならない
- 「憧れの存在」を目指す

銀の時計座

命数

38 見栄っ張りな常識人

もっている星
★誠実な星
★失敗ができない星
★百貨店の星
★恋に執着する星
★美肌にこだわる星

ラッキーカラー　ピンク　ライトブルー

ラッキーフード　アサリの酒蒸し　ごま団子

ラッキースポット　庭園　コンサート

基本性格　庶民的で親しみやすいが、心の支えが必要

礼儀正しくていねいで、規則やルールなどをしっかり守り、上品に生きていますが、どこか庶民的な部分をもっている親しみやすい人。面倒見がよく、差別や区別なく交友関係を広げることができますが、下品な人や、権力者やエラそうな人だけは避けるでしょう。常識派でありながら非常識な人脈をもつ生き方をします。メンタルが弱く寂しがり屋で、些細なことでヘコみすぎてしまうこともあり、心の支えになるような友人や知人を必要とするでしょう。

2024年はこんな年

キッチリした性格が、かえって自分を苦しめてしまう年。几帳面で真面目なタイプですが、今年は失敗やケアレスミスが増えてしまいそうです。どんな人にもミスはあるものなので、気にしないようにしましょう。また、急に行動的になることもありそうです。ふだんしないようなことにチャレンジするのはいいですが、危険な目に遭う可能性もあるため、ほどほどにしておきましょう。健康運は、肌の調子が乱れやすいので、スキンケアをしっかりするように。

開運アクション

- 失敗を笑い話にする
- 話を聞いてくれる人を大切にする
- 偉くなっている人を観察する

銀の時計座 命数

39 目的が定まらない芸術家

もっている星
- ★アイデアが豊富な星
- ★飽きっぽい星
- ★幼稚な星
- ★才能に惚れる星
- ★匂いフェチの星

ラッキーカラー　パープル　レッド

ラッキーフード　からしレンコン　もつ鍋

ラッキースポット　劇場　喫茶店

基本性格　理屈っぽくて飽きっぽいスペシャリスト

自由な生き方と発想力がある生き方をする不思議な人。探求心と追求心があり集中力もあるのでひとつのことを深く突き詰めますが、飽きっぽく諦めが早いところがあり、突然まったく違うことをはじめたり、違う趣味を広げる人でしょう。変わった人脈をつくりますが、本音は他人に興味がなく、理屈と屁理屈が多く、何事も理由がないとやらないときが多いでしょう。その一方で、スペシャリストになったり、マニアックな生き方をしたりすることがあるでしょう。

2024年はこんな年

いまの環境に飽きを感じると同時に、変化や刺激を楽しめる年。人間関係も変わってきて、これまでに出会ったことのないような人や年の離れた人と仲よくなれるでしょう。意外性を前向きにとらえることができる一方で、思った方向とは違う流れになったり、プライドを傷つけられることもありそうです。健康運は、体調を崩しやすくなるので、栄養バランスの整った食事を心がけましょう。とくに、目の病気には気をつけること。

開運アクション

- 現状に飽きたら探求できるものを見つける
- 年の離れた人と話してみる
- 学びにお金を使う

銀の時計座 命数

40 心がブレやすい博士

もっている星
- ★探究心の星
- ★プライドが高い星
- ★知識にお金を使う星
- ★目の疲れの星
- ★知性のある人が好きな星

ラッキーカラー　ピンク　ホワイト

ラッキーフード　たこ焼き　アボカドサラダ

ラッキースポット　神社仏閣　城

基本性格　他人のために知恵を役立てると人生が好転する人

好きなことを深く突き詰めることができる理論と理屈が好きな人。冷静に物事を考えられ、伝統や文化が好きで、大人なタイプです。自分が学んできたことや知識を他人のために役立てることができると人生が好転するでしょう。人間関係をつくることが上手ですが、本当はめったに心を開かない人。心は庶民ですが、プライドが高く、自分の世界観やこだわりが強くなってしまい、他人の評論や評価ばかりをすることが多いでしょう。

2024年はこんな年

プライドが傷つくようなことがあったり、積み重ねてきたことを投げ出したくなりそうな年。興味のあることを追求し研究する才能がありますが、今年は頑張ってきたことを否定されたりバカにされて感情的になり、自ら人との縁を切ってしまうことがあるかも。世の中、すべての人に認められるのは不可能です。「いろいろな人がいる」と思って、聞き流すようにしましょう。健康運は、目の疲れと片頭痛が出やすくなりそう。食事のバランスを整え、軽い運動をするようにしましょう。

開運アクション

- いらないプライドは捨てる
- 冷たい言い方をしない
- 学べることを探す

金のカメレオン座

命数 **41**

古風な頑張り屋

もっている星
- ★ 友情を大切にする星
- ★ 突っ込まれると弱い星
- ★ みんなと同じものを購入する星
- ★ 同級生を好きになる星
- ★ タフな星

ラッキーカラー：イエロー　ブルー
ラッキーフード：ピーマンの肉詰め　アーモンド
ラッキースポット：スポーツジム　キャンプ場

基本性格　真似することで能力が開花する

大人っぽく冷静な感じに見えますが、サッパリとした性格で根性があります。ただし、突っ込まれると弱く、心配性なところを隠しもっています。女性は美人なのに色気がない人が多いでしょう。知的で、他人を真似することでその能力を開花させられるタイプですが、意地を張りすぎて真似を避けてしまうと、才能を発揮できない場合があります。友情や仲間をとても大事にするため、長い付き合いの友人がいるでしょう。

2024年はこんな年

新たな仲間ができ、よきライバルや見習うべき人も見つけられる年。周囲や同期と差がついてしまっていることに驚く場面もありますが、興味のあることにはドンドン挑戦しましょう。趣味でスポーツや新たな習い事をはじめてみると、長い付き合いになる友人もできそうです。同世代で頑張っている人を見ることがあなたのパワーにもなるため、プロスポーツ観戦や観劇、ライブ観賞などに足を運んでみるのもいいでしょう。健康運は、定期的な運動がオススメです。

開運アクション
- プロスポーツを観に行く
- 習い事をはじめる
- 興味のあることに挑戦する

金のカメレオン座

命数 **42**

要領がいい高校3年生

もっている星
- ★ 学習能力が高い星
- ★ 優柔不断な星
- ★ 高級なものを持つといい星
- ★ 健康マニアな星
- ★ 向上心ある人を好きになる星

ラッキーカラー：オレンジ　レッド
ラッキーフード：いわしのマリネ　ぶどう
ラッキースポット：避暑地　リゾート地

基本性格　頭の回転が速いが、じつは心配性

古風な考えをしっかりと理解でき、無駄が嫌いな合理的タイプ。派手に見えて古風か、知的に見えて根はやんちゃか、この2パターンに分かれるでしょう。どちらにせよ表面的に見せている部分と内面は大きく違います。自我が強く、自分に都合の悪い話はほぼ聞きません。他人の話の要点だけ聞くのがうまく、頭の回転はかなり速いのですが、じつは心配性。真似と要領のよさを活かすことで人生を渡り歩けますが、先走りすぎる癖には要注意。

2024年はこんな年

「金のカメレオン座」のなかで、もっとも一歩一歩進むことが苦手なタイプ。頭のよさを活かした合理的な生き方を好み、無駄を避けがちですが、今年はあえて雑用や面倒事に取り組んでみましょう。いい人脈ができたり、苦労を経験することでパワーを得られそうです。自分の才能を発見するためにも、不慣れなことや苦手なこと、避けていた世界に飛び込んでみて。音楽ライブやフェス、知人のパーティーなどに足を運ぶのもオススメです。健康運は、定期的な旅行が吉。

開運アクション
- ホームパーティーに行く
- 不慣れなことや苦手なことに挑戦する
- 相手のおもしろいところを探す

金のカメレオン座

命数

43 明るい大人

もっている星

★楽しませることがうまい星
★地道な努力が苦手な星
★グルメな星
★愛嬌のある人を好きになる星
★ダンスをすると痩せる星

ラッキーカラー　ピンク　ライトブルー
ラッキーフード　いか焼き　いちご
ラッキースポット　レストラン　コンサート

基本性格　知的でしっかり者なのに、バカなフリをする

明るく元気で陽気な性格でありながら、知的で古風な考えをしっかりもっているタイプ。愛嬌があり美意識も高いので、自然と人気を集め、交友関係も広くなります。ふだんはかなり冷静ですが、空腹になると機嫌が悪くなり、思考停止することがあるはず。サービス精神が豊富なところは長所ですが、そのぶん口が悪くなったり、余計な話をしてしまったりすることも。人間関係においてはバカなフリをしていることが多いでしょう。

2024年はこんな年

「金のカメレオン座」のなかでもっとも明るく、何事もポジティブに考えられるタイプ。変化が多いこの1年も楽しく過ごせ、人との交流も上手に広げられるでしょう。自分と周囲を笑顔にするために何をするといいのか、よく考えて行動すれば運を味方につけられそうです。積み重ねが必要な年でもあるため、地道な努力や、のちに役立ちそうな勉強は少しでもはじめておくように。好きな趣味を極める覚悟をすると、道が見えてくるでしょう。健康運は、食事のバランスが大事です。

開運アクション

- 仕事に役立つ勉強をする
- 異性の友人をつくる
- 自分と周囲を笑顔にする

金のカメレオン座

命数

44 勘がいい頭脳派

もっている星

★表現が豊かな星
★毒舌家な星
★勘で買い物をする星
★サプライズに弱い星
★スタミナ不足になる星

ラッキーカラー　ホワイト　イエロー
ラッキーフード　牡蠣フライ　バナナ
ラッキースポット　劇場　美術館

基本性格　おしゃべりで勘が鋭いけど、突っ込まれると弱い

頭の回転が速くおしゃべりで、つねに一言多いタイプ。真似がうまく、コツをつかむことが上手で、何事にも冷静に対応できますが、空腹や睡眠不足になると短気になる癖があるので注意が必要です。物事をいろいろな角度で考えますが、最後は勘でなんでも決めてしまうでしょう。おしゃべりなので攻めが強い感じに見られますが、突っ込まれると弱いところがあり、守りが手薄なところがあるでしょう。

2024年はこんな年

「金のカメレオン座」のなかで、もっとも直感で動くタイプ。今年は変化が多くなりますが、己の勘を信じて進むといいでしょう。自分が言葉を使うことに人一倍長けていると気づいていると思いますが、今年はもっと語彙を増やしたり、人がよろこぶ言葉や前向きになれる話を学ぶことが大切です。どんなときでも素敵な言葉を発せる人になれるよう成長していきましょう。話を上手に聞く訓練もしておくように。健康運は、スタミナをつけるための運動をはじめるとよさそう。

開運アクション

- 語彙を増やす
- 習い事をはじめる
- 基礎体力づくりをする

金のカメレオン座

命数

45 真似が上手な商売人

もっている星

★計画的に物事を進める星
★損得勘定で判断する星
★買い物が大好きな星
★過労になりやすい星
★おしゃれな人が好きな星

ラッキーカラー　ライトブラウン　スカイブルー

ラッキーフード　チンジャオロース　セロリの浅漬け

ラッキースポット　ショッピングモール　海水浴

基本性格　好奇心が強く、損得勘定ができるしっかり者

知的で都会的なおしゃれを心がける、情報収集と段取りがしっかりできる人。古風な考えをしっかりもち、知的好奇心がありながら根はお調子者で、損得勘定で物事を判断するタイプ。じっくり情報を集めすぎて時間がかかってしまったり、突っ込まれるとどても弱くなってしまったりする優柔不断な性格でもあります。真似が上手で、「これは得」と思ったらじっくりと観察して自分のものにする能力が高いでしょう。

2024年はこんな年

計画を立てて行動することがもっとも得意なタイプ。今年は情報収集を楽しみながら人脈づくりもできる運気なので、おもしろそうなことがあればドンドン足を運んでみるといいでしょう。「多趣味ですね」と言われるくらい今年から趣味の幅を広げることが、のちの運命をいい方向に導く秘訣です。多少気乗りしなくても、誘われたことには積極的に挑戦してみるといいでしょう。健康運は、忙しくてもメリハリのある生活をするように。

開運アクション

- 趣味を増やす
- つねにフットワークを軽くする
- 「忙しい」を楽しむ

金のカメレオン座

命数

46 真面目で現実的な人

もっている星

★几帳面な星
★心配性の星
★価値にこだわる星
★結婚をすぐに考える星
★瞬発力のない星

ラッキーカラー　ホワイト　スカイブルー

ラッキーフード　いわしの蒲焼き　納豆

ラッキースポット　水族館　劇場

基本性格　慎重派だけど、ときどき無謀な行動に走る

落ち着いてじっくりと物事を進める静かで真面目な人。几帳面で地道にコツコツ積み重ね、石橋を叩いて渡るような性格です。親切でやさしく、他人に上手に合わせることができ、守りの要となる人でもありますが、自信や勇気がなく、なかなか行動できずに待ちすぎてしまうことも。計画を立てて行動することが好きですが、冒険やチャレンジ精神は低めです。真面目がコンプレックスになり、ときどき無謀な行動に走ることもあるでしょう。

2024年はこんな年

着実に努力や挑戦の積み重ねができる年。地道な努力が続くリズムをうまくつくれ、心地よく過ごせそうです。人との交流も大事な時期なので、内気になったり遠慮したりせず、自ら食事や飲みに誘ってみましょう。「あえて少し恥ずかしい思いをする」くらいの度胸を身につけておくと、のちのち役立つでしょう。言いたいことをのみ込みすぎず、ときにはストレートに発言してみて。健康運は、代謝を上げる運動がオススメです。

開運アクション

- 発言や失敗を恥ずかしがらない
- 聴く音楽のジャンルを増やす
- 役立ちそうな資格の取得を目指す

金のカメレオン座

命数

47 正義感のあるリーダー

もっている星

- ★上下関係を大切にする星
- ★人と衝突しやすい星
- ★乗せられて買ってしまう星
- ★ほめられると好きになる星
- ★腰痛の星

ラッキーカラー　ライトブラウン　グリーン

ラッキーフード　にしんそば　きのこのマリネ

ラッキースポット　動物園　博物館

基本性格　おだてに弱く、上下関係を大事にするリーダー

正義感があり、パワフルなリーダータイプ。自分が正しいと思ったことにはまっすぐ突き進みますが、ややおっちょこちょいなところがあるため、先走ってしまうことが多いでしょう。知性があり、情報をしっかり集められる冷静さがありますが、おだてにとても弱い人です。古風な考え方をもち、上下関係をとても大事にするため、ほかの人にも自分と同じような振る舞いを求めるところがあります。また、後輩には厳しいことも多いでしょう。

2024年はこんな年

実行力があり、面倒見がいいタイプ。今年は関わる人が増え、行動範囲も広がるでしょう。後輩や部下ができ、頼れる先輩や上司にも恵まれるいい年になりそうです。一方で、あなたのパワフルな行動のなかで、雑な部分を突っ込まれることも。素直に受け止めて成長することで、人としての厚みが出てくるでしょう。上下関係は大切ですが、年下や後輩に厳しくしすぎず、「恩送り」の対象だと思うように。健康運は、膝や足首を動かして柔らかくしておくとよさそう。

開運アクション

- 年下には「恩送り」をする
- 何事も簡単に諦めない
- 「正しい」を押しつけない

金のカメレオン座

命数

48 清潔感のある大人

もっている星

- ★常識をしっかり守る星
- ★臆病になりすぎる星
- ★割り勘が好きな星
- ★安心できる人が好きな星
- ★緊張しやすい星

ラッキーカラー　オレンジ　ライトブルー

ラッキーフード　鯛めし　ナッツ

ラッキースポット　花火大会　ホテル

基本性格　学習能力と吸収力はあるが、臆病なのがアダ

上品で知的な雰囲気をもった大人です。繊細で臆病なところはありますが、常識をちゃんと守り、礼儀やマナーもしっかりしている人です。学習能力が高く、不慣れなことや苦手なことはほかから学んで吸収する能力に長けています。ただし、臆病すぎるところがあり、慎重になりすぎてチャンスを逃すことや、順番を待ちすぎてしまうこともあるでしょう。手堅く守りが強そうですが、優柔不断で突っ込まれると途端に弱くなってしまいます。

2024年はこんな年

慎重に物事を進められる1年。変化が多くなりますが、礼儀や品を忘れなければ人との関係をしっかりつくることができるでしょう。今年は初対面の人と会う機会が多いほど運気の流れに乗れ、よい方向に進めると信じ、出会いの場に積極的に出向くとよさそうです。多少臆病だったり、失敗を恥ずかしがって行動を避けるところがありますが、小さなことは気にせず、経験を増やすよう心がけましょう。健康運は、定期的に温泉に行くのがオススメです。

開運アクション

- 初対面の人を増やす
- 失敗談を笑いのネタにする
- 挨拶とお礼はキッチリする

金のカメレオン座

命数 49

屁理屈が好きな大人子ども

もっている星
★変化や新しいことが好きな星
★芸術や美術にお金を使う星
★屁理屈が多い星
★個性的な人を好きになる星
★目の病気の星

ラッキーカラー　ホワイト　ブルー
ラッキーフード　ブロッコリーサラダ　ほうれん草カレー
ラッキースポット　映画館　書店

基本性格　マニアックなことを知るあまのじゃくな自由人

知的で冷静で理屈が好きですが、どこか子どもっぽく、自由人のスタイルを通すタイプ。周囲が知らないことに詳しく、マニアックなことも知っていて、芸術や美術、都市伝説などにも詳しいでしょう。指先が器用で学習能力が高く真似が得意ですが、あまのじゃくな性格が邪魔をして、素直に教えてもらわないことが苦労の原因になりそう。言い訳が多く、何事も理由がないとやらないところと、なんでも評論する癖があるところはほどほどに。

2024年はこんな年

変化をもっとも楽しめるタイプなので、体験や経験を増やせる年になるでしょう。おもしろい人にもたくさん会えそうです。ただ、飽きるのが早すぎる面があるため、少しマメになって人とのつながりを大切に。海外や見知らぬ土地など、ちょっとでも興味がわいた場所にもドンドン足を運んでみるといいでしょう。思い切った引っ越しや転職など、周囲を驚かせるような行動に走ってもいいですが、計画はしっかり立てておくように。健康運は、こまめに目を休ませるよう意識して。

開運アクション

- 新しい出会いを楽しむ
- 自分でも意外に思うような習い事をする
- 頑張っている人を認める

金のカメレオン座

命数 50

生まれたときから心は60歳

もっている星
★古風と伝統が好きな星
★冷たい言い方をする星
★古くて価値のあるものを買う星
★頭のいい人を好きになる星
★目の病気の星

ラッキーカラー　ライトブラウン　藍色
ラッキーフード　焼きブロッコリー　ブルーベリー
ラッキースポット　書店　劇場

基本性格　学習能力は高いが、上から目線でプライド高め

冷静で落ち着きがあり、年齢以上の貫禄と情報量があるタイプ。何事も論理的に考えられ、知的好奇心が旺盛で勉強熱心。学習能力がとても高く、手先が器用で、教えてもらったことを自分のものにするのが得意。ただし、プライドが邪魔をする場合があるので、つまらないプライドを捨てて、すべての他人を尊重・尊敬すると能力を開花させられるでしょう。上から目線の言葉や冷たい表現が多くなるので、言葉を選ぶようにしてください。

2024年はこんな年

大人の魅力を出せるようになる年。興味のあることを見つけられ、探究心にも火がつきそうです。気になったことはドンドン調べ、情報をたくさん集めてみるといいでしょう。尊敬できる人やこれまでにないタイプの人にも出会えるので、フットワークを軽くして、新たな交流をもっと楽しんでみましょう。知ったかぶりをしたり、エラそうな口調にならないよう、言葉遣いには十分注意しておくこと。健康運は、肩を動かす運動をこまめにするといいでしょう。

開運アクション

- 大人の魅力を磨く
- 他人を尊敬し尊重する
- 頑張っている人を認める

銀のカメレオン座

命数

41 一言多い高校生

もっている星

★ 頑張り屋の星
★ 本音を話さない星
★ お金の貸し借りがダメな星
★ 友達のような交際が好きな星
★ 運動がストレス発散になる星

ラッキーカラー　オレンジ　イエロー

ラッキーフード　ポークソテー　大根の味噌汁

ラッキースポット　映画館　書店

基本性格　デキる人の近くにいるとグングン成長する

周囲に合わせることが得意な頑張り屋。「でも、だって」と一言多く意地っ張りなところはありますが、真似が得意で、コツをつかむとなんでもできるようになります。ただし、意地を張りすぎて自分の生き方ややり方にこだわりすぎると、能力を発揮できない場合があるでしょう。周囲に同化しやすいのでレベルの高いところに飛び込むと成長しますが、逆に低いところにいるといつまでも成長できないので、友人関係が人生を大きく分ける人でもあります。

2024年はこんな年

上半期は、素直に負けを認めることが大切。無駄なケンカや揉め事は、大事な縁が切れる原因になってしまいます。意地を張りすぎたり不要な反発心を見せず、生意気な発言もしないよう気をつけておきましょう。下半期は、軽い負荷をかけて自分を鍛える時期です。新しい「筋トレ」だと思って面倒事や地味なことも前向きにとらえ、未来の自分がよろこぶような努力を積み重ねていきましょう。

開運アクション

- 憧れの人を探す
- 出会いが増えそうな習い事をはじめる
- 悔しさを前向きなパワーに変える

銀のカメレオン座

命数

42 向上心と度胸がある人

もっている星

★ 要点をつかむのがうまい星
★ 都合の悪いことを聞かない星
★ 一攫千金をねらう星
★ 好きな人には積極的になる星
★ 健康情報が好きな星

ラッキーカラー　ブラック　ダークブルー

ラッキーフード　ジンギスカン　豚汁

ラッキースポット　スポーツジム　リゾート地

基本性格　効率よく結果を出したい合理主義者

合理主義で無駄なことや団体行動が嫌いな人です。几帳面でていねいな感じに見える人と、派手な感じに見える人が混在する極端なタイプですが、地道な努力や下積みなど、基本を身につける苦労を避けて結果だけを求めるところがあります。真似が上手でなんでも簡単にコツをつかみますが、しっかり観察をしないでいるとその能力は活かせないままです。向上心があり、成長する気持ちが強い人と付き合うといいでしょう。

2024年はこんな年

切り替えが早く、沈む船とわかればすぐに違う船に乗り替える判断力と行動力をもっているタイプ。現状を不満に感じたり、会社や生活リズムに何か悪いところがあると思うなら、行動して変えてみるといいでしょう。ただし、後先を考えずに判断をする一面もあるので、動き出す前に一度「ゴールはどこなのか」を考えるようにすること。今後付き合う必要はないと思う人とは距離をおいたり、縁を切る決断をするのも大切です。健康運は、生活習慣を整えましょう。

開運アクション

- 行動する前にゴールを設定する
- スポーツ観戦に行く
- 別れに執着しない

銀のカメレオン座

命数

43

陽気で優柔不断な人

もっている星

★明るく華やかな星
★不機嫌が顔に出る星
★気分でお金を使う星
★異性に甘え上手な星
★顔が丸くなる星

ラッキーカラー　オレンジ　ライトブルー
ラッキーフード　豚肉とキャベツの甘辛炒め　えだまめ
ラッキースポット　レストラン　食フェス

基本性格　ちゃっかりしているけど、なんとなく憎めない人

愛嬌があり明るく甘え上手ですが、根はしっかり者でちゃっかり者。なんとなく憎めない人です。自然と好かれる能力をもちながら、お礼や挨拶などを几帳面にする部分もしっかりもっています。なにより運に恵まれているので、困った状況になっても必ず誰かに手助けしてもらえますが、ワガママが出すぎて余計なことをしゃべりすぎたり、愚痴や不満が出すぎたりして信用を失うことも。空腹になるととくに態度が悪くなるので気をつけましょう。

2024年はこんな年

「裏運気の年」が終わり、いつもの明るく元気な自分にゆっくりと戻ってくる年。ただ上半期のうちは、イライラしたり短気を起こしたりと、感情的な部分が出てしまう場面も。下半期は、「なんとかなる」と楽観的に物事を考えられるようになり、周囲を許すことや認めることができて、楽しく過ごせるでしょう。健康運は、食欲が増して急に太ってしまうことがあるので、食べすぎに注意すること。ダンスを習ったりカラオケに行くと、ストレス発散にもなっていいでしょう。

開運アクション

- 笑顔を忘れない
- ダンスや音楽系の習い事をはじめる
- 買い物は計画的にする

銀のカメレオン座

命数

44

余計な一言が目立つ勘のいい人

もっている星

★勘が鋭い星
★恩着せがましい星
★老舗ブランドの星
★手術する星
★運命を感じる恋が好きな星

ラッキーカラー　イエロー　シルバー
ラッキーフード　ヒレステーキ　焼き芋
ラッキースポット　市場　映画館

基本性格　深い付き合いを求めるのに親友が少ない

頭の回転が速く勘がいいため、要領よく生きることが上手なタイプ。頭がよく感性も豊かですが、おしゃべりをしすぎて余計な一言が多くなってしまったり、空腹になると短気を起こしてしまったりするので注意しましょう。情が深く、ときには依存するくらい人と深い付き合いをする場合もありますが、なかなか親友と呼べる人が見つからないことも。人生で困ったときは生き方に長けている人を真似してみると、自然といい流れになるでしょう。

2024年はこんな年

「口は災いのもと」だと心に留めておきましょう。とくに上半期は、感情的になることや、余計な発言が原因で人間関係が崩れてしまうことがあるかも。大事な人との縁が切れる場合もありそうです。下品な言葉は使わないようにして、たとえ本当のことであっても、なんでも口にしていいわけではないと覚えておきましょう。下半期になると直感が冴えて、気になることややりたいことを見つけられそうです。しっかり情報を集めてから、動き出すようにするといいでしょう。

開運アクション

- 余計な発言をしない
- 基礎体力づくりをする
- 美術館に行く

銀のカメレオン座 命数 45 器用な情報屋

もっている星
- ★多趣味・多才な星
- ★心配性の星
- ★ものがたまる星
- ★損得で相手を見る星
- ★婦人科系の病気の星

ラッキーカラー　オレンジ　スカイブルー
ラッキーフード　まぐろの刺身　豚ヒレとパプリカの炒め物
ラッキースポット　水族館　アウトレット

基本性格　無駄を省く判断と対応が早く、損得勘定ができる人

情報収集が好きで段取りや計算が得意。努力家ですが、無駄なことは避けて何事も損得勘定で判断するタイプです。いい流れに乗っていても、途中で得がないと判断すると、すぐに流れを変えられるほど臨機応変に行動できる人です。他人の真似が上手なため、他人と同じ失敗をしないので要領よく生きられる人ですが、ずる賢いと思われてしまうことも。お調子者で、お酒の席で余計なことをしゃべって大失敗をしやすいので注意が必要です。

2024年はこんな年

上半期は物事が計画通りに進みにくい時期ですが、あえて損な役割を引き受けてみると、学べることが増え、味方も集まってきそうです。「損して得とれ」を体感できるタイミングだと思ってみましょう。下半期になると流れが変わり、出会いや人と関わる機会が増えてきそうです。この時期に新たに出会った人には、できるだけ注目しておくといいでしょう。流行りのファッションや髪型を試すと、あなたらしく輝けるようにもなりそうです。話題のお店に行ってみるのもオススメ。

開運アクション
- 「損して得とれ」を忘れない
- 人気のお店に行く
- 流行に合わないものは処分する

銀のカメレオン座 命数 46 地道な大器晩成型

もっている星
- ★親切な星
- ★相手に合わせる星
- ★不動産の星
- ★片思いが長い星
- ★冷え性の星

ラッキーカラー　ラベンダー　スカイブルー
ラッキーフード　豆乳鍋　大根サラダ
ラッキースポット　渓谷　水族館

基本性格　ゆっくり実力がついていく、自信のない現実派

真面目で根気強く、コツコツと努力できる人。何事にも時間がかかってしまい瞬発力に欠けますが、慎重に進めながらも現実的に考えられます。謙虚ですが、自分に自信がもてなくて一歩引いてしまったり、遠慮しやすく多くのことを受け身で待ってしまったりも。真似がうまく、コツを教えてもらうことで、ゆっくりとですが自分のものにできます。手先が器用なので、若いころに基本的なことを学んでおくと人生の中盤以降に評価されるでしょう。

2024年はこんな年

別れ下手なあなたですが、今年は嫌いな人や悪意がある人、自分を利用してくる人とは縁を切り、新たな人脈を広げる準備をしましょう。自分の気持ちに素直になって生きる勇気を出すことが大事です。あなたのやさしさに気づかない鈍感な人と一緒にいる必要はありません。また、ケチケチしていると、かえって不要なものが増えてしまうので、思い出があるものでも思い切って処分すること。気持ちがスッキリし、前に進めるようになるでしょう。

開運アクション
- ケチケチせず不要なものは捨てる
- 人との別れを覚悟する
- 自分が本当に好きなことを探す

銀のカメレオン座

命数

47 せっかちなリーダー

もっている星

- ★ 正義感が強い星
- ★ 甘えん坊で人任せな星
- ★ お金遣いが荒い星
- ★ 押しに極端に弱い星
- ★ 下半身が太りやすい星

ラッキーカラー　オレンジ　ネイビー

ラッキーフード　おろしそば　鮭と野菜のクリームシチュー

ラッキースポット　水族館　スポーツ施設

基本性格　いい仲間に囲まれる行動力のある甘えん坊

仕切りたがりの超甘えん坊で、人任せにするのが得意な人。正義感があり、上下関係はしっかりしていますが、地道な努力は苦手で、何事もパワーと勢いで突き進みます。「細かいことはあとで」と行動が先になるので、周囲の人が巻き込まれて大変なこともありますが、真面目で几帳面なところがあるので自然とリーダー的な立場になって、仲間のなかでは欠かせない存在でしょう。突っ込まれると弱いのですが、いい仲間をつくれる人です。

2024年はこんな年

上半期は、行動を制限されたり身動きがとれなくなってしまいそうですが、下半期からは徐々に動き出せるようになるでしょう。ただ、正義感を出しすぎると、揉め事の原因になってしまうため、言葉やタイミングを選んで発言するようにしましょう。正しいからといってなんでも言っていいわけではありません。行動力が高まりそうですが、動く前にしっかり情報を集めておくことが大切です。思い違いや勘違いで、無駄な苦労をするハメにならないよう気をつけましょう。

開運アクション

- 仕切るなら最後まで仕切る
- 行動する前に情報を集める
- 勢いで買ったものは処分する

銀のカメレオン座

命数

48 古風で上品

もっている星

- ★ ルールを守る星
- ★ 神経質になる星
- ★ 見栄で出費する星
- ★ チェックが厳しい星
- ★ きれい好きな星

ラッキーカラー　オレンジ　ブルー

ラッキーフード　イクラ　レバーパテ

ラッキースポット　コンサート　お祭り

基本性格　あと一歩が踏み出せない、ていねいな努力家

礼儀正しく誠実で努力家なタイプ。自分の弱点や欠点をしっかり分析でき、足りないことは長けている人から学んで自分のものにすることができます。一方で臆病なところがあり、目標まであと少しのところで逃げてしまったり、幸せを受け止められずに避けてしまったりするところも。何事もていねいなことはよいのですが、失敗を恐れすぎて、チャレンジを避けすぎてしまうところがあるので、思い切った行動や勇気が必要でしょう。

2024年はこんな年

現状の不満や不安をそのままにせず、少しでも解決する勇気を出すことが大切な年。間違っていると思うことがあるなら、ハッキリ伝えましょう。たとえそれで問題になったとしても、気持ちの整理がつくでしょう。とくに上半期は、自分本位な人と縁を切ったり、距離をおく判断が必要になります。下半期は、次にやるべきことや興味がわくことを見つけられそうです。勇気を出して、好奇心に素直に従ってみましょう。人に会うことを楽しんでみると、縁がつながってきそうです。

開運アクション

- 下品な人と縁を切る
- 信頼できる年上の友達をつくる
- 不要なブランド品を売る

銀のカメレオン座

命数

49 器用な変わり者

もっている星
★独特な美的センスがある星
★突然投げ出す星
★不要な出費が多い星
★不思議な人に惹かれる星
★食事が偏る星

ラッキーカラー オレンジ ホワイト
ラッキーフード ガーリックシュリンプ いちご
ラッキースポット 映画館 美術館

基本性格 屁理屈が多く飽きるのが早い変人

常識をしっかり守りながらも「人と同じことはしたくない」と変わった生き方をする人。芸術や美術の才能があり、周囲が興味のもてないようなことに詳しいでしょう。屁理屈と言い訳が多く、好きなこと以外は地道な努力をまったくしない面も。人間関係も、深く付き合っていると思ったら突然違う趣味の人と仲よくなったりするため、不思議な人脈をもっています。何事もコツを学んでつかむのがうまいぶん、飽きるのも早いでしょう。

2024年はこんな年

人との縁が切れやすい年ですが、執着心が弱いタイプなので、かえって気持ちが楽になりそうです。ただし、何もかも手放しすぎてしまわないこと。本当に必要な縁や、せっかく手に入れたものまで失わないよう気をつけましょう。上半期は、面倒な人間関係に短気を起こしてしまいそうですが、余計な発言はしないように。下半期は、視野が広がって興味をもてることがドンドン見つかりそうです。見るだけで満足せず実際に体験や経験をしてみると、楽しく過ごせるでしょう。

開運アクション

- 手放しすぎない
- 視野を広げる
- 好奇心を忘れない

銀のカメレオン座

命数

50 理論と理屈が好きな老人

もっている星
★理論と理屈の星
★閉鎖的な星
★伝統に価値を感じる星
★年上が好きな星
★目に疲れがたまる星

ラッキーカラー ピンク 藍色
ラッキーフード うなぎの蒲焼き ヨーグルト
ラッキースポット 書店 古都

基本性格 知的で冷静だけど、やや上から目線

分析能力に長けた、冷静で理屈が好きな人。年齢の割には年上に見えたり、落ち着いた雰囲気をもちながらも、年上に上手に甘えたりすることができます。他人とは表面的には仲よくできますが、知的好奇心がない人や探求心がない人には興味がもてず、めったに心を開きません。神社や仏閣に行くことが好きで、ときどき足を運んでお祈りし、伝統や文化を大事にすることも。上から目線の言葉が強いので、言葉選びは慎重にしましょう。

2024年はこんな年

完璧主義で妥協ができないタイプですが、今年はいらないプライドを捨てるいい機会です。他人を認めることで、進む道や視野が変わってくるでしょう。意地になることや傷つくような出来事があっても、「まあいいや」と流したり手放すようにすると、気持ちが楽になるでしょう。「なんで意地を張り続けていたのか」と不思議に思えてくるはずです。尊敬する人と離れたり縁が切れることもありそうですが、新たな目標ができて、突き詰めたいことが変わるでしょう。

開運アクション

- 頑張っている人を認める
- 不要なプライドは捨てる
- 自分から挨拶する

金のイルカ座 命数 51

頑張り屋で心は高校1年生

もっている星
- ★ 部活のテンションで生きる星
- ★ 負けず嫌いの頑張り屋な星
- ★ 周りにつられて浪費する星
- ★ 身近な人を好きになる星
- ★ 運動しないとイライラする星

ラッキーカラー　ダークブルー　オレンジ
ラッキーフード　お好み焼き　ごぼうサラダ
ラッキースポット　公園　スタジアム

基本性格　少年の心をもった色気のない人

負けず嫌いの頑張り屋さん。ライバルがいることで力を発揮できる人ですが、心は高校1年生のスポーツ部員。つい意地を張りすぎてしまったり、「でも、だって」が多く、やや反発心のあるタイプ。女性は色気がなくなりやすく、男性はいつまでも少年の心のままでいることが多いでしょう。自分が悪くなくても「すみません」と言えるようにすることと、目標をしっかり定めることがもっとも大事。

2024年はこんな年

ハッキリとしたゴールを決めることでパワーや能力を発揮できるタイプなので、目標となる人を探してみるといいでしょう。何年後に追いつき、いつごろに追い越せそうか、具体的に考えることが大切です。とくに思い浮かばないなら、同期や同級生、同世代の有名人や成功者をライバルだと思って、少しでも追いつけるよう努力してみて。健康運は、スポーツをはじめるのに最高のタイミングです。ただ、頑張りすぎると年末に調子を崩してしまうため、疲れはため込まないように。

開運アクション
- 目標とする人を決める
- 運動をはじめる
- 異性の友人をつくる

金のイルカ座 命数 52

頑張りを見せないやんちゃな高校生

もっている星
- ★ 頭の回転が速い星
- ★ 団体行動が苦手な星
- ★ ライブ好きな星
- ★ 刺激的な恋にハマる星
- ★ 健康情報が好きな星

ラッキーカラー　ブラック　オレンジ
ラッキーフード　さばの塩焼き　きんぴらごぼう
ラッキースポット　スポーツジム　劇場

基本性格　団体行動が苦手な目立ちたがり

頭の回転が速く、合理的に物事を進めることに長けている人。負けず嫌いの頑張り屋さんで、目立つことが好きですが団体行動は苦手。ところが、ふだんはそんなそぶりを見せないように生きることが上手です。人の話を最後まで聞かなくても、要点をうまく汲み取って瞬時に判断できるタイプ。ときに大胆な行動に出ることや、刺激的な事柄に飛び込むこともあるでしょう。ライブや旅行に行くとストレスの発散ができます。

2024年はこんな年

頑張る姿や一生懸命さを表には出さないあなた。わざわざアピールする必要はありませんが、夢や希望は周囲に話してみるといいでしょう。黙っていては周りからの協力やいい情報は得られないので、自分がどこを目指しているのかなどを話す機会をつくるとよさそうです。雑用を避けるところもありますが、あえて面倒なことを引き受けるくらいの気持ちでいるほうが成長につながるでしょう。健康運は、ヤケ食いをして胃腸の調子を崩しやすいので注意すること。

開運アクション
- 自分の目標や夢を語ってみる
- 体験教室に行く
- 向上心のある友人をつくる

金のイルカ座

命数

53 陽気な高校1年生

もっている星

★笑顔の星
★ワガママな星
★勢いで恋をする星
★簡単に太る星
★食べ物に浪費する星

ラッキーカラー　ピンク　ライトブルー

ラッキーフード　ねぎ焼き　ポテトサラダ

ラッキースポット　レストラン　動物園

基本性格　不思議と助けられる運のいい人

「楽しいこと」「おもしろいこと」が大好きな楽観主義者。つねに「なんとかなる」と明るく前向きにとらえることができますが、空腹になると機嫌が悪くなります。サービス精神が豊富で自然と人気者になる場合が多く、友人も多いでしょう。油断をするとすぐに太ってしまい、愚痴や不満が出て、ワガママが表に出すぎることがあるので気をつけましょう。基本的に運がよく、不思議と助けられることも多く、つねに味方がいる人でしょう。

2024年はこんな年

人生を楽しもうとするあまり、目の前の快楽に流されないよう注意しましょう。計画や目標を立てるより、「いまが楽しければいい」と思ってしまうタイプなので、努力や地道な積み重ねがおろそかになってしまいがちです。人生を楽しみたいなら、「自分も周囲も楽しませて笑顔にする」を目標にしてみるといいでしょう。もっと夢を大きくして、「自分と関わる人すべてを楽しませる」くらいまで目指すといいかも。健康運は、年末に鼻炎になったり気管が弱くなりやすいので気をつけて。

開運アクション

- 自分も周囲も楽しませる
- 異性をしっかり観察する
- 定額預金をする

金のイルカ座

命数

54 頭の回転が速い頑張り屋

もっている星

★おしゃべりな星
★勘がいい星
★短気な星
★一目惚れする星
★スタミナがない星

ラッキーカラー　イエロー　ターコイズブルー

ラッキーフード　焼き肉　ゆで卵

ラッキースポット　神社仏閣　劇場

基本性格　感性豊かでおしゃべり。一言多くて失敗も

直感が冴えていて頭の回転が速く、アイデアを生み出す能力も高く、表現力があって感性豊かな人。おしゃべりで、目立ってしまうことも多いのですが、一言多い発言をしてしまい、反省することも多いでしょう。負けず嫌いの意地っ張り。競争することでパワーを出せる面がありますが、短気で攻撃的になりやすく、ワガママな言動をしてしまうことも。根は人情家で非常にやさしい人ですが、恩着せがましいところがあるでしょう。

2024年はこんな年

頭の回転は速くても計画を立てるのは苦手なタイプ。自分の直感を信じて行動するのはいいですが、まずは2年後、5年後に自分がどうなっていたいかを考えてみましょう。現実的で具体的な目標を立てることが大切です。6月に突然夢ができて突っ走りたくなることがありますが、2か月間情報を集めてから本当に行動していいかを見極め、8月に動き出すといいでしょう。健康運は、スタミナが足りていないので、今年から定期的にランニングや水泳などの運動をするのがオススメ。

開運アクション

- ポジティブな発言をし周囲に感謝を伝える
- 勉強して語彙を増やす
- 直感で動く前に計画を立てる

金のイルカ座

命数

55 社交性がある頑張り屋

もっている星
- ★情報収集が得意な星
- ★トークが軽い星
- ★買い物が好きな星
- ★貧乏くさい人が嫌いな星
- ★お酒に飲まれる星

ラッキーカラー　ダークブルー　ブラウン
ラッキーフード　豚のしょうが焼き　しじみの味噌汁
ラッキースポット　温泉　水族館

基本性格　興味の範囲が広くて目立ちたがり屋

段取りと情報収集が好きで、フットワークが軽く、交友関係も広くて華のある人。多趣味で多才、器用に物事を進められ、注目されることが好きなので自然と目立つポジションをねらうでしょう。何事も損得勘定で判断し、突然交友関係や環境が変わることも。興味の範囲が幅広いぶん、部屋に無駄なものが増え、着ない服や履かない靴などがたまってしまいがちです。表面的なトークが多いので、周囲から軽い人だと思われてしまうところもあります。

2024年はこんな年

多趣味・多才で情報好き、計画も立てられるタイプのあなた。今年は「行動」をもっと意識してみましょう。興味をもったことを調べて知識としては知っているものの、実際に体験や経験はしていないということも多いもの。行動してから考えてもいいくらいなので、周囲を誘ったり、意識してリーダー的な役割にも挑戦してみましょう。健康運は、過労や予定の詰め込みすぎ、お酒の飲みすぎに要注意。

開運アクション
- 情報収集より行動を優先する
- 感謝と恩返しを忘れない
- 夜遊びはできるだけ避ける

金のイルカ座

命数

56 現実的な努力家

もっている星
- ★真面目でやさしい星
- ★自分に自信がない星
- ★小銭が好きな星
- ★片思いが長い星
- ★冷えに弱い星

ラッキーカラー　ホワイト　スカイブルー
ラッキーフード　さんまの塩焼き　レバーの甘辛煮
ラッキースポット　温泉　コンサート

基本性格　几帳面に物事を進められる陰の努力家

現実的に物事を考えられ、真面目で几帳面で地道に物事を進めることが好きな人。負けず嫌いで意地っ張りな面もあり、陰で努力をします。些細なことでもじっくりゆっくりと進めるでしょう。そのため何事も時間がかかってしまいますが、最終的にはあらゆることを体得することになります。本心では出たがりなところもありますが、チャンスの場面で緊張しやすく、引き癖があり、遠慮して生きることの多い断りベタな人でしょう。

2024年はこんな年

未来に向けて地道な努力をはじめる年。多少遠回りでゆっくりでも、自分のゴールや夢に近づく方法を思いついたら実践するようにしましょう。周囲に小馬鹿にされても、「うさぎと亀」の亀のように最後に笑うことができると信じ、自分のペースで頑張ってみて。1日10分でもいいので、目標を達成するための勉強や運動をしてみると、早ければ2年後にはいまの周囲との関係をひっくり返すことができそうです。健康運は、基礎代謝を上げる運動をスタートするといいでしょう。

開運アクション
- 1日10分、勉強と筋トレをする
- 「嫌われてもいい」と覚悟する
- 仕事の予習・復習を行う

金のイルカ座

命数

57 おだてに弱い高校生

もっている星
- ★リーダーになる星
- ★おだてに弱い星
- ★後輩にご馳走する星
- ★恋に空回りする星
- ★よく転ぶ星

ラッキーカラー　ダークブルー　ブラウン
ラッキーフード　冷麺　トマトサラダ
ラッキースポット　商店街　空港

基本性格　物事を前に進める力があるけど、おっちょこちょい

実行力と行動力があるパワフルな人。おだてに極端に弱く、ほめられるとなんでもやってしまうタイプ。やや負けず嫌いで意地っ張りなところがあり、正義感があるので自分が正しいと思うと押し通すことが多いでしょう。行動は雑でおっちょこちょいなので、忘れ物やうっかりミスも多くなりがち。後輩や部下の面倒を見ることが好きで、リーダー的存在になりますが、本音は甘えん坊で人任せにしているほうが好きでしょう。

2024年はこんな年

多少せっかちなところがありますが、パワフルで行動力があるタイプ。今年は、計画をしっかり立てることが重要です。自分にとって最高に幸せなポジションや状況を想像し、そのためには何が必要でどんな人脈が大事なのかを考えてみましょう。周囲に相談してもよさそうです。尊敬できる先輩や上司がいるのであれば一緒にいるといいですが、あなたはリーダーとしての素質があるので、まとめ役になってみても能力を発揮できるでしょう。健康運は、足腰のケガに気をつけて。

開運アクション

- 計画を立ててから行動に移す
- 勝手に諦めない
- 後輩や部下の面倒を見る

金のイルカ座

命数

58 上品な情熱家

もっている星
- ★礼儀正しい星
- ★恥ずかしがり屋の星
- ★見栄で出費する星
- ★相手を調べすぎる星
- ★肌が弱い星

ラッキーカラー　ピンク　ライトブルー
ラッキーフード　チーズ　いちご
ラッキースポット　庭園　コンサート

基本性格　意地っ張りで繊細な心の持ち主

礼儀正しい頑張り屋。挨拶やマナーをしっかり守り、上品な雰囲気をもっていますが、根はかなりの意地っ張り。自我が強く出すぎるのに、繊細な心をもっているので、些細なことを気にしすぎてしまうことがあるでしょう。常識やルールを守りますが、自分にも他人にも同じようなことを求めるので、他人にイライラすることが多いでしょう。清潔感が大事で、つねにきれいにしているような几帳面なところがあります。

2024年はこんな年

品格があり礼儀正しいタイプですが、今年は勇気と度胸を身につけることを意識して過ごしてみるといいでしょう。武道や格闘技など、ふだんなら避けていたことにも恥ずかしがらずにチャレンジしてみて。あえて人前に立つことや、自分の発言に自信をもつことも大切です。何事も慣れが肝心なので、目立つ服や露出の多い服を着て、視線を集めてみるのもいい訓練になりそう。健康運は、スキンケアをしっかりしておきましょう。

開運アクション

- 自分の気持ちを素直に伝える
- 幸せになる勇気と度胸を忘れない
- 素直にほめて認める

金のイルカ座 命数 59

熱しやすく冷めやすい努力家

もっている星
- ★ 天才的なアイデアを出す星
- ★ 飽きっぽい星
- ★ 才能に惚れる星
- ★ 目の疲れの星
- ★ マニアックなものにお金を使う星

ラッキーカラー ホワイト ブルー
ラッキーフード うなぎの蒲焼き 鮭の塩焼き
ラッキースポット 劇場 工芸品店

基本性格 負けず嫌いのクリエイター

根っからの変わり者で自由人。斬新で新しいことを生み出す才能があり、つねに人と違う発想や生き方をする人。負けず嫌いの意地っ張りで、素直ではないところがありますが、芸術系や美術、クリエイティブな才能を活かすことで認められる人でしょう。理論と理屈が好きですが、言い訳が多くなりすぎたり、理由がないと行動しないところも。心は中学1年生で止まったまま大人になることが多いでしょう。

2024年はこんな年

自分の才能や個性を活かしたいと思っているなら、思い切って環境を変える勇気が必要です。都会や海外など、チャンスがありそうな場所がわかっている人は、引っ越してでも飛び込んでみるといいでしょう。お金が足りないなど、すぐに動けない事情がある場合は、9月の実行を目標に上半期は節約を心がけ、しっかり貯金しておきましょう。今年はあなたの人生観を変えるような体験や出会いもあるので、素直に行動に移すことが大切です。健康運は、目の疲れに要注意。

開運アクション

- 興味のあることを見つけているなら行動に移す
- 好かれることを楽しんでみる
- 他人の才能や個性を素直に認める

金のイルカ座 命数 60

理屈が好きな高校生

もっている星
- ★ 冷静な星
- ★ エラそうな口調になる星
- ★ アートにハマる星
- ★ 肩こりの星
- ★ 尊敬できる人を好きになる星

ラッキーカラー ホワイト 藍色
ラッキーフード エビマヨ しめじの味噌汁
ラッキースポット 書店 美術館

基本性格 芸術の才がある冷静な理論派

理論や理屈が大好きで、冷静に物事を考えられる大人なタイプ。知的好奇心が強く、深く物事を考えていて対応力があり、文化や芸術などにも詳しく、頭のいい人でしょう。人付き合いは上手ですが、本音では人間関係が苦手でめったに心を開かないタイプ。何事にも評論や批評をする癖もあります。意地っ張りで負けず嫌いでプライドが高く、認めない人はなかなか受け入れませんが、何かを極める達人や職人、芸術家の才能があるでしょう。

2024年はこんな年

プライドが高い一方で、ユーモアセンスもある知的なタイプ。つねに冷静な対応ができますが、言葉が冷たく聞こえてしまうことも多いので、今年は柔らかい言い方や、伝わりやすい言葉を選ぶよう心がけましょう。周囲の人の頑張りをねぎらったり、結果が出ていない人の努力を認められるようになると、味方が集まってくるはず。先輩や年上の人の話を聞き、情報をしっかり集めておくとよさそうです。健康運は、食事のバランスを整えるようにしましょう。

開運アクション

- 頑張りを認め、ねぎらう
- 誰に対しても尊敬できる部分を探す
- やさしい表現や伝え方を学ぶ

銀のイルカ座

命数

51 華やかで心は高校生

もっている星

★ サッパリとした性格の星
★ 負けを認められない星
★ お金に執着がない星
★ 異性の友達を好きになる星
★ 胃腸が弱い星

ラッキーカラー　ピンク　ブルー
ラッキーフード　かれいの煮付け　アサリの味噌汁
ラッキースポット　スポーツ施設　キャンプ場

基本性格　気持ちが若く、仲間から好かれる

負けず嫌いの頑張り屋で、目立つことや華やかな雰囲気が好き。やや受け身ですが、意地を張りすぎずに柔軟な対応ができ、誰とでもフレンドリーで仲よくなれます。心は高校1年生のまま、気さくで楽な感じでしょう。女性は色気があまりなく、男性の場合は少年の心のまま大人になった印象です。仲間や身近な人を楽しませることが好きなので、自然と人気者に。学生時代の友達や仲間をいつまでも大事にするでしょう。

2024年はこんな年

新たな友人や仲間ができる年。職場やプライベートで、これまでとは違ったタイプの人と仲よくなれるでしょう。親友や長い付き合いになる人に出会えることも。今年は、一歩踏み込んだ関係づくりに努めることが大切です。習い事をしたり、共通の目標がある人を探してみるのもいいでしょう。舞台や芝居を観賞すると刺激になり、表現力も学べそうです。努力している人を認めると、自分もパワーがわいてくるでしょう。健康運は、運動のスタートに最適なタイミングです。

開運アクション

- 新しい趣味をはじめる
- 舞台や芝居を観に行く
- 仕事関係者とプライベートで遊ぶ

銀のイルカ座

命数

52 刺激が好きな高校生

もっている星

★ 合理的な星
★ 刺激的な遊びに飛び込む星
★ 旅行で浪費する星
★ 野心のある人を好きになる星
★ ヤケ食いで体調を崩す星

ラッキーカラー　ブラック　ダークブルー
ラッキーフード　いか飯　くるみ
ラッキースポット　リゾート地　ライブハウス

基本性格　頭の回転が速く、話題も豊富な人気者

家族の前と、外や人前とではキャラを切り替えることが上手な役者タイプ。目立つことが好きですが、全面的にそれを出すか、または秘めているか、両極端な人でしょう。何事も合理的に物事を進めるため、無駄と地味なことが嫌いで団体行動も苦手。一方で刺激や変化は好きなので、話題が豊富で人気を集めます。頭の回転が速くトークも上手ですが、「人の話の前半しか聞かない星」をもっているため、先走りすぎることも多いでしょう。

2024年はこんな年

興味のある場所にドンドン足を運ぶことで、いい刺激と学びを得られる年。多少出費がかさんでも気にせず、旅行やライブに行くなどして新たな経験を増やすと、素敵な出会いにもつながるでしょう。これまでとは違った目標ができることもありそうです。団体行動を避けていると大切な縁がつながらなくなってしまうため、苦手に感じても、人の輪に入るよう心がけましょう。雑用や面倒なことほど、率先して行うことも大切です。健康運は、ヤケ食いに注意すること。

開運アクション

- 団体行動を楽しんでみる
- 相手の内面を見るよう努力する
- 音楽フェスや食フェスに行く

銀のイルカ座

命数

53 陽気な遊び人

もっている星

★遊びが大好きな星
★文句が多い星
★かわいいものを買いすぎる星
★体の相性を大事にする星
★体が丸くなる星

ラッキーカラー　オレンジ　ライトブルー

ラッキーフード　麻婆豆腐　ロールキャベツ

ラッキースポット　音楽フェス　喫茶店

基本性格　欲望に素直な楽しい人気者

楽しいことやおもしろいことが大好きな陽気な人気者。人付き合いやおしゃべりが上手で、周囲を楽しませることが好きなタイプ。目立つことが好きで、音楽やダンスの才能があります。「空腹になると機嫌が悪くなる星」をもっているので、お腹が空くとイライラや不機嫌が周囲に伝わってしまいます。欲望に素直に行動し、つい余計なことをしゃべりすぎてしまうところがありますが、人間関係のトラブルは少ないほうでしょう。

2024年はこんな年

持ち前のサービス精神と人懐っこさが活かせる年。人気者のように注目が集まり、人とのつながりが増えて、慌ただしくなってくるでしょう。楽しく過ごすのはいいですが、もともと詰めが甘かったり誘惑に流されやすいところがあるので要注意。何かに取り組むときはメリハリをしっかりつけ、「やるときは最後までキッチリやる」ことを忘れないようにしましょう。また楽しむときは、自分も周りも、もっと楽しめるよう意識すること。健康運は、ダンスやヨガがオススメです。

開運アクション

- 締めくくりをしっかりする
- 周囲を楽しませる
- 本を読んで語彙を増やす

銀のイルカ座

命数

54 遊び好きの人情家

もっている星

★感性が豊かな星
★一言多い星
★気がついたら浪費している星
★デブが嫌いな星
★ストレスをためやすい星

ラッキーカラー　オレンジ　イエロー

ラッキーフード　ジンギスカン　大学芋

ラッキースポット　神社仏閣　お祭り

基本性格　根は人情家だけど、トークがうまい毒舌家

頭の回転が速く、何事も直感で決めるタイプ。遊び心がつねにあり、目立つことが大好き。トークが上手で、周囲を楽しませることが得意でしょう。しゃべりすぎて余計な一言が出てしまい、「毒舌家」と言われることもありますが、根は人情家で純粋な心をもっています。困っている人を見ると放っておけず、手助けをすることも多いでしょう。ストレートな意見を言えるので周囲からの相談も多く、自然と人脈が広がっていくでしょう。

2024年はこんな年

何事も人任せにしていると、愚痴や文句が増えて口が悪くなってしまいます。不満があるなら自ら動き、あえて愚痴の言えない状況をつくってみましょう。他人の努力や頑張りを認めると、あなたの才能や能力を認めてくれる人も現れるでしょう。年上の人からのアドバイスをしっかり受け止めることも大切です。直感を信じるのはいいですが、もともと短気を起こしやすい性格なので、早急に判断しないよう気をつけましょう。健康運は、基礎体力づくりが大切です。

開運アクション

- 他人の才能をほめる
- 上品さを意識する
- 周囲の見本となる人を目指す

銀のイルカ座 命数 55 華やかな情報屋

もっている星
- ★おしゃれで華のある星
- ★トークが薄っぺらい星
- ★ものが増える星
- ★流行に弱い星
- ★膀胱炎になりやすい星

ラッキーカラー　オレンジ　ネイビー
ラッキーフード　まぐろ丼　レンコンのきんぴら
ラッキースポット　水族館　海水浴

基本性格　情報収集が得意でトークの達者な人気者

人当たりがよく、情報収集が好きで、流行に敏感なタイプ。おしゃれでフットワークが軽く、楽しそうな場所にはドンドン顔を出す人です。華やかで目立つことが好きなので、遊びや趣味の幅もとても広いでしょう。損得勘定で判断することが多いのですが、周囲の人間関係とのバランスを図るのもうまく、ウソやおだても得意。トークも達者で周囲を自然と楽しませる話ができるため、いつの間にか人気者になっているでしょう。

2024年はこんな年

あなたの社交性を活かせる年。フットワークがより軽くなり人脈が広がって、これまでにない新たな縁がつながるでしょう。損得勘定で人を判断すると相手に見抜かれてしまう場合があるので、「どんな人にもいいところがある」と思って接すること。また、気になる人ができたら、受け身にならず自分から遊びに誘ってみましょう。ゴルフをする、ジャズを聴く、BARに入るなどして「大人の時間」を楽しんでみると、いい経験と人脈ができそうです。健康運は、休肝日をつくること。

開運アクション

- 損得勘定で人付き合いしない
- 大人っぽい趣味をはじめる
- フットワークを軽くする

銀のイルカ座 命数 56 真面目な目立ちたがり屋

もっている星
- ★やさしい星
- ★チャンスに弱い星
- ★少しでも安物に目がいく星
- ★キスが好きな星
- ★むくみやすい星

ラッキーカラー　オレンジ　ラベンダー
ラッキーフード　納豆　杏仁豆腐
ラッキースポット　海　書店

基本性格　人に好かれるのに遠慮する癖がある

陽気で明るい性格ですが、とても真面目で受け身です。本音では目立ちたいと思っていますが、遠慮する癖があって自分を押し殺しているタイプでもあります。親切で、誰かのために役立つことで生きたいと思っていますが、根は遊びが大好きで、お酒を飲むとキャラが変わってしまうことも。几帳面で気がきくので、人に好かれ、交友関係も広げられますが、臆病になっているとチャンスを逃す場合もあります。

2024年はこんな年

華やかな「銀のイルカ座」のなかで、もっとも控え目でいつも受け身になりがちですが、今年は楽しそうだと思ったら素直に行動に移すといいでしょう。真面目な性格をコンプレックスに思う必要はありません。楽しみながら地道にコツコツできることに挑戦してみましょう。楽器の演奏や筋トレ、資格の勉強などをするのがオススメです。ケチケチせず、気になることに思い切ってチャレンジしましょう。健康運は、白湯を飲むとよさそう。

開運アクション

- 図々しくなってみる
- 自分磨きと自己投資をケチらない
- 新たなジャンルの音楽を聴く

銀のイルカ座

命数

57 華やかなリーダー

もっている星

★仕切りたがりの甘えん坊な星
★ドジな星
★どんぶり勘定な星
★押しに弱い星
★転びやすい星

ラッキーカラー　グリーン　ネイビー

ラッキーフード　五目焼きそば　抹茶アイス

ラッキースポット　動物園　球場

基本性格　人から注目されたい甘えん坊

面倒見がよくパワフルで、人から注目されることが大好きな人です。おだてに極端に弱く、ほめられるとなんでもやってしまうタイプ。行動力があり、リーダー気質ですが、本音は甘えん坊で人任せで雑なところがあります。それでもサービス精神があるので、自然と人気を集めるでしょう。注目されたくてドンドン前に出てしまうことも。正義感が強いので、正しいことは「正しい」と強く主張するところがあるでしょう。

2024年はこんな年

行動範囲が広がり、いい人脈ができる運気。ただし他人任せにしたり周囲に甘えすぎると、せっかくの運気を無駄にしてしまいます。誘いを待たず自ら周囲に声をかけ、積極的に行動しましょう。後輩や年下と遊んだり、「面倒見のいい人」を目指すのもよさそうです。いつも通りにしていると雑なところを見抜かれてしまうので、何事も「必要以上にていねいに」を心がけましょう。上下関係を気にしすぎないことも大切です。健康運は、足腰を鍛える運動をしましょう。

開運アクション

- 後輩や部下と遊ぶ
- 何事も勝手に諦めないで粘る
- ていねいな言動を心がける

銀のイルカ座

命数

58 常識を守る遊び人

もっている星

★清潔感ある星
★打たれ弱い星
★品のあるものを欲しがる星
★上品な人を好きになる星
★肌荒れで悩む星

ラッキーカラー　ピンク　ライトブルー

ラッキーフード　ニラ玉　そらまめ

ラッキースポット　映画館　公園

基本性格　上品で社交性がある負けず嫌いの頑張り屋

上品で華があり、ルールやマナーをしっかり守るタイプです。遊び心や他人を楽しませる気持ちがあり、少し臆病な面はありますが、社交性があり年上やお金持ちから好かれることが多いでしょう。そして下品な人は自然と避けます。やわらかい印象がありますが、根は負けず嫌いの頑張り屋で意地っ張り。自己分析能力が高く、自分の至らないところを把握している人です。しかし、見栄を張りすぎてしまうことも多いでしょう。

2024年はこんな年

視野を広げ、勇気を出して行動するといい運気。順序を守っててていねいに動くのもいいですが、慎重になりすぎたり失敗を避けてばかりいると、肝心の経験や体験をする機会が減ってしまいます。失敗や恥ずかしい思いをしたほうが、強く厚みのある人間になれると思って、勇気を出して行動してみましょう。気になる人がいるなら、自分から話しかけて友人になれるよう頑張ってみて。健康運は、好きな音楽を聴いてリラックスする時間をつくるとよさそう。

開運アクション

- 失敗から学ぶ気持ちをもって行動する
- 人生には努力と勇気が必要だと忘れない
- 他人のいいところを見る

銀のイルカ座

命数

59 屁理屈が好きな遊び人

もっている星

★独自の美意識がある星
★言い訳が多い星
★浪費癖の星
★不思議な人を好きになる星
★食事のバランスが悪い星

ラッキーカラー　パープル　ブルー

ラッキーフード　ひじきご飯　ほうれん草のごま和え

ラッキースポット　美術館　音楽フェス

基本性格　斬新なことを生み出す、自由が好きな変わり者

人と違う生き方や発想をする変わり者です。芸術や美術などが好きで、ほかの人とは違った感性をもち、新しいことに敏感で斬新なものを見つけたり生み出したりできるタイプ。屁理屈や理屈が多いのですが、人当たりがよく、ノリやおもしろいことが好きなので自然と周囲に人が集まります。ただ他人には興味が薄いでしょう。熱しやすく冷めやすく、自由と遊びを好み、芸能や海外など、周囲とは違った生き方を自然と選ぶでしょう。

2024年はこんな年

好奇心旺盛な性格を活かして、少しでも気になることは即行動に移し、いろいろ試してみましょう。周囲に「落ち着きがない」「飽きっぽい」などと言われても気にせず、視野や人脈、世界を広げるときだと思うこと。初対面の人にはしっかり挨拶し、礼儀や品を意識して「常識ある態度」をとるようにすると、才能や魅力を引き出してもらえ、チャンスをつかめそうです。発想力があるのはいいですが、自由と非常識を履き違えないように。健康運は、食事が偏らないよう注意して。

開運アクション

- 礼儀と挨拶をしっかりする
- 言い訳できないくらい自分を追い込む
- 他人の才能や個性を認める

銀のイルカ座

命数

60 プライドの高い遊び人

もっている星

★知的好奇心豊かな星
★上から目線の言葉を使う星
★渋いものにお金を使う星
★尊敬できる人を好きになる星
★肩こりや目の疲れに悩む星

ラッキーカラー　パープル　ホワイト

ラッキーフード　中華丼　サーモンのカルパッチョ

ラッキースポット　劇場　美術館

基本性格　好きなことは追求するが、他人には興味ナシ

やわらかな印象をもたれる人ですが、根は完璧主義の理屈人間です。好きなことをとことん突き詰める力があり、すぐに「なんで?　なんで?」と言うのが口癖。人間関係をつくることが上手ですが、本音は他人に興味がなく、尊敬できない人には深入りしないでしょう。最初は仲がいい感じにしていても、次第に距離をとってしまうことも。冗談のつもりもありますが、上から目線の言葉が出やすいので、やさしい言葉を選ぶ心がけが必要でしょう。

2024年はこんな年

学ぶべきことを見つけられたり、尊敬できる人に出会える年。興味がわいたら待っていないで、すぐ行動に移しましょう。プライドは捨て、失敗から学ぶ姿勢を大切に。恥ずかしい思いをしても、それを上回る度胸をつけるつもりで挑戦し続けましょう。気になる人がいるなら、考えるより先に行動するくらいがちょうどいいと思って話しかけてみて。笑顔と愛嬌を意識してリアクションをよくすると、いい関係になれそうです。健康運は、歩く距離を増やすといいでしょう。

開運アクション

- 興味のあることを即行動に移す
- 失敗を恥ずかしがらない
- どんな人にも自分より優れている部分があると思う

ゲッターズ飯田（げったーず いいだ）

これまで7万人を超える人を無償で占い続け、20年以上占ってきた実績をもとに「五星三心占い」を編み出し、芸能界最強の占い師としてテレビなど各メディアに数多く登場する。『ゲッターズ飯田の五星三心占い』は、シリーズ累計1000万部を超えている（2023年9月現在）。6年連続100万部を出版し、2021、22年は年間BOOKランキング作家別1位（オリコン調べ）と、2年連続、日本で一番売れている作家。

▶オフィシャルブログ　https://ameblo.jp/koi-kentei/

［チームゲッターズ］

デザイン班	**装丁 星座イラスト**　秋山具義+山口百合香（デイリーフレッシュ）
	本文デザイン　坂川朱音+小木曽杏子（朱猫堂）
DTP班	高本和希（天龍社）
イラスト班	INEMOUSE
校正班	株式会社ぷれす、溝川歩、藤本眞智子、会田次子
編集班	伊藤美咲（KWC）、吉田真緒
	大谷奈央+小坂日菜+鈴木久子+白石圭+富田遙夏+稲田遼祐（朝日新聞出版）
企画編集班	高橋和記（朝日新聞出版）
後方支援班	海田文+築田まり絵（朝日新聞出版）
資材調達班	井関英明（朝日新聞出版）
印刷班	小沢隆志（大日本印刷）
販売班	穴井美帆+梅田敬+村上"BIG"貴峰+小林草太（朝日新聞出版）
宣伝班	長谷川拓美+和田史朋+神作英香（朝日新聞出版）
web制作班	川崎淳+松田有以+浅野由美+北川信二+西村依泰（アム）
企画協力	中込圭介+川端彩華（Gオフィス）
特別協力	おくまん、ポリプラス、カルメラ、市川康久、生駒毅
超絶感謝	読者のみなさま

※この本は、ゲッターズ飯田氏の20年以上におよぶ経験とデータに基づいて作成しましたが、必ずしも科学的な裏づけがされているものではありません。当然、ラッキーフードばかり食べればいいというわけではありませんし、アレルギーのある方は注意も必要です。健康に関連する記述についても、本書に書かれていなくても不調がある場合はしかるべき処置をとってください。投資などで損害を被っても、弊社は責任を負いかねますので、ご了承ください。また、戦争、暴動、災害、疫病等が起こった場合、必ずしも占い通りに行動することがいいとは言えません。常識の範囲内で行動してください。

ゲッターズ飯《いい》田《だ》の五《ご》星《せい》三《さん》心《しん》占《うらな》い2024　金《きん》の羅《ら》針《しん》盤《ばん》座《ざ》

2023年 9 月 4 日 第1刷発行
2024年 1 月10日 第6刷発行

著　者　ゲッターズ飯田
発行者　宇都宮健太朗
発行所　朝日新聞出版
〒104-8011 東京都中央区築地5-3-2
電話　03-5541-8832（編集）
03-5540-7793（販売）
こちらでは、個別の鑑定等には対応できません。あらかじめご了承ください。
印刷製本　大日本印刷株式会社

ISBN 978-4-02-251913-9
定価はカバーに表示してあります。落丁・乱丁の場合は弊社業務部（電話 03-5540-7800）へご連絡ください。
送料弊社負担にてお取り替えいたします。

ここから先は Bonus Page です。

「宝」にできるかは

あなた次第……。